Pat Williams

FILHOS TALENTOSOS, LÍDERES GRANDIOSOS

Treinando seus filhos para serem líderes

Tradução
Lena Aranha

Dados Internacionais de Catalogação na Publicação (CIP)
(Câmara Brasileira do Livro, SP, Brasil)

Williams, Pat
Filhos talentosos, líderes grandiosos / Pat Williams;
tradução Lena Aranha -- São Paulo : Editora Landscape, 2006.

Título original: Coaching your kids to be leaders.

ISBN 85-88648-57-1

1. Papel do pais - Aspectos religiosos - Cristianismo
2. Liderança - Aspectos religiosos - Cristianismo
3. Liderança em crianças. I. Título.

06-6045 CDD-248.845

Índices para catálogo sistemático:
1. Pais e filhos: Guias de vida cristã
Cristianismo 248.845

2006

Editora Landscape Ltda
Rua Ministro Nelson Hungria, 239
São Paulo - Fone/Fax (11) 3758-4422
E-mail: atendimento@editorialandscape.com.br
Site: www.editoralandscape.com.br

Editora Hagnos Ltda
Av. Jacinto Julio, 620 - Jd. Satélite
Cep 04815-160 - São Paulo - SP
E-mail: hagnos@hagnos.com.br
Site: www.hagnos.com.br

Sumário

Prefácio

por John Wooden

John Wooden é o treinador com maior número de vitórias na história do basquetebol universitário. Foi nomeado jogador do ano, em 1932, quando aluno da Universidade de Purdue. Iniciou sua longa e lendária carreira como treinador na UCLA Bruins, em 1948. Sob sua liderança, a UCLA venceu dez campeonatos nacionais em doze anos, obtendo 664 vitórias.

John Wooden, nomeado treinador do ano seis vezes, considera-se mais um professor de princípios de liderança e de qualidades de caráter que um treinador. "Na verdade, sou professor de inglês por vocação", disse-me ele. Ao lhe perguntar quando se aposentara como treinador, ele retrucou: "Aposentei-me do ensino em 1975".

Bem, embora esteja oficialmente aposentado, tenho certeza de que o treinador Wooden ainda ensina e treina, pois sou um de seus alunos.

—Pat Williams

Convivi com jovens a maior parte da minha vida. Tive o privilégio de trabalhar com os mais renomados líderes em minha carreira, que iniciou com o treinamento de jogadores de basquete, alunos do ensino médio, em Kentucky, Indiana, e terminou com o treinamento de jogadores universitários na Faculdade State Indiana e na UCLA. Um dos grandes desafios de minha carreira foi ver alguns de meus jogadores assumirem papéis de liderança nas mais diversas áreas: esportes, negócios, governo, forças armadas e igreja.

Sempre acreditei e ensinei que o jogo de basquete tem pouca importância, se comparado com a vida como um todo. A verdadeira relevância do basquete é esta: toda grande virtude e todo grande princípio que se aplica na quadra de basquete é totalmente transferível para a vida diária. Independentemente da arena — esportiva, de negócios ou governamental — liderança é liderança, caráter é caráter e ser servo é ser servo.

Desde que me conheço, fui aprendiz de grandes líderes. Analisei as qualidades de caráter, as habilidades e as atitudes necessárias para ser um líder. O futuro de uma nação ou do mundo é determinado pelo calibre dos jovens líderes que desenvolvemos hoje. Como nada é mais importante que desenvolver jovens líderes com visão, competência e caráter, creio que *Filhos talentosos, líderes grandiosos* é uma aquisição indispensável para sua biblioteca sobre liderança.

Pat e eu nos conhecemos há muitos anos. Enquanto eu treinava na UCLA, ele trabalhava na NBA [Liga Profissional Norte-americana de Basquete] como gerente geral do Philadelphia 76ers, Chicago Bulls, Atlanta Hawks e Orlando Magic. Sei há muito tempo que ele é um estudioso sério a respeito de liderança e um cristão comprometido.

Passei a conhecer Pat como amigo nos últimos anos. Ele me procurou e disse que queria escrever um livro, *How to Be Like Coach* [Como ser um treinador], sobre minha vida e minhas idéias. Obviamente, fiquei lisonjeado com seu interesse, mas o melhor de tudo isso foi passar a conhecer melhor Pat, um homem competente, habilidoso, íntegro e de fé.

Ele é um veterano no esporte profissional, com quarenta anos de atividade, e pai de dezenove filhos — quatro por nascimento, quatorze por adoção internacional e um que veio na bagagem de um novo casamento. Tanto sua carreira quanto sua vida familiar são voltadas para o desafio de motivar e de mentorear jovens para que se tornem líderes. As credenciais dele para escrever este livro são impecáveis.

Respondi de imediato quando Pat pediu-me para contribuir com minhas histórias e percepções. Sabia que este seria um livro importante. Mas não tinha idéia da profundidade e da amplitude das colocações que ele agruparia nestas páginas, e só percebi isso quando ele me enviou o manuscrito completo.

Pat Williams fez uma pesquisa extensa e detalhada para este livro, entrevistou alguns dos maiores líderes de nosso tempo em busca de histórias e de idéias sobre como identificar, treinar, equipar, mentorear e motivar jovens líderes. Pat elaborou um livro único. Ele explorou intensa e detalhadamente um assunto há muito negligenciado.

Pat foi meu hóspede em duas ocasiões, e sempre gosto de vê-lo, pois ele cerca tudo o que faz de muita energia e entusiasmo. Você descobrirá a mesma energia em todas as páginas de seu livro. *Filhos talentosos, líderes grandiosos* é uma leitura fácil e agradável, cheia de histórias contagiantes e inspiradoras, além de expor idéias e princípios que podem ser postos em prática de imediato.

Seja você pai, mestre, treinador, líder, conselheiro ou alguém que trabalha com jovens, este livro mudará sua forma de encarar o desafio de treinar jovens líderes... e pode mudar sua vida.

Introdução

por Charles W. Colson

Charles Colson é fundador da Prison Fellowship [Congregação da Prisão] *e autor de livros como* [Nascido de novo], *Loving God* [Deus amoroso] *e How Shall We Now Live* [E como viveremos agora?]. *Em 2001, ele recebeu o prêmio Mark O. Hatfield Leadership Award, que homenageia líderes de destaque que refletem em sua vida os valores de uma boa educação cristã.*

De 1969 a 1973, foi conselheiro especial do presidente Nixon e, embora não tivesse desempenhado papel algum quer na invasão do prédio, quer na dissimulação do caso Watergate, admitiu ter errado ao contribuir para o esforço da Casa Branca em desacreditar Daniel Ellsberg (a pessoa que deixou vazar documentos altamente confidenciais do Pentágono). Por esse motivo, ficou preso sete meses. A perda de poder que sofreu causou profundo impacto em sua vida. Ele passou a ter fé em Jesus Cristo e foi totalmente transformado. Começou a amar os semelhantes, até seus inimigos políticos.

Bastante tocado pela experiência na prisão, iniciou a Prison Fellowship [Congregação da Prisão], *organização que dirige até hoje e que tem produzido profundo impacto na vida de milhares de prisioneiros, na de suas famílias e na sociedade. Colson dedicou sua existência pós-Watergate à Prison Fellowship. Todas os* royalties *de seus livros são direcionados a apoiar esse trabalho.*

Perguntei a ele a respeito das influências que moldaram sua vida de líder. Suas respostas foram tão instrutivas que lhe pedi para transformar suas colocações na introdução deste livro, e ele, graciosamente, aceitou fazê-lo.

Pat Williams

A jornada de minha infância em Boston até a Casa Branca (Washington D.C.), e daí para uma prisão no Alabama foi bastante marcante. Ao longo do caminho, aprendi muitas lições profundas sobre liderança: o que é fundamental para ela, como se desenvolve e como deve ser usada.

A primeira pessoa a encorajar-me a desenvolver minha capacidade de liderança foi meu pai. Ele me ensinou a trabalhar duro, a estabelecer objetivos, a tomar a dianteira e a liderar. Também fui influenciado por um professor da Escola Preparatória que sempre me encorajava no período em que participei da equipe de debates da escola. Não sabia que tinha habilidade para palestrante até começar a participar daqueles debates (com o apoio de meu pai). À medida que ganhava experiência, minha confiança crescia, e tornei-me um exímio debatedor.

Na Escola Preparatória, recusaram-me uma posição na revista da escola, portanto dei início a um jornal em nosso *campus* para competir com a revista. Em poucos meses, o número de leitores do jornal suplantou o da revista. Antes do final do ano, a revista incorporou o jornal e tornei-me editor. Naquela época, não achava que o que eu fazia era liderança. Simplesmente tomei a iniciativa de fazer o que era necessário, recrutei algumas pessoas para me ajudar e realizamos tudo em conjunto. Em retrospectiva, percebo que aquele foi meu primeiro papel de liderança.

Depois de graduar-me com honras na Universidade de Brown, alistei-me para o Corpo de Fuzileiros Navais. Foi ali que me tornei um aluno dedicado à liderança. Aprendi os princípios fundamentais da liderança, e aquelas lições me orientaram em todos os papéis que desempenhei desde aquela época. Recomendaria o Corpo de Fuzileiros Navais a todo jovem que busca ser um líder e que se acha capacitado a participar dessa unidade da Marinha.

Os comandantes do Corpo de Fuzileiros Navais me desafiavam constantemente a trabalhar cada vez de forma mais árdua e sempre esperavam mais de mim. Certa noite, em uma corrida de obstáculos, quase desmaiei enquanto corria quase 5 quilômetros carregando uma mochila com cerca de 36 quilos. Um dos majores no comando daquele exercício, altamente condecorado e que acabara de retornar da Coréia, encontrou-me caído no chão, exausto e sofrendo com náuseas. Ele ficou de pé a meu lado e gritou:

— Colson, se você não é bom o suficiente para isso, arrumaremos outro para carregar sua mochila!

Fiquei tão indignado que pulei e corri mais 3 quilômetros até o alojamento do quartel.

No Corpo de Fuzileiros Navais, aprendi que um líder autêntico alcança seus objetivos por intermédio das pessoas ao servi-las. Nessa unidade da Marinha, servir é a essência da liderança. No campo, os oficiais mais graduados do Corpo de Fuzileiros Navais sempre alimentam primeiro as tropas — eles só fazem sua refeição depois que todos os seus homens foram alimentados. Na Guerra da Coréia, fui nomeado tenente e senti uma enorme responsabilidade pelos homens que lideraria em batalha.

Desde que me tornei cristão, surpreendi-me ao descobrir que a maioria dos princípios de liderança que aprendi no Corpo de Fuzileiros Navais são, na verdade, princípios bíblicos. Em 2Samuel 23, Davi, o grande rei guerreiro, estava na caverna de Adulão com seus soldados enquanto o exército dos filisteus encontrava-se acampado no vale próximo de Belém. O batalhão de Davi ficou sem água, e ele estava sedento. Três de seus homens o escutaram reclamar de sede, assim, atravessaram as fronteiras do exército filisteu, correndo grande risco, e tiraram água "da cisterna da porta de Belém".

Quando os homens trouxeram a água para Davi, ele derramou a água no chão e disse: "O Senhor me livre de beber desta água! Seria como beber o sangue dos que arriscaram a vida para trazê-la!". Ele queria que seus homens soubessem que a segurança deles era mais importante para ele que sua sede ou seu conforto.

A Bíblia está cheia de exemplos de líderes que exercem a liderança servindo a outros. Meu exemplo favorito é a história de 2Reis 6, quando o profeta Eliseu foi cercado pelo exército arameu. O empregado de Elias levantou-se bem cedo e percebeu que ele e o profeta estavam cercados por um exército de cavalos e de carros de guerra. Ficou desesperado, mas o profeta respondeu calmamente: "Não tenha medo. Aqueles que estão conosco são mais numerosos do que eles".

A seguir, o profeta fez a seguinte oração: "SENHOR, abre os olhos dele para que veja", e Deus abriu os olhos do empregado, que foi capaz de enxergar as montanhas cheias de cavalos e de carros de fogo do exército de Deus, um exército sobrenatural muito maior que o do rei arameu. Eliseu viu o que seu empregado não era capaz de enxergar porque era um homem de visão.

Conforme Pat Williams deixa bem claro neste livro, a visão é a primeira chave para a liderança autêntica. O líder tem de ver o que os outros não enxergam, a fim de, mais tarde, ter a coragem e a ousadia de liderar outros a agirem conforme sua visão. Sempre que acontecem conquistas duradouras e memoráveis na história, percebe-se que há um homem ou uma mulher de visão por trás de tudo: um líder com a coragem de chamar os outros a participar de uma causa que pode mudar o curso da história.

Depois da Guerra da Coréia, retornei à vida civil, completei meu doutorado em Direito e abri um bem-sucedido escritório de advocacia. Envolvi-me com a política e tornei-me o assistente administrativo mais jovem do Senado estadunidense. Quando tinha 39 anos, o presidente Nixon pediu-me para servir na Casa Branca.

Todos os dias eu trabalhava com os líderes mais poderosos do planeta. O Dr. Henry Kissinger sempre começava seus relatórios sobre a segurança nacional com estas palavras: "As decisões que tomamos hoje mudarão o curso da história humana". E acreditávamos nisso. Estávamos convencidos de que transformaríamos o mundo.

Obviamente, isso foi antes de Watergate.

Em retrospectiva, vejo que toda aquela esplêndida habilidade de liderança de Nixon, na Casa Branca, não mudou, de fato, a história da humanidade — certamente não da forma como esperávamos. Mesmo com todos os recursos da nação mais poderosa da Terra, não conseguimos melhorar a vida das pessoas. Aquela foi uma lição amarga.

Acredito que nós, os que estávamos na Casa Branca durante o governo Nixon, falhamos em nossa missão, pois muitos de nós — dentre os quais me incluo — não entendíamos corretamente a verdadeira natureza e o propósito da liderança. Achávamos que liderar era ter poder. Na realidade, a liderança tem a ver com coisas como visão, serviço aos semelhantes, integridade e caráter — exatamente os aspectos que Pat Williams desvenda neste livro.

Quando o escândalo de Watergate veio à tona, fui para a prisão, onde recebi algumas lições surpreendentes e inesperadas sobre liderança. Envolvi-me com um grupo de oração — formado por dois traficantes de drogas, dois estelionatários, um ladrão de carros e um ex-oficial da Casa Branca. Nós nos ajoelhávamos juntos e pedíamos que o carpinteiro de Nazaré nos liderasse, assim como ele liderou os Doze.

Hoje, agradeço a Deus por aquele período na prisão e por aqueles colegas de encarceramento que me levaram a ter uma compreensão mais profunda do que significa seguir Jesus Cristo. Agradeço a Deus por ter sido humilhado e destituído do poder para que pudesse aprender lições sobre liderança com o maior Líder de todos. Talvez a lição mais importante de liderança que aprendi é a de que Jesus liderou por meio do servir.

Não há modelo de liderança mais eficaz que o modelo do servo. Não há forma mais gratificante de viver do que liderar por meio do servir a outros. Quando o fim da vida se aproxima, as lembranças mais recompensadoras que temos são as dos momentos em que Deus nos usou para tocar a vida de outros.

Essa é a essência da liderança autêntica. Essa é a mensagem que precisamos passar para os jovens que serão os líderes de amanhã. O verdadeiro significado e a alegria da vida encontram-se em seguir os passos do Carpinteiro, em nos pôr em segundo plano, e os outros, em primeiro.

Um líder é, acima de tudo, um servo.

Parte I

A formação de líderes começa cedo

Capítulo 1

Precisa-se urgentemente de líderes jovens

Eu era um líder jovem, mas não sabia disso.

Quando eu estava no ensino médio, era apaixonado por esportes. Era meia-armador no time de futebol — uma posição de liderança. Era armador no time de basquete — uma posição de liderança. Era levantador no time de voleibol — uma posição de liderança. No entanto, naqueles anos do ensino médio em que estava envolvido com posições de liderança, nunca pensei no que queria dizer ser líder. Além disso, nenhum adulto jamais me instruiu, me ensinou nem me treinou em relação às práticas e aos princípios de liderança.

Depois do ensino médio, fui para a Universidade de Wake Forest, em Winston-Salem, na Carolina do Norte. No terceiro ano, envolvi-me em uma experiência que me estimulou a ser líder. Aconteceu em novembro de 1960, algo ligado ao basquete.

Naquela época, não escolhiam calouros para jogar no time de basquete da universidade. Em novembro havia um grande jogo em que os calouros jogavam contra os veteranos. O jogo, que acontecia no ginásio da cidade, era aberto ao público.

Cinco dias antes do jogo, Jerry Steele, presidente do Monogram Club, uma organização cultural, procurou-me e disse-me:

— Williams, temos de organizar este jogo, e você é o responsável.

— Responsável pelo quê?

— Responsável por tudo! — disse-me ele. E isso era literalmente o que ele quis dizer. Embora faltassem apenas cinco dias para o jogo, ninguém organizara nada para que o evento acontecesse.

Abri a boca para argumentar, mas a seguir a fechei. Jerry Steele era um jogador de basquete de 2,03 metros de altura e 108 quilos, além de ter uma personalidade muito persuasiva. Portanto, concordei em ser escalado como "voluntário".

Passei os cinco dias seguintes organizando um *show* de basquete para toda a comunidade. Trabalhei em várias promoções e consegui divulgar a informação nas estações locais de rádio e TV, bem como nos jornais. Planejei um *show* que durasse a metade do tempo em que estaríamos ali e convidei uma banda da escola de ensino médio local. Escolhi um cantor para entoar o hino nacional. Localizei um grupo uniformizado e com bandeiras para dar início ao jogo. Trouxe a torcida uniformizada, imprimi e vendi as entradas. Em suma, fiz exatamente as mesmas coisas que faria mais tarde como executivo da NBA. Eu iniciava meu treinamento como líder.

A tarefa era muito grande para uma pessoa só, portanto aprendi rapidamente a importância de delegar. Escolhi os voluntários (nem todos eles de boa vontade!) que pude encontrar. Convencia e recrutava pessoas; ia de cá pra lá e fazia acordos; tornei-me um líder!

Como isso aconteceu? Lembro-me daquele jogo como se tivesse ocorrido ontem. Tudo aconteceu exatamente conforme a programação, e todos se divertiram bastante. Quando acabou, eu estava nas nuvens. Fiquei tão satisfeito comigo mesmo que meu sorriso mal cabia em minha face. Aquela foi uma das experiências mais satisfatórias e empolgantes da minha vida. Recebi elogios do diretor de atletismo, dos estudantes, dos jogadores, do técnico e das pessoas da comunidade.

Aquela noite, quando fui para a cama, percebi algo que jamais me ocorrera antes: eu era um líder!

As sete chaves para liberar o potencial de liderança

Em retrospectiva, percebo que esse único evento abriu a porta para todos os outros papéis de liderança que exerci nos últimos quarenta e cinco anos. Tudo o que fiz como líder, como promotor de eventos, como gerente geral e como executivo de esporte teve sua gênese naquele evento. Jerry Steele jogou-me essa responsabilidade como se fosse uma granada prestes a explodir. Achou que me dava uma tarefa que ninguém mais queria, que ninguém mais aceitaria. Mas eu passei no teste. Jerry não sabia que desempenharia um grande papel no lançamento de minha carreira de líder.

Nos anos que se seguiram a esse evento, tornei-me fascinado com o assunto de liderança. Alguns dos líderes mais eficazes e influentes no mundo dos esportes e dos negócios, como o executivo e promotor de beisebol, Bill Veeck, dono dos Phillies, da Filadélfia, e o dono do Orlando Magic, Rich DeVos, instruíram-me e orientaram-me nessa tarefa. Posso mencionar outros líderes que tiveram grande influência em minha vida, como o executivo e dono da liga menor de beisebol, R. E. Littlejohn; o ex-jogador da principal liga de beisebol e dirigente do time Miami Marlins, Andy Seminick (joguei pelo Marlins na liga menor em 1962-1963); o técnico de beisebol na universidade, Jack Stallins; o técnico de futebol no ensino médio, Bob DeGroat; e o técnico de beisebol do ensino médio, também ex-jogador do Phillies, Peanuts Riley. Esses líderes e mentores não apenas modelaram a liderança em minha vida, mas também estabeleceram o alto padrão pelo qual eu guiaria minha vida. Queria que se sentissem orgulhosos de mim e felizes com meu trabalho. Eles me motivaram a ser um líder.

Por fim, expus tudo o que sabia sobre liderança em um livro, *The Paradox of Power* [O paradoxo do poder], publicado no outono de 2002 pela Warner Books. Esse livro causou grande impacto, e recebi centenas de cartas de leitores que ficaram empolgados com os conceitos e princípios que apresentei ali. Depois de algum tempo da publicação do livro, recebi um telefonema de meu editor na Warner, Rolf Zettersten:

— Pat, acabo de sair de uma reunião editorial; decidimos que temos uma idéia para um livro que gostaríamos que você escrevesse.

Bem, aquela era uma experiência totalmente nova! Via de regra, eu apresento as idéias do livro e tento achar uma editora que concorde em publicá-lo. Mas ali estava uma editora me procurando com uma idéia!

— Esse livro — Rolf prosseguiu — deve ser a seqüência lógica do *The Paradox of Power* [O paradoxo do poder]. Pat, o que os pais mais desejam para os filhos? O que professores, técnicos, pastores e os que trabalham com jovens mais desejam para os jovens que orientam e instruem?

Bem, eu tenho dezenove filhos (quatro são filhos naturais, catorze adotados internacionalmente e um que veio na bagagem de um novo casamento), e a primeira resposta que veio a minha mente foi que gostaria que ficassem longe de qualquer confusão! Mas sabia que Rolf se referia a algo muito mais profundo.

— Sei que nosso maior desejo é que se tornem líderes — disse eu.

— Exatamente! — Rolf retrucou. — Achamos que você, com todos os jovens que educou em sua casa e com todas as pesquisas que fez sobre liderança, seria a pessoa qualificada para escrever um livro sobre como desenvolver as habilidades de liderança em jovens.

Pensei: *Uau! De onde é que saiu isso, da minha cabeça?!* Desenvolver líderes jovens é um de meus principais objetivos não apenas como pai de dezenove filhos, mas também como executivo na área esportiva, como palestrante e como voluntário em minha igreja. E tem mais, em minhas viagens por todo o país, percebi, em todas as esferas de nossa sociedade, uma sede por novas idéias em relação ao desafio de treinar e de motivar jovens a serem líderes.

Minha pergunta seguinte foi esta: "Onde encontrar essas novas idéias?". A resposta veio em um piscar de olhos: com os próprios líderes. Percebi que, para escrever este livro, precisaria ter contato com centenas de líderes e transmitir o melhor de suas histórias neste livro. Estava convencido de que os princípios essenciais para o treinamento e a motivação de jovens líderes emergiriam dessas centenas de entrevistas... e eu estava certo!

Gastei doze meses enviando cartas e fazendo telefonemas, reunindo histórias, percepções e idéias de líderes de todos os cantos do país. Enviei mais de mil questionários a líderes de todas as esferas da vida: negócios, esportes, governo, exército, educação, religião e assim por diante. Um amigo meu, Larry Guest, escritor e jornalista, chama-me de "O Príncipe do Exagero", e sou mesmo... não consigo evitar. Assim que comecei a coletar idéias e histórias da primeira onda de respostas que obtive, fiquei tão empolgado com o que lia que passei a enviar mais e mais questionários. Quando a fumaça desse bombardeio cessou, já tinha recebido mais de seis mil questionários!

Antes de terminar essa tarefa, recebera histórias e depoimentos de mais de quinhentos líderes, tais como a do governador da Flórida, Jeb Bush; o homem indicado para candidato a presidente pelo Partido Democrata, George McGovern; o técnico principal do San Antonio Spurs, Greg Popovich; e até o guru em liderança, John Maxwell. Enquanto as respostas a meus questionários ainda estavam chegando, percebi, em todas elas, padrões e tendências. Muitos deles tiveram experiências e influências semelhantes na juventude. Muitos mencionaram os mesmos componentes da liderança autêntica. Embora as histórias fossem diferentes, os princípios para instruir, liderar e motivar os jovens líderes eram os mesmos. Portanto, reuni-me com meu parceiro nessa tarefa, Jim Denney, e esboçamos a estrutura deste livro — uma estrutura fundamentada nos resultados dessa pesquisa, não em qualquer noção pré-concebida.

Em suma, este livro foi escrito nas trincheiras. Surgiu diretamente de experiências reais de vida de líderes reais. Portanto, pode ter certeza de que estas percepções são verdadeiras e de que estes princípios funcionam. Se aplicar essas idéias e princípios em seu relacionamento com jovens líderes, perceberá os resultados na vida deles.

No início deste projeto, suspeitei que os mesmos sete princípios de liderança que fundamentaram meu livro anterior, *The Paradox of Power* [O paradoxo do poder] também se aplicavam ao desafio de treinar e de motivar jovens líderes. Minha pesquisa confirmou que isso era verdadeiro. O princípio essencial da liderança não muda, quer ele seja praticado em altas esferas do governo, quer em um escritório local, quer no centro acadêmico de alguma universidade.

A essência do líder está incorporada nestas sete chaves que servem para liberar o potencial de liderança. Cabe a nós, pais, técnicos, professores, pastores, conselheiros de jovens e mentores, inspirar e motivar jovens líderes para a edificação dessas qualidades em sua vida. As sete qualidades do líder eficaz são:

1. *Visão*. Todo líder, jovem ou idoso, tem de ter uma visão. A visão define como o sucesso será. O líder e toda equipe devem competir por essa visão, lutar por ela e sacrificar-se por ela. É preciso aprender a desafiar e a inspirar os jovens a se tornarem visionários.
2. *Comunicação*. Todo líder deve ser capaz de comunicar a visão para a equipe... e fazer isso de modo eficaz e persuasivo, a fim de que cada membro da equipe abrace essa visão. Precisamos dar oportunidade aos jovens para que fortaleçam suas habilidades de comunicação... e também sua confiança.

3. *Habilidades no trato com pessoas.* Os líderes, quer jovens, quer maduros, devem saber motivar as pessoas, resolver conflitos, ouvir, reconhecer, estimular, elogiar e fortalecer uma comunidade. Em outras palavras, os líderes precisam ter habilidade no trato com os indivíduos — saber trabalhar eficientemente com as pessoas de modo a inspirá-las a alcançar um objetivo.
4. *Caráter.* As pessoas admiram e seguem líderes que exibem caráter genuíno. Conforme John Maxwell observou: "As pessoas abraçam um líder antes de abraçar a visão do líder". Assim, jovens líderes precisam edificar bons traços de caráter em sua vida, tais como ética de trabalho firme, humildade, honestidade, integridade, responsabilidade pessoal, responsabilidade social, disciplina pessoal, coragem, gentileza, justiça, tolerância e respeito pelos outros.
5. *Competência.* Observe que essa palavra inicia da mesma forma que competir. Um grupo ou equipe com líder competente pode competir e vencer. A competência vem com a experiência (um registro comprovado de eficiência), com o aprendizado de delegar tarefas e com a estratégia de enfrentar toda tarefa com o compromisso de alcançar a excelência.
6. *Ousadia.* É mais ou menos como se tivesse quatro zagueiros a sua frente. Você reúne coragem para procurar driblá-los ou desiste e atrasa a bola? Para se tornar líder, o jovem tem de aprender a superar a timidez, a introversão e a tendência de não arriscar. Sem risco, não há aventura. Não se pode ser líder sem ousadia.

7. *Serviço*. A verdadeira herança não diz respeito a ser "o chefe", mas a ser servo. Os jovens precisam ser instruídos, inspirados e desafiados a ver seu papel de liderança não como uma oportunidade de expandir o ego, mas como a oportunidade de servir aos semelhantes e a Deus.

Essas sete qualidades fornecem fundamento sólido a qualquer líder, quer ele seja jovem, quer seja maduro. São os fundamentos deste livro.

Por que precisamos de líderes

Vivemos em um mundo cada vez mais perigoso, que com freqüência parece caminhar para um futuro obscuro e incerto. Nossa civilização parece ameaçada de todos os lados por catástrofes econômicas, degradações ecológicas, conflitos raciais e étnicos, guerras religiosas, nucleares, biológicas e terrorismo químico, ataques cibernéticos, instabilidade social e política, pobreza, urbanização desordenada, crimes, drogas, alcoolismo, ignorância e analfabetismo, pressão populacional e ameaças desconhecidas provenientes das novas tecnologias.

Dr. Larry McCarthy, professor adjunto na Stillman School of Business Management, da Seton Hall University, fez a seguinte pergunta: "Se as crianças de hoje não se tornarem líderes, o que acontecerá com nossa sociedade?". Ele prossegue: "Precisamos constantemente reabastecer o tanque de líderes do mundo. Os líderes atuais são promovidos ou morrem. Mas os problemas do mundo continuam a crescer: para onde nos voltar se não tivermos uma nova geração de líderes pronta a assumir os desafios do mundo?".

Meu amigo Jay Strack, presidente da Universidade de Liderança Estudantil, é a maior autoridade nos Estados Unidos em desenvolvimento de jovens líderes. Ele afirma: "Nós, pais, educadores e treinadores, temos errado o alvo, pois nossos filhos encontram-se terrivelmente despreparados para lidar com a vida real. As corporações gastam milhões de dólares para treinar jovens a liderar. Essa é uma indústria enorme. As universidades e o exército percebem que os jovens que passam por seus corredores e barracas não estão bem preparados para liderar. Produzimos uma geração cuja habilidade de liderança não é profunda nem vasta. Muitos pais começam a verificar quão mal preparados estão seus filhos para enfrentar os desafios da vida e para tomar boas decisões".

Deixe-me contar-lhes sobre Danny Rohrbough, um jovem líder. Danny tinha 15 anos, era calouro no ensino médio e gostava de computadores, de aparelhos de som e de telas grandes de televisão. Ele, muitas vezes, ajudava o pai no negócio da família, uma firma de assistência técnica de aparelhos eletrônicos. Estava ansioso para conseguir sua carteira de motorista.

Uma manhã quente de primavera, Danny Rohrbough e mais outros quatrocentos alunos almoçavam no refeitório da escola. De repente, os alunos foram surpreendidos pelo som de um tiroteio ao lado do prédio. Dois alunos com casacos negros caminhavam a passos largos no gramado, com armas em punho e atirando nos alunos. Mataram uma garota de 17 anos que estava almoçando. A seguir, atiraram oito vezes em um rapaz sentado ao lado dela. Ele sobreviveu, mas ficou paralítico.

Os dois atiradores desceram as escadas e entraram no refeitório. Quando os alunos viram os rapazes armados, fugiram. Os atiradores tentaram detonar algumas bombas caseiras, mas elas não explodiram.

Danny Rohrbough estava entre os alunos que fugiram do refeitório em busca de segurança. Mas Danny, em uma atitude diferente da de seus colegas, voltou e segurou a porta para que os colegas pudessem sair mais rápido do refeitório. Ficou ali segurando a porta até que um dos dois matadores o viu. A seguir, mirou Danny e o acertou três vezes. Ele deu alguns passos, depois tropeçou e caiu.

Danny morreu no corredor, a apenas alguns metros do lugar em que estaria a salvo.

O tiroteio e os gritos continuaram. Naquele dia, os atiradores mataram doze alunos e um professor. Era uma terça-feira, 20 de abril de 1999. E a escola era Columbine, em Littleton, Colorado.

Alguns dias mais tarde, no enterro de Danny Rohrbough, as pessoas se lembraram dele como líder e servo, o jovem que segurara a porta aberta, mostrando aos colegas o caminho para a vida, para a segurança e para o futuro. Ele perdeu a vida em favor dos amigos. A pessoa que realizou o culto fúnebre falou: "Talvez Danny vivesse se tivesse feito uma escolha diferente. No entanto, escolheu segurar a porta para que os outros chegassem a um lugar seguro. Eles escaparam, mas Danny não".

Nick, um veterano do ensino médio, também falou no funeral de Danny. Ele disse: "Não conheci Danny, mas gostaria de tê-lo conhecido. Devo tudo a ele". A seguir, com voz entrecortada, levantou os olhos e acrescentou: "Obrigado por salvar minha vida".

Danny Rohrbough poderia ter escolhido a segurança, mas ele escolheu a liderança. Demonstrou ousadia, caráter e coração de servo. Segurou a porta para que os outros pudessem passar e viver.

O mundo é um lugar perigoso. Essa é a razão pela qual precisamos de mais jovens como Danny Rohrbough. O mundo precisa de jovens dispostos a liderar, a servir sua geração, a estar ousadamente nas encruzilhadas da história para segurar a porta aberta para o futuro.

Esse é o nosso desafio. Como pais, treinadores, professores e mentores temos a tarefa de inspirar e de motivar uma geração para ocupar a posição de Danny Rohrbough à porta, a fim de que possam liderar o mundo em direção à esperança, à vida e ao futuro.

Portanto, vire a página comigo. Vamos aprender juntos a transformar o mundo ao mudar vidas. Descubra o que quer dizer treinar as crianças para que sejam líderes.

Capítulo 2

O treinamento de liderança começa em casa

Alan, meu filho de 17 anos, é o mais jovem de meus dezenove filhos. Ele nasceu no Brasil e freqüenta uma escola cristã em Orlando. É um garoto maravilhoso: amigável, extrovertido e de boa índole. Só tem um problema, e muito grande: é bagunceiro e dispersivo. Não quer causar problemas, mas é algo que acaba fazendo naturalmente. Considero uma boa semana quando recebo apenas três telefonemas da escola reclamando de seu comportamento.

Vez após vez, tenho de sentar-me e dizer-lhe:

— Alan, você precisa se tornar um líder. Seus professores e o diretor me disseram que você tem potencial para liderança, e eu também acredito nisso. Todos nós queremos que você se torne um líder; sabemos que tem capacidade para isso.

Alan responde sempre da mesma maneira:

— Mas eu não *quero* ser líder!

Nem precisava perguntar a ele a razão de não querer ser líder, pois ela é óbvia: um líder não pode ser o bagunceiro da turma. Um líder tem de dar o bom exemplo para os demais jovens da classe. Um líder tem de liderar o tempo todo, não apenas quando sente vontade.

Quando começava a achar que jamais o alcançaria, algo aconteceu. Um dia, Alan chegou da escola com novidades empolgantes, a ponto de parecer que iria explodir. Ele disse:

— Adivinha o que aconteceu! Meu treinador quer que eu seja capitão do time de basquete!

— Uau! Isso é maravilhoso, Alan! Parabéns! Estou orgulhoso de você! — eu disse. — Ei, mas você sabe o que isso quer dizer?

Alan olhou-me com olhos arregalados:

— Não, o quê?...

— O que você tem de fazer para ser o capitão do time? — perguntei.

Ele engoliu em seco:

— Você quer dizer que tenho de *liderar*?

Confirmei:

— Isso mesmo, Alan. Você é um líder!

Totalmente surpreso, ele repetia a si mesmo:

— Eu sou um *líder*!

Não posso dizer que os telefonemas da escola reclamando do comportamento de Alan acabaram, mas definitivamente observei uma mudança no garoto. Ele realmente cresceu nesse novo e grande papel de liderança que seu treinador lhe deu — e ele *gosta* disso. Recebe os cumprimentos e a aprovação que jamais recebeu como garoto levado e dispersivo — e ele também gosta disso tudo.

O treinamento de liderança começa em casa. Embora todo jovem precise de muitos treinadores de liderança, dentre os quais podemos incluir professores, treinadores, mentores, professores da escola dominical e conselheiros de jovens, a influência mais básica e mais fundamental no treinamento de liderança inicia com a mãe e o pai.

Preparar as crianças para a vida de liderança

O nome de John Maxwell é sinônimo de liderança. Ele é autor de mais de vinte livros, dentre eles o sucesso de vendas *As 21 irrefutáveis leis da liderança* [editora Mundo Cristão]; de acordo com o *The New York Times*, devotou a maior parte da vida à pesquisa sobre liderança e à proclamação, por meio de publicações e de palestras, dos princípios que a norteiam. Nascido em Ohio, é filho de um líder religioso, e decidiu na mais tenra idade, aos 3 anos, que gostaria de ser como o pai. Aos 17 anos, iniciou a preparação para o ministério na Faculdade Circleville (Ohio) de Bíblia.

Começou seu ministério em uma pequena igreja rural, em Indiana. Depois, passou a servir em outras igrejas maiores. Ao longo de seu caminhar, ficou fascinado com a forma de os líderes comandarem — quais são os ingredientes da liderança, como alguém pode aprender a tornar-se líder, e assim por diante. Em 1985, John fundou uma organização chamada The INJOY Group dedicada ao estudo e à disseminação dos estudos de liderança. Em 1995, abdicou do posto de líder em uma igreja que triplicou de tamanho sob sua liderança e passou a dedicar-se em tempo integral a sua organização. Hoje, alcança e ensina milhões de pessoas, todos os anos, por meio de seus livros, de produtos em áudio e vídeo e de palestras.

Perguntei a John Maxwell qual a fonte de seu fascínio pela liderança. Ele respondeu: "Meus pais. Aprendi sobre liderança em casa. Meu pai acreditava no crescimento pessoal. Ele praticava o crescimento pessoal e a liderança diariamente, além de planejar e ensinar o crescimento pessoal e a liderança para meu irmão, para minha irmã e para mim.

"Quando éramos crianças, meus pais liam para nós constantemente. À medida que ficamos mais velhos, nos tornamos bons leitores. A cada etapa de nosso desenvolvimento, meus pais nos apresentavam novos livros. Quando eu tinha 8 anos, eles queriam que eu lesse meia hora todos os dias. No início, lia histórias da Bíblia, mas à medida que crescia, meus pais me deram outros livros para ler, como *O poder do pensamento positivo*, de Norman Vincent Peale [Editora Pensamento-Cultrix], e *Como fazer amigos e influenciar pessoas*, de Dale Carnegie [Editora Nacional]".

"Meus pais selecionavam livros, e eu só recebia parte do pagamento de minha mesada se os lesse. Toda noite, na hora do jantar, em nosso momento familiar, discutíamos nossas leituras. Éramos encorajados a compartilhar não apenas os fatos que havíamos aprendido, mas também nossa opinião a respeito. À medida que crescemos, tínhamos permissão para escolher nossos livros para leitura, desde que meus pais os aprovassem. Li todos os dias da semana até me formar no ensino médio".

Candace Long é cantora, compositora, produtora e executiva na área de propaganda e entretenimento, além de autora de peças de teatro (autora do musical *A Time to Dance* [Tempo de dançar]). Também é mãe, divorciada de um marido e viúva de outro. Para resumir, Candace Long é uma líder. É uma força na indústria do entretenimento e, nesse ramo, foi quem criou mais empregos de bastidores para as mulheres. Em 1993, fundou a Quadra Entertainment, uma empresa com a missão de criar filmes e roteiros para televisão que enfatizassem os papéis para mulheres.

Ela contou-me: "Meus pais sempre me incentivaram com a idéia de que eu poderia fazer qualquer coisa que planejasse realizar. O apoio e a confiança deles em mim foram a chave para o desenvolvimento de minha confiança. Meus amigos e colegas reconheciam que eu não seguia a multidão tão facilmente — gostava de traçar meu percurso. Quando eu era jovem, percebi que meus irmãos e primos mais jovens sempre me procuravam para que os liderasse em nossas brincadeiras. Na escola, procuravam-me por eu ter grande senso de responsabilidade e uma estratégia conscienciosa para enfrentar a vida".

"Eu não era o tipo de líder que assumia responsabilidades nem queria que outros me seguissem. Demora um tempo para que reparem em mim, por causa de meu temperamento um tanto reservado. Mas assim que isso acontece, passam a me procurar para ocupar o papel de liderança".

Candace Long, como mãe, encoraja as qualidades de liderança de seu filho. Ela explica: "Meu filho tem uma personalidade assertiva, o que é uma qualidade em um líder. Mas, como a maioria dos traços de personalidade, essa característica tem seu lado negativo. Tentei estimular os dons de liderança que Deus lhe deu enquanto também o estimulava a ser sensível em relação aos outros. Mais que tudo, orei por ele e o encorajei a ler bons livros. Depois de ler o clássico de Dale Carnegie, *Como fazer amigos e influenciar pessoas*, ele me disse: — Mãe, esse foi o melhor livro que eu já li!

"Meu filho, quando estava na escola de ensino médio, desviou-se por algum tempo de seus objetivos de liderança. Aquele foi um período difícil para mim e para ele — enfrentei divórcio e viuvez em um curto espaço de tempo. A dor dessas experiências deixou marcas nele. Mas, com o passar do tempo e com a ajuda de Deus, ele está retomando seu caminho e renovando seu interesse em tornar-se líder. É empolgante observar o crescimento de seu conhecimento sobre liderança e de sua confiança".

Enquanto escrevi esse livro, tive a oportunidade de sentar-me com Ericka Dunlap, Miss Estados Unidos de 2004 e ex-Miss Flórida. Falamos sobre pais e líderes jovens. Ericka disse-me: "Meus pais foram fundamentais para minha posição de liderança. Eles me apoiaram quando era menina. Participei de meu primeiro desfile aos 6 anos. Minha mãe me encorajou, mas jamais me forçou a fazer nada. Eu jogava futebol quando estava na 7ª série, e, embora não jogasse bem, minha mãe sempre estava ali para apoiar-me.

"Naqueles dias, encontrava muitos garotos que diziam: Ericka, meus pais não vêm a meus jogos nem participam de minhas atividades. Eles são muito ocupados e não têm tempo para minhas apresentações. As crianças assimilam a mensagem de que outras buscas e atividades são mais importantes que os recitais, concertos ou jogos delas. Elas precisam saber que estão em primeiro lugar na lista de prioridades dos pais. É importante que os pais saibam o que os filhos estão fazendo para se envolverem ativamente na vida dos filhos. Quando os filhos sabem que os pais se importam com eles, a confiança e a auto-estima deles aumentam".

Talvez você esteja pensando: *Eu não tenho tempo para ir a todas as atividades de meus filhos! Pat, você não faz a menor idéia do que significa ter muitos filhos!* Bem, de quantos filhos estamos falando? Dois? Quatro? Seis? Aposto que minha família volumosa ganha de qualquer uma.

Veja, temos dezenove filhos em casa. Portanto, já fui a uma série de jogos, recitais e desfiles. Na verdade, aposto que já vi mais eventos esportivos de jovens que qualquer outro pai na história de nosso país. Hoje, a maioria de meus filhos já cresceu. Mas de 1980 a 1998, parecia que cerca da metade das horas de meu dia eram gastas em cadeiras de ginásios esportivos. Se eu fui capaz de fazer isso, você também consegue.

Há um ensino muito antigo da Bíblia que afirma: "Instrua a criança segundo os objetivos que você tem para ela, e mesmo com o passar dos anos não se desviará deles" (Pv 22.6). Em outras palavras, a instrução deve começar bem cedo. Se você quiser educar jovens para que sejam líderes, você deve começar a ensinar e a modelar a liderança enquanto ainda são bem jovens.

A criação de um "guerreiro da Renascença"

Meus pais começaram a preparar-me para a vida de liderança desde a mais tenra idade. Meu pai, Jim Williams, deu-me minha primeira luva de beisebol quando eu tinha apenas 3 anos. Ele me levou ao primeiro jogo — um clássico entre os Athletics, de Filadélfia, e os Indians, de Cleveland —, em 1947, quando eu tinha 7 anos. Engoli o cachorro-quente, berrei feito louco e me diverti à beça. Naquele dia, tornei-me apaixonado por esportes pelo resto da vida. Deixei aquele estádio com a visão de que passaria minha vida envolvido com esportes.

Durante minha infância, jamais ia a lugar nenhum sem um taco, uma bola e duas luvas de beisebol. Por que duas luvas? Porque eu sempre poderia me deparar com um garoto que não tivesse trazido sua luva. Aonde quer que eu fosse, estava preparado para uma partidinha.

Em meu quarto, em frente ao espelho, praticava incessantemente para melhorar minhas jogadas. Certa vez, meu cachorro entrou na minha frente e acertei a cabeça dele com o taco! Pobre cãozinho, jamais foi o mesmo depois disso.

Meus pais eram fãs de beisebol. Quando não praticava com meu pai, minha mãe, Ellen Williams, jogava comigo. Coloquei duas pedras no jardim para marcar o local do arremessador e do rebatedor. Certo dia, quando tinha 7 anos, praticava com minha mãe. Estava no local do arremessador, e mamãe fazia o papel de rebatedor. Joguei uma bola rápida, mamãe tentou rebatê-la e acabou acertando-me no olho. Caí no chão como se tivesse sido baleado. Tudo ficou escuro.

Bem, mamãe achou que me matara, mas eu me recuperei. Anos mais tarde, brincava com ela dizendo:

— Eu deveria ter ficado de pé e ganhado um ponto com aquele arremesso, pois você cometeu mesmo uma falta naquela jogada!

Mas na hora em que aconteceu não foi nada engraçado. Fiquei com um hematoma nos olhos e com uma terrível dor de cabeça.

O importante foi meus pais terem encorajado minha mania por esportes — e os esportes dão muitas oportunidades para os jovens aprenderem os fundamentos da liderança. Meus pais usavam minha paixão pelos esportes para ensinar todos os tipos de lições que necessitava para a vida. Meu pai era professor e treinador em uma escola particular. Algumas de minhas mais remotas lembranças referem-se a estar com meu pai no vestiário ou em um banco ao lado do campo. Eu o observava treinando, escutava seus discursos que serviam para motivar os jogadores e absorvia seus valores e seu exemplo de liderança. Minha mãe conversava sobre esportes comigo, jogava comigo no quintal e utilizava esses momentos para ensinar-me lições sobre a vida.

Por meio dos esportes, aprendi pela primeira vez (de uma forma rudimentar) as sete chaves da liderança. Aprendi a noção do que significa ter uma visão *para o futuro*. Os técnicos dão a seus times uma visão para que vençam jogos e celebrem os campeonatos. Com meus colegas de equipe aprendi a importância da *comunicação* e o valor de ter *habilidade no trato com as pessoas* — habilidade para resolver conflitos e para solucionar conflitos de equipe.

Por meio dos esportes, aprendi as qualidades de *caráter* que dão base à confiança e que estimulam a confiança e a confiabilidade: uma ética de trabalho firme, um espírito humilde, um compromisso com a honestidade, com a integridade, e muito mais. Aprendi a importância da *competência* (habilidade de competir e de completar tarefas com excelência) e da *ousadia* (a disposição para assumir riscos a fim de obter sucesso). Acima de tudo, meu envolvimento primeiro com equipes de esportes ensinou-me o poder de uma atitude de serviço — alcança-se o sucesso não quando alimentamos nosso ego, mas à medida que consideramos o bem da equipe acima de nós mesmos e servimos com disposição uns aos outros na equipe.

Até aprendi a ler e a fazer cálculos aritméticos com o beisebol. Eu devorava as páginas esportivas do jornal. Aprendi matemática ao verificar os pontos, ao manter tabelas com médias de arremessos e ao estudar as colunas dos pontos perdidos e ganhos. Também me deleitava com as biografias no verso dos cartões dos jogadores de beisebol.

Meus pais não queriam que eu fosse um fanático por esportes, mas apenas um ser humano bem informado — eles queriam que eu fosse um líder em qualquer área da vida com a qual decidisse me envolver. Mamãe me expunha a muitas influências positivas, do escotismo à arte. Muitas vezes, levava-me com minhas irmãs para Nova Iorque e para a Filadélfia a fim de visitar museus, ir a concertos e ao zoológico e assistir a *shows* na Broadway. Eu não tinha nenhum talento musical, mas até hoje sou capaz de desfrutar qualquer espetáculo e de discutir de forma inteligente qualquer manifestação artística, desde seriados de televisão até cenários da Broadway. Meu amigo Jerry Jenkins chamou-me certa vez de "guerreiro da Renascença", e acho que essa é uma boa descrição da forma bem estruturada com que meus pais me educaram.

Minha mãe era uma leitora sem igual, e tenho vívidas lembranças de sentar-me ao lado dela, enquanto ela lia em voz alta para mim quando ainda era garoto. Tornei-me um leitor compulsivo desde essa época. Na verdade, diria que toda minha vida foi moldada por bons livros. O poder de um bom livro é surpreendente. Ao abrir um livro, abrimos a mente e o coração para outro ser humano e acabamos sendo transformados por esse encontro.

Quando eu tinha 7 anos, minha vida transformou-se por intermédio de um dos primeiros livros que li, um livro que meu pai me deu. Ele continha muitos conselhos para jovens atletas: cuidados com o corpo, atitude de vencedor, o jogo de futebol e o líder do time. Descobri que não só era um grande livro sobre futebol, mas também um livro fundamental sobre o jogo da vida. As lições que aprendi com aquele livro quando bem jovem ainda reverberam em minha vida.

Líderes são leitores. Um jovem que não lê não pode verdadeiramente liderar. Como pais, temos a obrigação de modelar e incitar os bons hábitos de leituras em nossos filhos.

Pais: os primeiros professores, conselheiros e treinadores de uma criança

Meu pai e minha mãe eram líderes.

Logo depois que meu pai retornou da Segunda Guerra Mundial, minha mãe ficou grávida do quarto filho. Eu já tinha duas irmãs, portanto orava para que fosse um menino. Mas em um dia frio de fevereiro de 1947, em que nevou muito, a terceira menina nasceu em nossa família. O nome dela era Mary Ellen.

Ficou imediatamente óbvio para os médicos e para meus pais que havia algo de errado com Mary Ellen. Ela nasceu com uma deficiência mental que, na época, era chamada de mongolismo. Hoje é conhecida como síndrome de Down, e sabemos que é causada por um número irregular de cromossomos. Nas décadas de 1940 e de 1950, as famílias com uma criança com deficiência mental eram estigmatizadas. Era como se os pais tivessem falhado no processo biológico.

Naquela época, havia pouca ajuda para famílias como a nossa. Não havia conselheiros nem instituições para fornecer ajuda ou informações sobre o assunto. Existiam poucas pesquisas sobre as questões médicas e sociais para crianças com necessidades especiais.

Mas ao olhar em retrospectiva, percebo que meus pais abriram caminho. Eles encararam de frente a questão e começaram a levantar fundos e a educar a comunidade a respeito dos problemas que essas crianças enfrentam. Falavam sobre o assunto em entrevistas com jornalistas. Meu pai, com a ajuda de Bob Carpenter, dono do Phillies, iniciou o Delaware All-Star High School Football Game, uma organização cuja finalidade era levantar fundos. O primeiro jogo aconteceu em 1956 e até hoje, cinqüenta anos mais tarde, o evento (agora denominado de Blue-Gold Game) acontece anualmente em benefício dessa fundação para crianças portadoras de deficiência mental.

Minha mãe continuou ativa em prol das causas da saúde mental até ter mais de 80 anos, além de ser líder em sua igreja. Meus pais eram líderes do Partido Democrata em Delaware. Lembro-me deles fazendo campanha para Adlai Stevenso, em 1952 e 1956. Em toda minha infância, nossa casa era uma colméia repleta de atividades de liderança e abrigava muitas reuniões de comitês de diretorias e sessões de planejamento para as muitas causas que meus pais apoiavam.

Meus pais, Jim e Ellen Williams, praticavam continuamente a liderança. O exemplo deles estabeleceu em minha mente a noção de que liderança é simplesmente algo que se espera das pessoas. Faz parte de nossa vida. Meus pais não gastaram muito tempo pregando sobre liderança para mim — estavam ocupados demais com a *prática* dela. Portanto, absorvi o exemplo deles, e a liderança tornou-se uma parte natural da minha vida.

Em que medida os pais (ou os primeiros responsáveis) são importantes na preparação dos jovens para que se tornem líderes? Quando observamos a infância dos líderes, descobrimos que a influência dos pais é indispensável para a compreensão do papel da liderança nessas crianças. Os filhos observam os pais, seus primeiros modelos. As crianças querem agradar os pais e conquistar a aprovação deles.

Quando temos filhos sob nossos cuidados, a mente, o coração e o futuro deles nos foram confiados. Essa é uma tremenda responsabilidade. Nossa influência sobre eles desde a mais tenra idade moldará o curso de toda a vida deles.

Pedi a líderes na área de negócios, de esportes, de educação e de organizações para compartilhar comigo suas histórias e suas percepções sobre como os pais deles os prepararam para liderar, e sobre como eles preparam os filhos para liderar. Eis aqui algumas destas histórias e percepções:

Dickie Noles, ex-jogador do Phillies, foi meu colega de time em um evento recente denominado a Semana dos Sonhos de Phillies, em Clearwater, Flórida. Se você não sabe do que se trata a Semana dos Sonhos, o comentarista esportivo Bob Andelman a descreveu como o evento em que "médicos, advogados, executivos e fãs de uma vida toda, na faixa etária dos 42 anos, em média, pagam cerca de 3.300 dólares (cerca de 8.200 reais) para passar sete dias com estrelas de beisebol do passado, jogar uma partida para exercitar músculos adormecidos, papear e rir com histórias picantes e com muita conversa fiada". Bem, eu não gosto muito de "histórias picantes", portanto Dickie e eu apenas sentamos no banco por algum tempo e conversamos sobre filhos e liderança.

Dickie contou-me: "Dar o exemplo correto é a chave para o desenvolvimento de jovens líderes. Tenho filhos gêmeos hoje com cerca de 15 anos, e eles são muito bons atletas. Toda vez que escuto um treinador ou algum pai comentar que meus meninos são respeitosos e bem comportados, sinto que estou cumprindo bem minha tarefa. Esses dois garotos não me pertencem. Eles pertencem a Deus. Acredito que Deus os confiou a mim até que estejam bem crescidos para tomar as próprias decisões. No entanto, enquanto estiverem sob minha tutela, sou responsável por ensiná-los tudo o que puder sobre como ter uma vida cheia de sucesso e com bons frutos. A maneira em que modelo a liderança para eles agora determina, em grande parte, quanto serão bem-sucedidos futuramente".

Matt Guokas, âncora e ex-treinador do Orlando Magic, recorda que seu pai era um exemplo: foi um excelente jogador de basquete e um grande ser humano. Ele me contou: "Meu pai, Matt Guokas, sênior, foi jogador dos Warriors, de Filadélfia. Ele comparecia a nossos treinos e jogos, conversava com o time e nos mostrava a maneira correta de jogar. Eu o observava e queria ser como ele. Ele tinha uma perna postiça, por causa de um acidente automobilístico, mas a usava em seu benefício para orientar os filhos. Comparecia aos treinos e era a figura central, sempre presente. Passava bolas e ensinava jogadas para nós; sempre passava a bola, nunca a arremessava, para que aprendêssemos sobre os movimentos da bola, o posicionamento em campo, arremessos e trabalho de equipe".

Dick Vermeil, técnico do Chiefs, de Kansas City, disse o seguinte: "Meu pai tinha uma oficina a cerca de vinte metros de nossa casa. Não ficava fora da vista dele. Estava sempre consciente de que avaliava minha conduta — embora não de forma abertamente crítica e dominadora. Sabia que ele tinha certas expectativas em relação a minha vida e que queria que eu me tornasse uma pessoa gentil quando crescesse. Sempre elogiava qualquer coisa que fazia, e era inspirador receber esses comentários positivos. Sempre que saía de casa, ele comentava: — Lembre-se de que você é um Vermeil, portanto, honre esse nome. Essa era a maneira de meu pai me dar um padrão de integridade ao qual deveria aspirar, bem como um firme senso de responsabilidade segundo o qual deveria prestar contas de minhas ações".

Matt Certo é presidente co-fundador da companhia WebSolvers, Inc., especializada em *web design*. Ele começou sua companhia com um único computador no dormitório da faculdade. Seu negócio cresceu e movimenta hoje 2 milhões de dólares (cerca de 4 milhões e meio de reais) e tem doze empregados. Quando lhe perguntei onde aprendera os fundamentos da liderança, ele deu todo crédito aos pais.

Matt Certo relatou o seguinte: "Lembro-me de meus pais me instigarem a ser um líder, não um seguidor. Tenho 27 anos agora, mas me recordo de que eles já me incentivavam quando ainda estava no jardim da infância. Embora eu perceba que o mundo precisa de seguidores e de líderes, em minha jovem mente delineei a diferença entre 'líder' e 'seguidor' como algo equivalente a 'certo' *versus* 'errado'. Essa era a forma de meus pais encorajarem com veemência a mentalidade de liderança em mim. Isso orientou minha vida para que pensasse de modo independente e deixasse de seguir a multidão.

"Meu pai, Sam Certo, era treinador de meu time de basquete. Ele queria que eu jogasse como armador e explicou que meu papel era o daquele que: (a) conduzia a bola; e (b) servia como a voz do treinador na quadra. Sabia que minha função era levar o time para a ofensiva, reconhecer quando estávamos desorganizados e influenciar meus companheiros de equipe a servir o conjunto. Eu seguia os passos necessários para vencer um jogo de basquete. No entanto, na mente de meu pai, eu me desenvolvia para me tornar um líder.

"Uma das lições que meu pai me ensinou por intermédio do jogo de basquetebol foi a responsabilidade que tinha como líder. Em um jogo eu cometi cinco faltas e fui retirado da partida; eu não gostei da marcação e discuti com o juiz. Meu pai — meu treinador — puxou-me de lado e fez com que eu realmente soubesse que havia falhado como líder. O mais importante de tudo foi que ele usou aquele incidente como um ponto decisivo em minha compreensão do papel do líder. Ele afirmou categoricamente: 'Quando você acha que o árbitro errou, tem de escolher. Pode abraçar sua responsabilidade como líder e aceitar a decisão do árbitro, ou pode perder a cabeça. Mas se perder a cabeça, perde o respeito dos outros e, por fim, perde a influência sobre eles. E se isso acontecer, você deixa de ser líder'.

"A partir daquele dia, meu pai passou a estabelecer os fundamentos da liderança em minha vida. Mostrava continuamente exemplos de liderança para mim, tanto os positivos quanto os negativos. Dia após dia, ele me explicava as implicações do comportamento destrutivo e construtivo de liderança.

"Há três coisas que os pais precisam fazer a fim de instigar nos filhos a habilidade de liderar. Primeira, os pais devem compreender aquilo que encanta seus filhos. Meu pai utilizou o basquete para ensinar-me os princípios de liderança. Outros pais podem usar a paixão que a criança tem pela ciência ou pela escrita.

"Segunda, os pais devem separar um tempo para entender os desafios diários da criança e, depois, extrair, para ela, lições de liderança desses desafios. Foi isso o que meu pai fez naquele jogo de basquete em que tive de ser substituído. Ele me mostrou que aquilo não era apenas uma questão de atitude ou de comportamento, mas uma questão de liderança. E minha atitude e meu comportamento minavam minha liderança.

"Terceira, os pais devem salientar os exemplos diários de liderança, tanto os positivos quanto os negativos. O modelar do papel de liderança positivo ou negativo pode acontecer por meio de programas de TV ou por meio do cenário público do país.

"Eu valorizo os esforços de grupo e de equipe, pois isso é tudo o que conheço. Nasci em uma família grande, portanto o trabalho em equipe faz parte de meu ambiente familiar, e eu o aprecio muito. Em minha família tudo era compartilhado. Nenhuma criança lá em casa tinha o próprio banheiro, TV ou telefone. Sabe o que é ficar na fila atrás de oito pessoas para usar o banheiro? E o que dizer de apenas uma linha telefônica para seis garotas tagarelas? Eu sempre era o último na hora de escolher os programas de TV, portanto raramente assistia ao que queria e jamais me sentei no banco da frente do carro até ser muito mais velho. Eu tinha de dividir uma cama de casal com duas das minhas irmãs que ficavam com todas as cobertas.

"Mas foi assim que aprendi o valor do trabalho em equipe. Sou grato por todas as experiências, porque me ensinaram o sentido desses conceitos de trabalho em equipe: sacrifício, lealdade e cooperação. Meus pais fizeram os maiores sacrifícios. A observação do comportamento deles causou grande impacto em minha vida. Aprendi que os líderes são servos — servos que sacrificam a si mesmos.

"Meus pais são pessoas de fé muito firme. O mais importante para eles era que os filhos entrassem no reino dos céus. Seu modo de vida mostrou-me como ser semelhante a Jesus Cristo. Meus pais também deram um incrível exemplo de ética — algo crucial para alguém se tornar um grande líder. Minha mãe jamais permitiu que eu desistisse de coisa alguma — ela queria que eu sempre alcançasse meus objetivos. Jamais encontrei alguém como ela. Meu pai é um homem íntegro, disciplinado e genuinamente humilde. Meus pais são verdadeiros servos de Cristo e, por meio do exemplo deles, apresentaram-me ao maior Treinador e líder de todos — Jesus Cristo. Ultimamente, é com Ele que quero me parecer".

Dan Wood, diretor executivo do National Christian College Athletic Association [Associação Atlética Nacional das Universidades Cristãs], contou sobre sua juventude: "Eu era o mais jovem de cinco filhos e fui educado na casa de um líder do interior. Não me considerava um líder, mas fui ensinado a ser responsável e a apreciar isso. A mais remota lembrança que tenho de mim mesmo desempenhando um papel de liderança refere-se a algumas situações na igreja e na escola dominical. Eu era o secretário da classe, o que significava ser responsável por recolher as ofertas e fazer a chamada todos os domingos. Gostava da responsabilidade e herdei aquele papel toda vez que era promovido para a turma seguinte.

"Mais tarde, já adolescente, fui presidente do grupo de jovens. Fora da igreja, fui capitão de vários times de esportes e geralmente acabava assumindo um papel de liderança nos acampamentos de verão. Ao rememorar essas experiências, acho que o termo *acabava assumindo* parece seguir aqueles que os outros consideram líderes. Eu não buscava os papéis de liderança em minha juventude — acabava assumindo esses papéis. As pessoas pareciam considerar as qualidades de líder em mim muito antes que eu as visse e muito antes de eu querer me tornar um líder. Portanto, acredito ser importante que os pais e outros adultos reforcem a liberdade para a liderança nos jovens para que criem a imagem de si mesmos como líderes.

"Meus pais foram meus primeiros treinadores na liderança. Eles me encorajaram a desenvolver minhas habilidades de liderança. Instigaram meu amor por Jesus Cristo — obviamente, o maior líder que o mundo já conheceu. Entreguei minha vida a Jesus quando era criança, e até hoje Ele continua a liderar e a moldar minha vida, sendo o exemplo mais importante de todos os que já conheci.

"Tudo o que aprendi sobre liderança fundamenta-se nas lições que recebi em casa, com meus pais. Tudo o que aprendi com os professores, pastores, palestrantes, autores e treinadores é apenas um corolário — essas lições me fazem lembrar tudo o que meus pais me ensinaram durante minha infância e confirmam esses ensinamentos. Até hoje, sempre que alguém me elogia ou reconhece alguma habilidade de liderança que tenho, minha resposta é sempre esta: 'Direi a meus pais que você disse isso', mas como meu pai morreu em 1997, 'direi a minha mãe que você disse isso'. Tudo o que já fiz como líder em qualquer esfera é um tributo não a mim, mas às duas pessoas abençoadas que me criaram".

Steve Alford, treinador de basquete na Universidade de Iowa, relata o seguinte: "As primeiras pessoas que imitamos e com as quais aprendemos são nossos pais. Os pais são cruciais na formação de jovens líderes, pois esses jovens têm os ouvidos e os olhos voltados para eles todos os dias. Quando era criança, observava constantemente meu pai. Ele era treinador do time da escola, e eu o observava liderando seu time todos os dias. Eu o via preparar táticas, organizar o time e posicioná-lo em campo; também via os jogadores executarem os planos que ele elaborara. A maioria das crianças imita o que vê e ouve, à medida que observa os pais em situações da vida real. Portanto, os pais devem ter consciência do tipo de exemplo que dão às crianças".

De todas as influências na vida das crianças, a mais importante é a dos pais. Os pais são os primeiros conselheiros e treinadores dos filhos.

Fortaleça a confiança para liderar

A essência da liderança é a confiança. Quando um líder insufla ousadia e confiança, a confiança de toda equipe ou organização aumenta. Portanto, nosso papel como pais é aumentar a confiança das crianças. Devemos educá-las para crer que podem alcançar qualquer coisa que tenham em mente.

Mike Gannaway, diretor e superintendente da Pillowtex Inc., concorda: "a confiança em si mesmo é a primeira área crítica da liderança. A confiança é contagiante. Se um líder é confiante, estimula o espírito e a habilidade de toda a organização e equipe. Sou grato por meus pais terem me dado espaço para ganhar confiança em mim mesmo. A confiança que aprendi em casa tornou-se o fundamento sobre o qual outras pessoas — meus professores e meu primeiro empregador — edificaram. Os adultos devem encorajar os jovens a ganhar confiança em si mesmos e a valorizar as habilidades que têm para fazer certas coisas bem".

Muitas vezes, nós, pais, achamos que estamos nos envolvendo com nossos filhos quando, na verdade, somos intrusivos — e nossa intrusão é um obstáculo ao fortalecimento da confiança de nossos filhos. Larry McCarthy, professor na Stillman School of Business Management, na Universidade de Seton Hall, afirma o seguinte: "Os pais podem fortalecer a confiança dos jovens ao delegar-lhes responsabilidades — e, depois, ao permitir que enfrentem a própria ascensão ou queda sozinhos. Muitas vezes, vejo pais se envolverem com atividades dos filhos mesmo quando isso não é necessário ou quando não são bem-vindos naquele momento. Estão sufocando e reprimindo os filhos. Deixe-os em paz, caros pais! As crianças aprendem a confiança ao fazerem as coisas por si mesmas.

"Nasci em Cork, na Irlanda, e sou proveniente de uma cultura e de uma época em que os pais permitiam que um escoteiro mais velho se voluntariasse para ser dirigente do grupo de escoteiros. Permitiam que os técnicos voluntários dirigissem o time de basquete ou o time de rúgbi. Fico surpreso com o envolvimento dos pais estadunidenses em *tudo* o que os filhos fazem. Embora seja bom que os pais se interessem pelas atividades dos filhos, eu realmente acho bastante desencorajador e intimidador ter tantos pais em volta de tudo o que as crianças fazem, muitas vezes, intrometendo-se nessas atividades, substituindo os filhos naquilo que estão fazendo e impedindo-os de desenvolver suas habilidades e autoconfiança. Uma das melhores coisas que os pais podem fazer para fortalecer a confiança dos filhos é deixar que saiam da barra da saia da mãe a fim de permitir que afundem ou nadem sozinhos".

A maioria das crianças sofre de grande inércia. Na física, a definição de *inércia* é esta: "a tendência de um objeto permanecer em repouso". Os objetos — quer tijolos, quer jovens, têm a tendência de permanecer como estão, a não ser que uma força externa atue sobre eles. Nossa tarefa como pais é ser essa força externa que sobrepuja a inércia de nossos filhos.

Nenhuma grande ação jamais foi conquistada em uma zona de conforto. Portanto, como pais devemos estimular, encorajar, empurrar e jogar nossos filhos para fora da zona de conforto. Temos de ajudá-los a transpor sua inércia, a fim de que ganhem a confiança e o espírito de aventura que todos os líderes verdadeiros têm.

Joe Dean Jr., diretor de atletismo no Birmingham Southern College, relatou-me: "Meu pai era um líder nato que me inspirou a revelar-me, por assim dizer, ou seja, a sair de minha zona de conforto, a fim de lutar pelo sucesso em todas as áreas da minha vida. Com freqüência, ele me dizia que sempre fora o capitão de todos os times em que jogou, e essa mensagem me inspirou a também querer ser líder.

"Meu pai, enquanto era diretor de atletismo na Universidade Estadual de Louisiana, teve de contratar um treinador de futebol — um momento de decisão que interessava ao Estado inteiro e em que sofreu muita pressão dos fãs e da mídia. Sua declaração para a imprensa foi esta: 'Eu nasci para tomar decisões'. Essa era sua atitude em relação a suas responsabilidades de líder, e sua atitude firme e confiante foi a maior influência que recebi em meu papel hoje como líder comunitário e diretor de atletismo".

Assim como o pai de Joe Dean o ajudou a "revelar-se", a sair da zona de conforto na qual a maioria das crianças gosta de ficar, ele agora também faz o mesmo com os filhos. Declarou-nos: "Sempre achei que a coisa mais importante que os pais podem fazer pelos filhos é envolvê-los em ambientes educacionais e extracurriculares em que possam florescer. Minha esposa e eu sempre observávamos de perto os amigos e colegas que nossos filhos escolhiam para brincar. Sempre encorajávamos amizades deles com outros jovens bem motivados e com bons valores.

"Também exigíamos que nossos filhos se envolvessem com pelo menos uma tarefa extracurricular, qualquer que fosse ela — esportes, música, dança, atividades com grupos de jovens da igreja ou outra qualquer —; achávamos que o envolvimento com o grupo ou o time fortaleceriam as oportunidades que tinham de desenvolver a confiança em si mesmos e as habilidades de liderança.

"Quando morávamos em Orlando, encorajei firmemente minha filha Leslie a fazer ginástica. Ela tinha 8 anos e sempre reclamava quando tinha de ir para sua prática esportiva. Ela não queria se revelar, sair da zona de conforto. Mas eu a pegava no ginásio no fim do dia e falava com entusiasmo do progresso que fizera na barra, no cavalo ou em qualquer outra atividade.

"Certo dia, Leslie informou-me que seu treinador de ginástica mencionou que queria que ela participasse de um torneio em Orlando. Ela inicialmente não queria fazer isso, mas eu a incentivei, e ela finalmente concordou, mas com uma condição: nós, os pais dela, não poderíamos comparecer. Disse-lhe: 'Leslie, isso está fora de questão. Sua mãe e eu pagamos muito dinheiro por essas aulas de ginástica. Merecemos ver seu desempenho nessa competição'.

— Tudo bem — ela replicou. — Vocês podem vir. Mas *não* vão me filmar! — E eu concordei.

"No dia da competição, depois de deixar Leslie no ginásio, perguntei a minha esposa: 'Você trouxe a filmadora?', e ela me disse que estava no carro. Como poderíamos não filmar sua primeira competição? Fomos para o ginásio para ver e filmar essa grande ocasião na vida de nossa filha. Naquele dia, andei pelo ginásio todo e segui todos os movimentos de Leslie com a filmadora.

"Depois que a competição acabou, e Leslie recebeu uma coleção de fitas azuis e vermelhas por ter vencido várias modalidades, ela correu até mim e exclamou: 'Você filmou meu exercício no cavalo?'.

"A moral da história é que algumas vezes você tem de empurrar seus filhos para que saiam da zona de conforto e abracem uma vida de aventura. Assim que dão esse passo, eles percebem quanto é empolgante descobrir tudo o que são capazes de fazer. Cada vez que dão esse passo, sua confiança aumenta".

Matt Certo, fundador da WebSolvers, resumiu essa questão a respeito a confiança desta forma: "Os pais devem continuamente alimentar nos filhos traços de liderança ao fortalecer sua liderança e encorajá-los a agir com ousadia e a assumir riscos. Meu pai era um grande edificador de confiança. Quando fui para a Universidade, ele me fez acreditar que eu realmente poderia conquistar coisas que os outros não acreditavam que eu seria capaz de realizar.

"Quando tinha 19 anos e disse ao meu pai que queria começar meu próprio negócio, ele imediatamente começou a buscar formas de me ajudar. Quando mencionei esse sonho a outras pessoas, elas disseram que eu estava perdendo meu tempo. Mas meu pai disse-me para conquistar tudo o que planejara alcançar".

"A Casa Branca, no verão passado, convidou-me a visitar o presidente Bush. Considerei isso uma grande honra. Meu pai, antes de eu subir no avião, puxou-me de lado. Ele percebeu que eu estava extremamente nervoso com aquela viagem. Disse-me para respirar fundo e perceber que eu *pertencia* ao local para onde estava indo. Aquilo mudou toda minha perspectiva".

"Planejei levar minha filmadora comigo para aquele evento, mas depois do comentário de meu pai, decidi deixá-la no quarto de hotel. Se eu levasse minha filmadora, estaria ali com a mente de um observador. Meu pai ajudou-me a ver-me não só como observador, mas também como participante: alguém que pertencia àquele lugar. Quando me vi no canal de televisão oficial da Casa Branca, fiquei surpreso, pois parecia calmo e sereno. Essa sensação de calma foi resultante da confiança que as palavras de meu pai instigaram em mim".

Os jovens precisam de professores, conselheiros e treinadores ao longo do caminho, à medida que crescem para se tornar líderes, mas os pais lançam o fundamento para toda experiência que vem a seguir. O fundamento mais firme que podemos lançar é o da confiança e da fé — fé em Deus e fé neles mesmos.

Sem estabelecer os limites de até onde eles chegarão

Rich DeVos é meu patrão e amigo. Ele nasceu em 1926, três anos antes da Grande Depressão mundial. Os pais dele, Simon e Ethel DeVos, o educaram para que tivesse uma atitude positiva e participativa em relação à vida. Rich relembra: "Crescemos em meio à pobreza, mas certamente não éramos mais pobres que a maioria das pessoas na época da Grande Depressão. Durante a semana, meu pai ensacava farinha na sala de estoque do armazém, e aos sábados, ele vendia meias e cuecas em uma loja masculina.

"Meu pai educou-me para ser líder. Ele afirmava isto: 'Tenha seu próprio negócio, meu filho. Essa é a única maneira de controlar seu futuro. Seja proprietário, trabalhe duro para isso, estabeleça os objetivos para você mesmo e jamais desista, independentemente dos obstáculos com os quais se depare'."

Rich DeVos levou o conselho do pai muito a sério. Não só tem o próprio negócio, mas também, com seu amigo de infância e parceiro de negócios, Jay Van Andel, construiu um império. Rich e Jay fundaram a Amway Corporation, uma das companhias do grupo Alticor. Hoje, o grupo Alticor faz negócios em oitenta países e movimenta cerca de 5 bilhões de dólares em vendas todos os anos (cerca de 11 bilhões de reais). Rich é também o principal dono da organização para a qual trabalha, a Orlando Magic.

E tudo começou quando o pai de Rich lhe disse: "Tenha seu próprio negócio, meu filho". O treinamento de jovens líderes começa em casa, sem estabelecer os limites de até onde eles chegarão.

Capítulo 3

A natureza da liderança

Imagine esta cena. Você tem 20 anos. A Marinha lhe entrega uma embarcação com uma tripulação de vinte homens e lhe diz: "Você está no comando agora. É responsável por completar sua missão e manter esses vinte homens vivos". A Marinha, com essas palavras, envia-o para a batalha. A embarcação é assolada por furacões. Aviões inimigos mergulham na direção dela em ondas de ataques suicidas. Além disso, é alvejada pela artilharia que está na praia. Certamente, você se perguntará: "Será que realmente consigo fazer isso? Será que sou um líder de verdade?". Essa foi a pergunta que o jovem Jack McCloskey fez a si mesmo em abril de 1945.

Jack é o ex-gerente geral do Detroit Pistons e, atualmente, consultor e olheiro para os Raptors, de Toronto. Ele relatou sua história: "Estava no Pacífico Sul, aos 20 anos, capitão do LCT 1326 (*Landing Craft Tank*, embarcação chata com uma parte passível de abrir-se, permitindo desembarcar tanques em uma praia). Nossa tarefa era chegar à costa e desembarcar os veículos que fariam parte da força de invasão que liberaria as ilhas do Pacífico dominadas pelos japoneses. Eu tinha pouca experiência com navios da Marinha, portanto fiz uma reunião com a tripulação e com meu novo oficial executivo, que sabia muito menos sobre o comando de barcos que eu. Expliquei a meus homens que eu tinha de aprender com a experiência deles e assegurei que os levaria para casa sãos e salvos. Foram magníficos e conseguimos estabelecer um bom ambiente de equipe. Embora fossem meus professores, eles respeitavam minha autoridade.

"Participamos de duas invasões. A primeira, quando tomamos a ilha de Okinawa. Uma tarefa bastante difícil. Fomos assolados por vários furacões durante o caminho e, além disso, tivemos de nos desviar dos *kamikazes*, aviões suicidas japoneses. Tive de tomar decisões difíceis durante aquela invasão".

Como historiador amador, sei que a descrição dessa invasão de Okinawa, feita por Jack McCloskey, fica muito aquém de tudo aquilo que aconteceu. Na verdade, aquela foi a maior invasão de barcos anfíbios da guerra no Pacífico. E ali foram utilizados mais navios, tropas, veículos, tropas, bombas e artilharias que em qualquer outra operação de guerra contra o Japão. Quando consideradas em conjunto, mais pessoas morreram na batalha de Okinawa do que as que foram mortas pelas bombas atômicas de Nagasaki e Hiroshima. Trinta e quatro navios aliados submergiram, principalmente pelos ataques dos *kamikazes*, e setecentos e setenta e três aviões aliados foram abatidos. Imagine Jack McCloskey, aos 20 anos, comandando o navio LCT através daquela tempestade torrencial de morte e destruição provocada pelo ser humano.

Jack ainda explica: "A segunda invasão da qual tomamos parte foi a de Ie Shima, uma pequena ilha a noroeste de Okinawa — ilha em que o correspondente Ernie Pyle foi morto. Enquanto nos preparávamos para chegar a Ie Shima, o membro mais velho de nossa tripulação pediu para ter uma reunião comigo. Ele tinha 40 anos, e o problema dele era que acreditava que não conseguiria enfrentar outra invasão. Já havíamos sobrevivido a vários furacões e conseguíramos desviar de muitos *kamikazes*. Ele achou que estávamos brincando com a sorte e só queria voltar vivo para sua pequena fazenda no Texas.

"Ali estava eu, com metade de sua idade, assegurando-lhe que realizaríamos nossa tarefa com sucesso. Disse-lhe que o enviaria para casa assim que possível. Depois que lhe disse isso, ele retrucou:

— Capitão, o senhor passou conosco todos os momentos difíceis. Sei que o senhor terá êxito nesta próxima invasão!

"A confiança dele em mim fez sentir-me confiante. Ela me assegurou que eu era o líder e o amigo deles. Todos nós sobrevivemos".

O que é liderança?

Liderança é a habilidade de alcançar objetivos por intermédio das pessoas. Os líderes fazem com que as coisas aconteçam — não por meio do próprio esforço, mas por intermédio do esforço conjunto de todos. Um líder militar chega à vitória no campo de batalha por meio de seus soldados. Um técnico alcança a vitória na arena esportiva por meio dos jogadores de seu time. Um líder político alcança um objetivo visionário por meio das pessoas de sua administração.

Para medir a eficácia de um líder, não observe o líder. Observe seus seguidores. Observe a organização. Observe os resultados. Por fim, não interessa se o líder é articulado, famoso ou se está ocupado o tempo todo. Em última análise, a única questão que realmente interessa é esta: o líder alcança resultados por meio das pessoas.

José Abreu, secretário de transportes do Estado da Flórida, contou-me: "Quer eu esteja liderando o departamento de transportes da Flórida, quer esteja treinando um time amador, minha tarefa é basicamente a mesma. Meu trabalho é moldar o consenso e estruturar a unidade da equipe para que alcance seus objetivos.

"Costumava treinar o time amador de meu filho em Hialeah. Era um time de grandes conquistadores. Ninguém achava que nosso time tinha talento para terminar algum campeonato invicto, mas houve um em que vencemos todos os jogos que disputamos. Naquele campeonato, durante uma das partidas, escutei o que disse um dos pais de um menino do outro time. Referindo-se a nosso time, alertou-os:

— Cuidado com aqueles garotos! Observe como eles obedecem as instruções! Não sei se gostaria que meu filho estivesse nesse time! Eles parecem mais robozinhos do que pessoas!

"Esse pai fez tal comentário para nos depreciar. Viu os garotos de nosso time como se fossem máquinas obedientes, uns robozinhos. Mas eles não eram robôs. Formavam uma equipe. Seguiam orientações, estavam entrosados e agiam como uma equipe coesa.

Considerei aquele comentário um elogio a minha habilidade de fazer com que nosso time vencesse, apesar de todos pensarem que isso não era possível".

O líder consegue que as coisas sejam feitas por intermédio de outros. Isso quer dizer que as pessoas na organização ou no time se sentem usadas ou manipuladas? Sentem-se tratadas como robôs? Claro que não! Admiram os líderes que as desafiam e as direcionam para alcançar grandes coisas. É uma experiência empolgante fazer parte do esforço de equipe, progredir na direção de um objetivo estipulado e saber que você tem um líder que o direciona para que alcance esse objetivo.

No parque de diversões, na sala de aula, nos saguões, na quadra ou no campo, no grupo de jovens, nas ruas e nas avenidas, jovens buscam jovens líderes a quem seguir. Quem será o jovem líder que encontrarão e seguirão? Será o jovem estudante líder do governo que também lidera o estudo bíblico das meninas às terças-feiras à noite? Será o campeão de esqui, de apenas 15 anos, que compete nas Olimpíadas de Inverno e depois dá palestras em acampamentos de jovens sobre fé e moralidade?

Ou será que aquele jovem amargo com casaco de couro, coração rancoroso e um armário cheio de armas e munição? Ou será o líder de gangue que busca corações e mentes jovens para que os sigam até a rua sem saída das drogas e dos tiroteios?

Os jovens querem ser liderados. Que tipo de líderes eles encontrarão? Necessitamos fazer essas perguntas aos jovens líderes com visão positiva e com habilidade para comunicar essa visão, que tenham bom caráter, habilidade no trato com as pessoas e o coração voltado a servir aos outros. Se não treinarmos uma geração com o tipo certo de líder, perderemos essa geração para os tipos errados de líder.

Liderança formal *versus* informal

Há dois tipos básicos de liderança: a formal e a informal. A liderança formal refere-se à posição oficial de autoridade. A liderança informal refere-se ao senso intangível, mas muito real, de autoridade e de comando exercitado por uma pessoa com habilidade de liderança, quer ocupe uma posição oficial de autoridade, quer não. Formalmente, autoridade e posição devem ser dadas a quem visivelmente também possui habilidade de liderança. Quando há um descompasso entre a liderança formal e a informal em uma equipe ou organização, o resultado pode ser desastroso.

Vemos um exemplo desse princípio no filme *A nave da revolta*. A bordo de um navio da Marinha, denominado Caine, o líder formal é o capitão Queeg, papel de Humphrey Bogart. Queeg é excêntrico, exigente, fútil e ditatorial. Ele ordena a sua tripulação: "Há a forma correta, a forma errada, a forma da Marinha e a minha forma pessoal de agir. Façam a minha maneira e nos daremos bem". Entretanto, a tripulação não confia na liderança de Queeg. Os marinheiros suspeitam que ele é instável e até psicótico. Ele foca toda a tensão em detalhes sem sentido (camisa para fora da calça e o sumiço de morangos), enquanto comete erros enormes em seu julgamento, o que leva o navio quase a afundar.

Por terem perdido a fé no líder formal do navio, a tripulação busca o líder informal — o tenente Maryk, papel de Van Jonhson. Os marinheiros consideram Maryk um homem de julgamento firme, estável, laborioso, leal, competente e de caráter. Em suma, ele tem todas as qualidades de liderança que o capitão Queeg parece não ter. O resultado: durante uma tempestade, enquanto o capitão Queeg parece perder a cabeça, a tripulação apóia Maryk e rebela-se contra o capitão Queeg.

Embora o cenário de *A nave da revolta* seja um caso extremo, conflitos entre a liderança formal e informal acontecem o tempo todo. Em equipes esportivas, alguns jogadores com habilidades naturais de liderança, às vezes, desafiam a liderança formal do treinador. Nas igrejas, às vezes um leigo com habilidade de liderança reconhecida por todos se levanta e desafia a liderança formal do líder. Em um batalhão do exército, um sargento experimentado e experiente no campo de batalha ocasionalmente desafia a liderança formal de um capitão que tem apenas treinamento acadêmico. O descompasso entre a liderança formal e a informal geralmente produz caos, confusão e conflito.

As pessoas percebem quando um líder formal não tem habilidade para liderar. Se puderem escolher entre um líder formal incompetente e um líder informal competente, sempre seguirão o líder informal competente. Portanto, é importante pôr pessoas com habilidade de liderança autêntica em posição de liderança formal.

Michael Means, superintendente do Health First Inc., relatou-me o seguinte: "Minha primeira oportunidade real de liderança aconteceu durante o serviço militar. Em 1971, após me alistar no Exército de reservas dos Estados Unidos, fui enviado para um treinamento em Fort Lewis, Washington. No primeiro dia de treinamento básico, fui selecionado como guia de pelotão, provavelmente porque eu tinha 1,93 metro de altura e um diploma em Administração, da Universidade da Flórida. Tenho quase certeza de que a minha seleção não tinha nada que ver com qualquer habilidade inerente de liderança que possuía. Como na maioria das oportunidades, o manto de liderança foi simplesmente jogado em meus ombros".

"Aprendi que a experiência da posição de liderança é um privilégio, uma responsabilidade e uma honra que jamais deve ser considerada líquida e certa, um ponto pacífico, nem jamais se deve fazer mau uso dela. A liderança autêntica não é resultado de uma posição nem de um título em um organograma formal. É o que você faz com essa posição que interessa. A posição de liderança deve ser conquistada e reconquistada todos os dias. Se não conseguirmos conquistá-la, rapidamente a perdemos".

E. J. "Buzzie" Bavasi, ex-diretor geral do Dodgers, time de beisebol de Los Angeles, relatou sua experiência: "Só percebi que tinha habilidade de liderança em julho de 1944. Estava na infantaria, era sargento, e tínhamos de tomar o monte Battaglia, um nome bastante apropriado. Precisávamos do monte a fim de estabelecer um posto de observação sobre o vale do rio Pó. Assim, subimos a montanha com dezesseis homens e voltamos com apenas quatro. Um jovem tenente mandou-me subir novamente a montanha para recuperar duas metralhadoras. Bem, nós realmente não tínhamos a menor intenção de subir aquela montanha novamente. As metralhadoras estavam em péssimas condições e havíamos perdido doze homens".

"Expliquei isso ao tenente, mas ele insistiu para que fôssemos. Afirmou que as armas valiam cerca de 1.200 dólares (cerca de 2.600 reais). Perguntei-lhe qual era seu endereço, e ele quis saber a razão dessa pergunta. Disse-lhe:

— Pedirei para minha mãe lhe enviar um cheque.

Com isso, todo pelotão gritou de alegria. Percebi, a seguir, que passei a ocupar a posição de líder. O tenente talvez tivesse as divisas para nos mandar subir aquelas montanhas, mas ele não tinha a habilidade de liderança para fazer isso. E não subimos aquela montanha pela segunda vez".

A liderança formal fundamenta-se na posição, na autoridade e no cargo. Um líder formal é geralmente responsável pelo controle dos resultados ao distribuir recompensas (como os bônus e os prêmios de incentivo) e punições (como rebaixamentos e demissões). A pessoa que tem a posição e o cargo de líder, mas não tem as respectivas habilidades, é um chefe, não um líder. Os chefes exercem controle por meio do medo, da intimidação e da punição. Podem alcançar objetivos a curto prazo, mas, a longo prazo, não são capazes de inspirar a motivação e a lealdade para produzir um time ou organização coesa e bem-sucedida.

Os chefes *empurram* os subordinados. Exigem, ordenam, ameaçam e constrangem as pessoas para obter resultados. Os líderes autênticos *puxam* as pessoas. Inspiram, motivam e atraem as pessoas para alcançar os resultados.

Dr. John C. Maxwell declarou: "O benefício de se tornar um líder não é o poder de dizer às pessoas o que fazer. Essa é uma concepção equivocada que os adultos, e também as crianças, têm. Na verdade, a responsabilidade acompanha a liderança. O benefício de ser líder reside na possibilidade de trabalhar com outros, encorajando-os e equipando-os para juntos verem algo grande ser conquistado. Embora admiremos pessoas que parecem conquistar as coisas por si mesmas — presidentes, heróis de guerras, inventores, atletas e estrelas de cinema —, a verdade é que nenhum indivíduo jamais fez algo de valor sozinho. Conquistas importantes sempre exigem trabalho de equipe. E ser líder significa trabalhar em equipe. Não é fácil ser um grande líder. Mas apenas os grandes líderes inspiram grandes conquistas".

Muitas formas de ser líder

Existe algo como "tipo de personalidade de líder"? Fiz essa pergunta a Don Lund, ex-dirigente do time de beisebol da Universidade de Michingan. Ele respondeu: "Na verdade, não. Há diversos tipos de liderança e de personalidades de líder. Alguns lideram correndo para cima e para baixo e gritando o tempo todo. Outros são capazes de obter resultados igualmente bons com uma palavra suave proferida aqui e ali. Alguns líderes são carismáticos e articulados; outros são francos. Não há apenas uma forma de liderar. Todos os tipos de personalidade podem ser líderes".

Vini Jacquery é fundador da International Reach, uma organização que trabalha com crianças de rua no Brasil. Passei uma semana com Vini, em 1992, e ficamos bons amigos. Ele desempenhou um papel fundamental na adoção de nossos quatro filhos brasileiros.

Vini expôs-me o seguinte: "Equacionamos liderança com o fato de ser *diretor* — gerenciar pessoas, dar ordens, responsabilizar as pessoas por seus atos e assim por diante. Esse definitivamente é um estilo de liderar, mas há outros".

"Um grande líder também pode ser *persuasivo*. Billy Graham foi muito persuasivo por meio de sua fala. C. S. Lewis foi muito persuasivo por meio de sua escrita. Pessoas persuasivas são líderes.

"Um grande líder também pode ser um unificador. Um unificador não grita suas ordens. Essa pessoa geralmente não busca grande visibilidade nem a alcança. O unificador geralmente trabalha quieto, nos bastidores, para aparar as diferenças e fazer com que as pessoas trabalhem juntas.

"Um grande líder pode ser um *perfeccionista*. Um perfeccionista refina e implementa as idéias de outras pessoas. Um bom exemplo de perfeccionista é o do assistente de treinador. Um assistente de treinador é *um* líder, mas não *o* líder. O treinador define a visão geral, os objetivos e a estratégia, mas delega a responsabilidade de aperfeiçoar e implementar a estratégia a seus assistentes. No futebol, é possível ter assistentes especializados na ofensiva e na defensiva, treinadores específicos e assim por diante. São líderes em suas áreas de especialização. Mas a tarefa deles é dar apoio e implementar as estratégias do treinador principal".

"Todos esses diferentes estilos refletem diferentes tipos de personalidade, diferentes experiência e preparo, diferentes ênfases, mas são todos formas de liderança. Muitas vezes, o líder mais eficaz é aquele que faz menos barulho e que não chama atenção para si mesmo".

Por que ser líder?

Já escutei jovens dizerem: "Por que eu deveria ser líder? Liderar é um trabalho difícil. Prefiro ser um seguidor". Meus filhos já fizeram afirmações desse tipo. Como responder a um questionamento dessa natureza?

Steve Gilbert, treinador de futebol na Universidade de Jacksonville, declara: "Digo aos jovens: 'É bom ser líder!'. Sucesso e insucesso fazem parte de uma vida de aventura. Os jovens devem aprender que bons líderes são importantes na comunidade, e há muitas recompensas em ser um bom líder. Essas recompensas incluem a sensação de satisfação e o sentimento de o que você faz é importante e relevante. A pessoa nem sempre vence quando lidera, mas isso faz parte do processo. Os jovens devem ser recompensados e encorajados a dar um passo a frente e liderar, sem levar em conta se serão bem-sucedidos ou não".

Stan Morrison, diretor de atletismo na Universidade da Califórnia, em Riverside, apresentou sua opinião: "Os jovens precisam compreender que as recompensas da liderança sobrepujam as dos seguidores. Nós, pais, professores e treinadores, precisamos ajudá-los a ver que há poucas coisas na vida mais empolgantes e estimulantes que a liderança — o desafio para determinar o próprio destino e até mesmo o destino de toda sua equipe ou organização".

Os jovens que assumem a responsabilidade da liderança são recompensados com o aumento da auto-estima e da confiança que os ajudará em seu caminhar durante toda a vida. Donna Lopiano, doutora e diretora executiva da *Women's Sports Foundation* [Fundação de Esportes da Mulher], recorda: "Ainda bem jovem percebi que poderia ser líder. Sempre fui a melhor atleta da minha rua, aquela que as outras crianças procuravam e admiravam, embora fosse menina. Sempre fui escolhida como a capitã do time pelas outras crianças da rua. Na escola, durante os intervalos, eu organizava jogos para as crianças porque queria jogar. Eu tinha autoconfiança e boas habilidades de comunicação e queria organizar os jogos para que pudéssemos iniciar rapidamente e ter mais tempo para jogar.

"A liderança é uma função que depende da oportunidade e da experiência, portanto creio ser necessário dar aos jovens muitas oportunidades para ganhar experiência em liderar. Todos devem ter uma chance de se tornarem o capitão do time, de dar uma aula e assim por diante. Jamais devemos pressupor que algum menino ou menina não tem capacidade para ser líder".

"Ao mesmo tempo que temos de dar oportunidades para as crianças liderarem, também temos de dar-lhes treinamento e instrução sobre como fazer isso, para que saibam desenvolver as habilidades básicas no trato com as pessoas, assim como as habilidades de organização e de comunicação. Estou convencida de que praticamente qualquer jovem pode se tornar um líder em um estilo que se ajuste a sua personalidade. Portanto, devemos nos aproximar de todo jovem com a seguinte atitude: 'Acredito em você. Sei que pode ser líder. Vá lá e lidere, eu estarei aqui para ajudá-lo e apoiá-lo'."

Como pai de dezenove filhos, descobri vez após vez que as crianças geralmente podem aprender a liderar muito mais cedo do que pensamos. Imaginamos que só podemos treinar as pessoas a liderar quando têm entre 12 e 14 anos. Mas faz tempo que suspeito que os jovens começam a aprender a liderar já no ensino fundamental. Alguns líderes que entrevistei confirmaram que isso aconteceu na vida deles.

Jamie Brown, assessora especial do presidente, ocupa um cargo na Casa Branca semelhante ao do nosso Ministro da Casa Civil. Antes desse cargo, ela era promotora no Departamento de Justiça, em que desempenhou o papel de líder na guerra do governo contra o terrorismo e nas estratégias de segurança dos Estados Unidos. Ela me contou o seguinte: "Percebi que tinha o potencial de liderança quando tinha cerca de 7 anos, e meu professor me ofereceu oportunidades para liderar. Ele permitiu que pequenos grupos de estudantes preparassem esquetes ou teatros de marionetes. E eu escrevi um esquete, recrutei os amigos para representar os diferentes personagens e dirigi os ensaios".

"Meus pais ensinaram minha irmã e eu a acreditar que poderíamos ser líderes — que seríamos capazes de realizar qualquer coisa que puséssemos em nossa mente. Um dos ensinamentos favoritos deles era este: 'A maioria das pessoas faz o que se espera delas. As pessoas de sucesso fazem mais'.

"A Bíblia diz: 'Ninguém o despreze pelo fato de você ser jovem, mas seja um exemplo para os fiéis na palavra, no procedimento, no amor, na fé e na pureza' (1Tm 4.12). Esse é um grande conselho para todos os jovens líderes. Há tarefas entregues aos jovens, e que os adultos não podem fazer. Por exemplo, jovens líderes podem ter influência e causar impacto mais positivo em seus colegas que os adultos. Se as crianças declararem: 'Sou muito jovem para fazer diferença', talvez estejam desperdiçando uma bela oportunidade de liderança... e não estejam cumprindo o plano de Deus para a vida delas".

Lisa Maile foi homenageada como uma das dez principais mulheres de negócios da Flórida. Ela fundou a Lisa Maile Image, *Modeling and Acting* [Lisa Male: Imagem, Modelos e Teatro], em 1982. Mas muito antes de se tornar uma mulher de negócios, antes de se graduar com honras na Universidade da Flórida, antes de ser vice-presidente da União dos Estudantes e oradora oficial da escola de ensino médio, Lisa Maile já era uma jovem líder.

Conforme ela relata: "Minha primeira lembrança de liderança foi na segunda série do ensino fundamental, em Worcester, Massachusetts. Por alguma razão (provavelmente a paixão imatura), os meninos eram extremamente cruéis e, constantemente, faziam brincadeiras com as meninas. Portanto, incentivei as meninas a se organizarem e fundamos um clube destinado a meninas que odiavam garotos".

"Apesar do nome do clube, *Boy Haters of America Club* [Clube das Odiadoras de Meninos dos Estados Unidos], meu pai apoiou minhas precoces ambições de liderança. Fez fitas de membro para todas nós e fui eleita presidente do clube. Minhas amigas e eu levamos o clube muito a sério, pois sabíamos que, por meio dessa organização, poderíamos forçar os meninos a tratar-nos com mais respeito! Descobri que realmente gostava de liderar minhas companheiras... e não me importei com a atenção que aqueles menininhos me dedicavam".

"Na escola de ensino fundamental, percebi que os alunos realmente me escutavam quando discursava — embora, no início, falar em público fosse difícil para mim. Quando tinha cerca de 12 anos, depois de estudar teatro, senti-me mais confortável com a liderança. Envolvi-me com as associações de alunos quando tinha 12 anos e continuei envolvida com essas atividades até o fim do ensino médio. Essas experiências se tornaram meu trampolim para a liderança em minha vida adulta".

Buck O'Neil, nascido em 1911, foi o primeiro o jogador de base que obteve destaque e foi um grande batedor na Liga de Beisebol para os Negros. Em 1946, conseguiu a melhor média de acertos para a Liga Nacional dos Negros. Em 1962, quinze anos depois de Jack Robinson romper com a barreira racial no beisebol, Buck O'Neil rompeu a barreira racial para treinadores quando foi contratado para ser técnico do Chicago Cubs.

Buck contou-me: "Soube que era líder na escola fundamental, em Sarasota, Flórida. As crianças sempre seguiam minha liderança. Minha mãe, meu pai e minha avó influenciaram-me no desempenho da função de jovem líder. Ensinaram-me a ter confiança em mim mesmo, e eu aceitei os conselhos que tinham para me dar. Descobri que, ao demonstrar ter iniciativa e fazer as coisas por si mesmo, as pessoas querem ajudá-lo a ter sucesso e farão uma série de coisas para você".

"Quando era garoto, fiquei impressionado com o papel de liderança de John McGraw, [gerente do Hall da fama do Orioles, de Baltimore, e das Giants, de Nova Iorque], e de Connie Mack, [gerente do Hall da fama dos Pirates, de Pittsburgh, e dos Athletics, da Filadélfia]. Mr. Mack usava terno e dirigia o clube do banco. Depois tivemos Rube Foster, o grande dirigente da Liga de Negros. Ainda posso visualizá-los sentados no banco, fumando cachimbo e soltando círculos de fumaça. Jamais imaginei o que representavam para mim, mas me ajudaram muito.

"Jovens podem ser líderes, portanto preste atenção a eles. É preciso dar-lhes uma chance. Eles têm idéias maravilhosas — idéias que nós, adultos, jamais conceberíamos. Nós, adultos, temos a tendência de pensar que sabemos mais que os jovens, mas isso não é necessariamente o que acontece. Há algo no íntimo da maioria das crianças que as capacita a dar um passo a frente e a liderar, se lhes for dada a oportunidade. Quanto mais chances têm de liderar, mais suas habilidades e sua confiança se desenvolvem e crescem".

Jovens líderes normalmente ficam surpresos ao descobrir que até mesmo gente mais velha que eles está disposta a seguir sua liderança. Perceber isso é uma boa forma de fortalecer a confiança dos jovens. James White é chefe dos bombeiros no Parque Winter, na Flórida, onde moro. Perguntei-lhe sobre suas primeiras experiências em liderança e ouvi a seguinte história: "Minha primeira oportunidade para liderar foi em um treinamento de segurança quando tinha 13 anos. Fui escolhido capitão e tive de assumir muita responsabilidade. Acho que fui um bom líder, pois descobri que as pessoas ouviam minhas idéias e seguiam minha direção. Eu descobri o que sentia ao alcançar objetivos por meio de outras pessoas. Assim que você prova que é competente e que é um líder de sucesso, descobre que mais e mais pessoas estão dispostas a confiar em você e a segui-lo".

"Quando cheguei ao parque Winter, uma das primeiras pessoas que encontrei no corpo de bombeiros foi um homem que começara sua carreira no ano em que nasci. Ele não demonstrou ter problemas em seguir minha liderança. A idade não importa, pois as pessoas querem ser lideradas. Se respeitá-las, se demonstrar confiança e competência, se apresentar um plano consistente e instruções sábias para o futuro, as pessoas o seguirão independentemente de sua idade".

Larry Birkes, executivo do Marriott Vacation Club, relatou-me: "Em 1959, aos 11 anos, comecei a trabalhar para a companhia de caminhões do meu pai, em St. Louis. Os depósitos de caminhões não se localizavam nas melhores áreas da cidade. Portanto, depois da escola, pegava um ônibus para o centro da cidade, próximo da estação, depois passava pelas tabernas e por todas aquelas damas vestidas de modo estranho (aquelas 'damas da noite' trabalhavam o dia todo) para finalmente chegar à garagem em que se localizavam os caminhões e o escritório de meu pai. Ele precisava que eu estivesse ali a uma determinada hora para assumir a expedição, enquanto ele fazia as entregas".

"Durante o verão, eu acompanhava os motoristas (o filho do dono) e, muitas vezes, os confrontava (como só uma criança sabe fazer) sobre a razão de termos tantos intervalos. Meu pai ensinou-me a distinguir entre o certo e o errado e a valorizar o trabalho árduo, portanto decidi responsabilizar os motoristas ao fazer-lhes perguntas embaraçosas sobre o comportamento deles e a forma desse comportamento afetar os negócios. Portanto, comecei a exercer a liderança com adultos quando tinha 11 anos de idade".

"Dizem que se você quer ver as coisas mudarem, seja um líder. Líderes fazem e vêem coisas que a maioria das pessoas não percebem. Passei 20 anos como oficial da Marinha, dez dos quais como piloto de resgate e fiz 71 resgates. Se não tivesse escolhido a vida de liderança, jamais teria tido a experiência de salvar 71 vidas".

"Enquanto fazia parte da Guarda Marinha, fiquei responsável por uma divisão com oitenta homens, a Primeira Divisão de Tenentes, grupo ao qual, por um período, referiam-se como os '100 mil de McNamara' —, indivíduos a quem deram a escolha entre ir para a prisão ou prestar serviço militar. Aqueles rapazes não tinham nada do que se orgulhar, e a vida fora bem difícil para eles. Passei a ser responsável por aquela divisão, e, com a ajuda do principal contramestre da embarcação, ela se tornou uma divisão da qual todos se orgulhavam. Na verdade, marchou de forma tão precisa durante a troca de comando que fomos aplaudidos de pé. Ela que, no início, era considerada uma grande brincadeira, passou a ser procurada pelos que queriam ser os melhores e desejavam receber uma promoção".

"Aprendi sobre liderança na Marinha, mas as lições fundamentais e essenciais sobre liderança foram as que aprendi aos 11 anos, quando saía com os motoristas da companhia de caminhões de meu pai".

Clyde King era um lançador destro do Dodgers, de Brooklyn, na década de 1950, que depois dirigiu três times da Liga Principal: o Giants, o Braves e o Yankees. Como jogador do Dodgers, ele trabalhou para Branch Rickey, o executivo visionário do beisebol que inventou um sistema moderno para esse jogo e rompeu com as barreiras raciais ao contratar Jackie Robinson, primeiro jogador afro-americano da liga. Clyde King contou-me como Branch Rickey lhe deu uma oportunidade de liderança que transformou a imagem que tinha de si mesmo.

Clyde relata sua história: "Eu era um arremessador da liga menor para os Royals, do Dodgers AAA Club, em Montreal. Mr. Banch Rickey pediu-me para treinar no início da primavera e instruiu alguns arremessadores sobre como manter os corredores na base. Ele queria uma jogada em que o corredor é pego fora da base. Imagine uma pessoa como eu — um jogador da liga menor — ensinando os da liga principal? Uau! Mr. Rickey, que era como um pai para mim, instigou a confiança em mim ao dar-me essa oportunidade. No fim daquela primavera de muitos treinos, já sabia que podia ser um líder".

Há muitos anos associo o nome Shula à liderança. Encontrei pela primeira vez o lendário treinador Don Shula em 1958, quando eu jogava futebol no ensino médio, e Shula era assistente de treinador na Universidade de Virgínia (ele viera como olheiro para observar um de meus colegas no jogo das estrelas de Delaware). Hoje, o filho de Don, Mike Shula, dá continuidade à tradição de treinadores dessa família e é o treinador principal na Universidade de Alabama.

Mike Shula recorda-se: "Na escola, quando era criança, tínhamos de escolher o lado em que a equipe ficaria na brincadeira de pega-pega — e era eu quem sempre fazia as escolhas. Assim, o desejo de ser líder despertou no início de minha vida. Meu pai e meu irmão ensinaram-me muito sobre como ser líder no futebol e na vida. O mais importante de tudo foi que eles me ensinaram como um líder deve tratar as pessoas".

"Comecei a ser treinador aos 22 anos, e os rapazes que treinei tinham cerca de 33 anos. Somente depois de 10 anos é que passei a treinar pessoas mais jovens que eu. Percebi rapidamente, no entanto, que a idade não é tão importante quanto o tipo de pessoa que você é. Quem tem sabedoria, confiança e experiência, recebe o crédito das pessoas, que o seguem para qualquer lugar".

A liderança é para todos

O honrado Mel Martinez foi Secretário de Planejamento e Desenvolvimento Urbano na administração de George W. Bush antes de renunciar para concorrer à eleição para senador pela Flórida. O Sr. Martinez nasceu em Cuba e dedicou grande parte de sua carreira às necessidades das populações urbanas, liderando a causa dos trabalhadores pobres, a fim de ajudá-los a obter moradia pela qual pudessem pagar. Ele declarou: "Liderança não é para poucos, é para todos. Todas as crianças devem ter a oportunidade de liderar. Não creio que devemos ser rápidos em selecionar essa pessoa ou aquela para a liderança, eliminando as oportunidades das outras. Deveríamos trabalhar com o pressuposto de que toda criança, de uma forma ou de outra, tem capacidade de liderar".

Concordo com as sábias palavras de Mel Martinez. Muita gente, equivocadamente, parte do pressuposto de que liderar é um dom raro atribuído a poucos felizardos. Minha experiência e os muitos anos de estudo sobre o assunto, assim como tudo o que observei, dizem-me que liderança é um conjunto de habilidades passível de ser aprendido. Muitas pessoas, por engano, partem do pressuposto de que a liderança deve ser exercida apenas no topo da pirâmide organizacional. Na verdade, a liderança pode e deve ser exercida em todas as esferas da organização ou do time — tanto no almoxarifado como nos escritórios.

Muitos acreditam que é preciso ter uma qualidade um tanto indeterminada, o "carisma", para ser líder: assim, um líder teria de ser um palestrante encantador com charme e atrativos quase sobre-humanos. Bem, uma pitada de carisma certamente não faz mal, mas o mundo conheceu muitos líderes talentosos (Abraham

Lincoln, Madre Teresa de Calcutá, Mahatma Gandhi, para mencionar apenas alguns que me vêm à mente) que demonstraram habilidade de liderança e poder pessoal que não tinham nada a ver com atrativos nem com charme carismático sobre-humanos.

Muitos pensam que liderar é aquisição e exercício de poder. Na realidade, liderar é atribuir poder a outros para que alcancem os objetivos e a visão da equipe. As pessoas odeiam ser mandadas. Elas amam ser inspiradas e motivadas. Em outras palavras, amam ser lideradas. Liderança é para todos, até para crianças. Todo jovem tem alguma capacidade de liderança. Alguns podem ser líderes falantes e verbais, outros, quietos e reservados. Qualquer jovem pode se tornar um líder de acordo com seu estilo pessoal e personalidade.

Nossa tarefa é treiná-los, apoiá-los, encorajá-los, dar-lhes confiança, motivá-los e oferecer-lhes oportunidade para liderar. Quando nós os soltamos e os deixamos liderar, eles ficam surpresos com o que conseguem conquistar como líderes — e nós também!

No próximo capítulo, examinaremos a questão de se nascemos líderes ou nos tornamos líderes; também vamos saber como descobrir jovens líderes, além de estruturar e edificar aspectos de liderança.

Capítulo 4

Como identificar jovens líderes

Daniel "Rudy" Ruettinger sonhava em jogar futebol no Notre Dame. Infelizmente, Rudy tinha um físico acanhado (1,70 metro de altura e pesava 74 quilos) que tornava improvável a perspectiva de participar do lendário time Fighting Irish. Uma dificuldade de aprendizado (dislexia não diagnosticada) e um registro acadêmico sem brilho tornaram suas chances ainda mais remotas. A própria família e amigos o aconselharam a esquecer seu sonho.

Apenas duas pessoas encorajaram Rudy em sua busca. Uma delas foi o treinador de futebol Gordon Gillespie, que ficou impressionado com o fato dele ser capaz de liderar o time em uma posição crucial (médio-esquerdo ou direito), embora não tivesse tamanho nem habilidade para isso.

Outra pessoa que o encorajou foi um grande amigo da escola que morreu em um acidente industrial logo depois da graduação. A morte desse amigo impressionou o rapaz, pois ele percebeu claramente que a vida é incerta, e que as pessoas devem buscar seus objetivos enquanto podem.

Portanto, Rudy foi para South Bend, em Indiana, em busca de seu sonho. A primeira pessoa que encontrou assim que chegou em Notre Dame foi o padre John Cavanaugh, presidente da Universidade. O padre Cavanaugh interessou-se de forma especial por Rudy e o auxiliou a participar da Holy Cross [Cruz Sagrada], uma comunidade afiliada à Universidade. Rudy trabalhou arduamente, melhorou suas notas e continuou tentando uma vaga no Notre Dame. Foi aceito na terceira tentativa, em 1974.

Assim que foi admitido no Notre Dame, Rudy procurou o treinador de futebol, Ara Parseghian, e informou que tinha a intenção de conquistar um lugar no time. Parseghian permitiu que Rudy jogasse em um dos times reservas, e ele teve de enfrentar a violência física e o escárnio de jogadores muito maiores que ele. Algumas vezes, esses jogadores o acertavam tão brutalmente que ele mal sabia onde estava... mas permanecia de pé e insistia em continuar jogando. Alguns jogadores odiavam Rudy e o acertavam cada vez mais pesado, porque a intensidade e a coragem dele fazia com que parecessem ainda piores. Por fim, Rudy conquistou o respeito e a admiração deles; o caráter e o compromisso dele o tornaram um líder.

Um dia, Rudy procurou o treinador Parseghian e pediu-lhe para vestir o uniforme de titular para um jogo. O treinador estava relutante, pois Rudy tinha muita garra, mas não tinha o tamanho nem a habilidade necessárias para competir. Rudy disse-lhe:

— Treinador, não quero ser reserva. Quero passar por aquele túnel e entrar no campo. Já paguei o preço e acho que mereço isso.

O treinador não teve como contradizer o que ele dizia. Prometeu que Rudy entraria em campo antes de se graduar, mas Parseghian abandonou o Notre Dame meses mais tarde. Seu substituto, Don Devine, recusou-se a honrar a promessa feita a Rudy de que vestiria o uniforme de titular para um dos jogos. No último ano de Rudy, dois dias antes do jogo final, um dos colegas de time procurou o treinador e ofereceu sua vaga a Rudy. O treinador, de forma relutante, concordou.

No dia 8 de novembro de 1975, Rudy vestiu o uniforme de titular, atravessou o túnel e entrou em campo para participar de um jogo contra os visitantes da Geórgia. Rudy mal podia acreditar naquilo; seu sonho se tornara realidade: ele usava o uniforme do lendário Fighting Irish!

Próximo ao fim do jogo, o técnico recompensou a persistência de Rudy e deixou-o entrar em campo para a última jogada. Rudy ocupou a área defensiva à esquerda. Aquela não seria uma jogada melodramática nem decisiva, pois o Notre Dame já havia selado sua vitória, no entanto, foi o momento com o qual Rudy sonhara por anos, e ele estava determinado a fazer com que sua atuação fosse memorável.

Faltando cinco segundos para acabar o jogo, a bola escapou. Rudy chegou até o canto do gramado, surpreendeu o zagueiro adversário e tirou a bola dele. Quando o jogo acabou, Rudy tornou-se o único jogador de toda a história do Notre Dame a ser carregado nos ombros pelos companheiros. Em 1993, mostraram sua história no filme *Rudy*, estrelado por Seam Astin.

A lição da vida de Rudy Ruettinger é a de que nunca devemos descartar o potencial de liderança de qualquer jovem. Aquele garoto raquítico que você ignora pode muito bem ser o incentivador tremendamente importante que sua equipe precisa para vencer. Todo jovem tem mais potencial de liderança do que podemos ver. E todo jovem merece experimentar uma posição de destaque.

Os líderes são natos ou produzidos?

Quando fazia minha pesquisa e entrevistas para este livro, perguntei a todas as pessoas com as quais conversei: "Os líderes são natos ou são produzidos?". Alguns afirmam que os líderes são natos — é um traço genético e imutável. A maioria, no entanto, está convencida de que os líderes são *produzidos* e que todo jovem tem pelo menos alguma habilidade de liderança. Praticamente qualquer jovem pode se tornar um líder em alguma esfera da vida.

Os especialistas em liderança parecem concordar com essa visão. Vince Lombardi, lendário treinador da NFL [Liga Profissional de Futebol Americano] expressa essa idéia desta forma: "Os líderes não são natos, mas sim produzidos. São produzidos como tudo mais na vida, por meio de trabalho árduo. É o preço a pagar para conquistar esse ou qualquer outro objetivo". Perguntei a Dwight Bain se os líderes são natos ou produzidos. Ele é palestrante de renome nacional, conselheiro e treinador motivacional, além de fundador do *LifeWorks Coaching Club*. Ele declarou: "Bebês nascem. Líderes são desenvolvidos. Pessoas envelhecem e morrem. Líderes vivem para sempre. Como treinador para a vida, desafio todos a desempenharem um papel ativo na educação, no encorajamento, na preparação e na capacitação de jovens a fim de que se tornem líderes".

Sem dúvida, alguns têm mais talentos naturais para liderar do que outros. Alguns parecem prontos e capazes de assumir o comando em qualquer situação, mesmo quando bem pequenos.

Em julho de 2003, Marianne Horinko foi escolhida administradora da Agência de Proteção Ambiental pelo presidente Bush. Recentemente, ela compartilhou sua história comigo: "Minha mãe disse que nasci com as mãos na cintura, perguntando: 'Quem está no comando?'. Meus pais sempre me fizeram sentir que tinha um potencial ilimitado, desde que trabalhasse arduamente, conseguisse boas notas e tivesse o máximo de instrução que conseguisse. Fui privilegiada por ter excelentes professores e chefes que me aconselharam e, em muitos casos, que se tornaram amigos para o resto da vida".

"Quando tinha 16 anos, tentei participar do teatro da escola na peça *Um violinista do telhado*. Fiquei surpresa ao descobrir que recebi o papel principal, o da filha mais velha, Tseitel. O diretor artístico disse, com simplicidade, a cada um dos participantes por que ganhou aquele papel específico. Todos receberam esse ou aquele papel graças a uma combinação de traços físicos, habilidades de atuação e talento vocal — todos, exceto eu. O diretor disse que recebi o papel de Tseitel, porque era inteligente e parecia saber o que estava fazendo! Foi a habilidade de liderança, não a presença no palco, que me levou a ser escolhida para aquele papel".

Enquanto certos garotos parecem ter habilidade natural para estar no comando, outros têm dons naturais de liderança distintos. Alguns são naturalmente talentosos palestrantes, outros são organizadores ou motivadores. Os dons e as habilidades não se encontram distribuídos por igual por toda a população. Determinadas habilidades de liderança concentram-se em algumas pessoas, ao passo que outros conjuntos de habilidades concentram-se em um diferente grupo de pessoas.

No entanto, ao observar grandes líderes mundiais, percebe-se que muitos (senão a maioria) demonstravam poucos talentos óbvios de liderança quando jovens. Poucos tinham a habilidade de falar em público. Na melhor das hipóteses, tinham algumas habilidades e talentos rudimentares e trabalharam arduamente, ao longo da vida, para melhorar a si mesmos e aguçar suas habilidades de liderança. Alguns dos mais notáveis líderes do mundo, na verdade, transpuseram obstáculos enormes e debilidades pessoais para alcançar a grandeza.

Moisés, líder do Antigo Testamento, disse a Deus que não era capaz de liderar o povo de Israel porque nunca foi "homem eloqüente" e era "pesado de boca e pesado de língua" (Êx 4.10; ARC). Alguns estudiosos acreditam (baseados em evidências arqueológicas e históricas) que a frase "pesado de boca e pesado de língua" refere-se a um impedimento de fala, possivelmente ao palato leporino. Se esse era o caso, obviamente Moisés não tinha confiança para falar em público nem carisma pessoal. Mesmo assim, ocupou um dos maiores lugares de liderança da história — e foi um líder produzido, não um líder nato.

Demóstenes (384-322 a.C.) era orador e líder notável na Grécia Antiga. Em sua juventude, sofreu um sério impedimento na fala que sobrepujou por meio de uma série de exercícios, como praticar a dicção com a boca cheia de pedregulhos. Ganhou a vida como escritor, palestrante e formador de opinião, além de levar os cidadãos a lutar contra Filipe II e os exércitos da Macedônia. Não nasceu líder, mas se *empenhou* para tornar-se líder.

Thomas Jefferson foi um dos maiores líderes dos Estados Unidos, o terceiro presidente daquele país, um homem que realmente não tinha carisma algum. Embora fosse um pensador elegante e um escritor eloqüente, era um palestrante medíocre. Por quê? Porque falava para grupos que o atemorizavam. Os joelhos tremiam e a voz falhava só de pensar em falar em público — medo que jamais o abandonou durante toda sua vida.

Jefferson, mais tarde, reclamou com um amigo íntimo que ele ficara furioso com a revisão de seu esboço original da Declaração de Independência. Quando o amigo perguntou-lhe por que não se levantou para defender seu esboço original, ele confessou que, se tivesse feito isso, teria de enfrentar o terror de falar em público... e preferia deixar a querida declaração ser remendada a encarar tal medo. Apesar das limitações como palestrante, empenhou-se para assumir o papel de liderança na fundação e no governo dos Estados Unidos. Foi um líder produzido, não um líder nato.

Winston Churchill, quando garoto, sofria de um problema embaraçoso de fala. Produzia um ciciado e tinha dificuldade de pronunciar o fonema *s*. Embora trabalhasse arduamente durante toda a vida para sobrepujar esse impedimento, jamais ficou totalmente livre do tal problema de articulação. Ao ouvir a gravação de sua voz, a maioria das pessoas considera aquele ciciado parte de seu maneirismo, do jeito de Churchill, embora ele encarasse aquilo como uma fragilidade. Embora essa dificuldade abalasse sua confiança como palestrante, ele se tornou um dos líderes mais resolutos e decisivos na história do mundo — e, ironicamente, um dos palestrantes mais convincentes do século 20. Por quê? Porque trabalhou a vida inteira para vencer sua dificuldade. Winston Churchill não nasceu líder, mas decidiu que se tornaria um.

A evidência demonstra que liderar não é um dom. É um conjunto de habilidades passíveis de serem aprendidas. Muitos líderes que parecem "abençoados" com o "dom" de liderança trabalharam duro no desenvolvimento de seus talentos inatos, adquiriram novas habilidades e aprenderam os princípios da liderança. Um perigo do mito "líderes são natos, não produzidos" é que pessoas com talento para liderança podem se tornar displicentes e não trabalhar para se tornarem líderes mais habilidosos e eficazes. Outro perigo (e ainda mais sério) desse mito, é deixar de dar oportunidades de liderança a jovens cujo potencial de liderança não é instantaneamente aparente. Corre-se o risco de perder todas as contribuições que poderiam fazer se apenas lhes fosse dada a chance e o encorajamento para provar que são capazes de assim fazer.

Nossa tarefa: segurar um espelho

O honrado Edwin Meese foi o septuagésimo quinto Procurador Geral da República dos Estados Unidos (de fevereiro de 1985 a agosto de 1988) e autor do livro de memórias *With Reagan: The Inside History* [*Com Reagan: os bastidores da história*] (1992). Quando apresentei a pergunta "nato *versus* produzido" para Meese, ele replicou: "Algumas pessoas parecem ser líderes natos, mas a maioria aprende as habilidades de liderança por meio de treinamento e de experiência. Após passar mais de trinta anos na reserva do Exército, observei que um eficiente treinamento de liderança transformou pessoas 'comuns' em líderes de sucesso. Até mesmo líderes natos melhoram sua atuação quando estudam a arte da liderança e os hábitos dos líderes que se sobressaíram na história."

Toni Jennings foi a primeira mulher vice-governadora da história da Flórida, além de ser uma mulher de negócios bem-sucedida. Ela afirma: "Nem sempre é fácil perceber quem é um líder em um grupo de crianças. Muitas vezes, o líder é falante, aquele que declara: 'Vamos fazer isso', ou: 'Vamos para lá!'. No entanto, os adultos devem olhar além dos líderes óbvios em busca dos que são quietos, pois também podem ser líderes. Os líderes calados geralmente crescem e se tornam a mão calma e firme que resolve problemas e crises. Meu conselho é que tratemos todas as crianças como líderes em potencial. Ao dar às crianças encorajamento e oportunidades de liderar, geralmente elas se superam e surpreendem a todos — até a si próprias! — com sua habilidade de liderança."

Dr. Richard E. Lapchick, é um ativista de direitos humanos, erudito, autor, fundador do Centro para o Estudo do Esporte na Sociedade, da Universidade Northeastern de Boston, atual diretor do Programa de Gerenciamento DeVos Sports Business Management Program, da Universidade da Flórida. Ele afirmou: "Eu recomendaria que todo adulto com alguma responsabilidade em relação aos jovens — independentemente de ser pai, treinador, conselheiro ou professor — tratasse todos os jovens como líderes em potencial. Quando conversamos com os jovens, devemos falar sobre os problemas que a sociedade enfrenta de forma a encorajá-los a buscar soluções. Poderíamos declarar isto: 'Você pode contribuir para melhorar a situação. Não é preciso mudar o mundo todo. Alcance apenas uma pessoa de cada vez e, por meio desse processo, fará grande diferença no mundo'."

Nossa tarefa, como pais, professores, treinadores e conselheiros é segurar um espelho para que os jovens lideres possam ver a si mesmos e suas habilidades de liderança mais claramente. Muitos jovens não têm confiança para assumir o desafio da liderança até que alguém lhes diga: "Acredito em você. Vejo você como líder. Vejo que tem habilidades para enfrentar esse desafio".

Em junho de 1962, graduei-me pela Wake Forest e joguei a última partida de basquetebol no torneio regional em Gastonia, Carolina do Norte. Minha família veio, de Delaware, assistir a esse jogo final, minha mãe e minhas irmãs em um carro, e meu pai em outro carro. Depois do jogo, minha mãe levou um dos carros de volta a Wilmington, e papai levou minha irmã, Carol, para Washington D.C. Peguei o ônibus de minha equipe para voltar para Wake Forest e, depois, fui até Wilmington com meus amigos.

Quando meus amigos e eu embicamos na garagem, minha mãe saiu e deu-me aquela lamentável notícia: meu pai acabara de morrer em um acidente de carro logo após deixar Carol em Washington. Fiquei arrasado. Mal pude acreditar que meu pai já não estava mais neste mundo. Havia tantas coisas que gostaria de ter-lhe dito.

Alguns dias depois do enterro, conversei por telefone com Bob Carpenter, dono do Phillies, de Filadélfia, e amigo há muito tempo da família. Ele prestou condolências e me ofereceu a oportunidade de jogar com o time juvenil dos Phillies, em Miami. Finalmente, tive a oportunidade de concretizar meu sonho de tornar-me um jogador profissional de beisebol. Mas fiquei muito triste por não poder compartilhar aquele momento com meu pai.

— Você está sem dinheiro? — Bob Carpenter perguntou-me. Respondi-lhe que sim.

— Daremos um bônus — disse ele — de 500 dólares (cerca de 1.100 reais) para você assinar o contrato e 400 dólares por mês (cerca de 900 reais). Venha a meu escritório amanhã e assinaremos o contrato.

Na manhã seguinte, assinei o contrato e já estava pronto para ir para Miami. Mas antes de sair de seu escritório, Bob Carpenter disse-me:

— Mantenha os olhos e os ouvidos bem abertos. Tanto dentro quanto fora do campo.

Isso foi tudo o que ele me disse, mas descobriria mais tarde que aquelas palavras foram a chave para meu futuro.

No entanto, o olheiro do Phillies, Wes Livengood, observara-me jogar pelo Wake Forest e enviara relatórios sobre meu desempenho: "Williams é um bom apanhador. Ele se posiciona bem, rebate bem com o taco, mas não é um rebatedor excepcional. Ele não vai chegar às ligas principais como jogador. Mas tem futuro na área administrativa".

Bob Carpenter estava acompanhando esses relatórios e, sem que eu soubesse, já havia mapeado os próximos anos de meu futuro. Eu jogaria com o juvenil por alguns anos e depois passaria para a área administrativa. Essa foi a razão pela qual ele disse que eu deveria ser observador. Ele me mandou para Miami a fim de que eu começasse meu treinamento como executivo na área esportiva.

Conforme o desenrolar dos eventos, minha carreira seguiu o esboço geral que o Sr. Carpenter tinha em mente para mim (embora eu tenha ido para a NBA) para seguir carreira na MLB [Liga Profissional de Beisebol dos Estados Unidos]). Joguei dois anos em Miami (1962 e 1963). Mais tarde, quando fiz 23 anos, o Phillies deu-me a oportunidade de passar para a administração esportiva, e tornei-me o gerente geral do time juvenil na Carolina do Sul.

O conselho que Bob Carpenter me deu é bom para todos nós que treinamos jovens para ser líderes: "Mantenha os olhos e os ouvidos bem abertos para jovens líderes em potencial. Mantenha os ouvidos abertos para o que dizem a respeito dos interesses, das ambições e dos sonhos que têm. Depois, ofereça-lhes oportunidades para liderar".

Como reconhecer a habilidade de liderança

Outra questão que apresentei em minha pesquisa foi esta: como reconhecer um líder em um grupo de jovens? Que características deve-se procurar identificar? Os líderes que entrevistei forneceram-me valiosas percepções em relação a esse assunto. De acordo com essas entrevistas, agrupei em uma lista as vinte e cinco características que se deve procurar identificar (ou aspectos aos quais é preciso estar atento) em relação aos potenciais líderes jovens. Ao encontrar essas características positivas, encoraje esses jovens líderes, dê a eles a oportunidade de servir, treine-os e aconselhe-os.

1. *Identifique os jovens com excelentes características de caráter.* Randall James, presidente da Primeira Organização Orlando, afirmou: "Observe os jovens que demonstram ter traços de caráter de um bom líder. Eles tomam a iniciativa e desempenham tarefas espontaneamente, sem que tenhamos de lhes pedir que façam isso. Demonstram que são confiáveis e fidedignos, são compromissados, dedicados e querem servir os outros. Têm integridade e maturidade e sabem controlar a raiva. Quando encontrar jovens de caráter firme, encoraje-os a tirar vantagem de todas as oportunidades de

liderança com as quais se defrontarem. Encoraje-os a usar os talentos e as habilidades de liderança".

2. *Procure jovens que não têm medo de se posicionar.* Carolyn Kilpatrick, parlamentar pelo Distrito de Michigan, declarou o seguinte: "As crianças com habilidade de liderança firme são as primeiras a emitir a opinião sobre um tópico. Assumem a liderança em busca de um consenso e da formação de opinião. Os líderes não são insípidos, pois expressam aquilo em que acreditam".

   John Parson, gerente geral do Chicago Bulls, disse-me: "Líderes são pessoas que falam de forma ousada o que pensam. Quantas crianças se sentam em uma sala de aula, conhecem a resposta do que lhes foi proposto, mas têm medo de falar? Elas têm medo do que seus colegas podem pensar delas. Mas um líder nem chega a pensar no assunto. Um líder expressa sua opinião. Esse tipo de ousadia se transfere para outras arenas da vida. A criança que não tem medo de dar uma resposta em classe não tem medo de chamar os colegas e dizer: 'Estou livre! Passe a bola!'. Não tem medo de arriscar um chute a gol em uma jogada decisiva porque é um líder".

3. *Busque jovens com idéias criativas.* Mark A. Foley, deputado federal pela Flórida, membro da *House Ways and Means Committee* [Comitê de Recursos para Habitação] e co-diretor da *Missing and Exploited Children's Caucus* [Convenção para as Crianças Perdidas e Exploradas], ofereceu este conselho: "Eu creio que precisamos escutar as idéias dos jovens. Jamais devemos descartar ou ignorar alguém apenas

porque é jovem. Algumas das melhores e mais criativas idéias são provenientes de jovens, portanto, devemos reconhecê-los, apoiá-los e guiá-los e ratificá-los entusiasticamente. Precisamos de novas idéias e de liderança enérgica para que possamos dar aos jovens uma chance de liderar".

Sir Nick Scheele, presidente e chefe operacional da Ford Motor Company, disse-me: "Quando era calouro na faculdade, no Norte da Inglaterra, escolheram-me para organizar uma série de eventos para levantar fundos para caridade; esses eventos eram conhecidos como Rag Week e tinham duração de uma semana. Na época, não tinha certeza do motivo de terem me escolhido para fazer aquilo, exceto pelo fato de ser relativamente articulado, organizado e com iniciativa. Uma de minhas tarefas era selecionar talentos para um concerto, portanto contatei algumas agências e, por fim, contratei um pequeno grupo com um nome muito estranho, que se assemelhava a um erro de ortografia: os Beatles. Isso foi algumas semanas antes de suas canções chegarem ao topo das paradas de sucesso, tornando-os uma sensação dos dois lados do Atlântico.

"Quando retornei de minhas férias, o agente dos Beatles me chamou e cancelou a apresentação em nosso *campus*. Eles já eram muito grandes para nosso pequeno concerto. Portanto, contratamos outro grupo em ascensão: Eric Burdon e os Animals (as três bandas que lideraram o que ficou conhecido como a invasão britânica da década de 1960 foram os Beatles, os Rolling Stones e os Animals). As atividades para levantar fundos e os concertos foram bastante bem-sucedidas porque fomos flexíveis e criativos em nossa busca por estrelas em ascensão para a apresentação no *campus*".

4. *Procure pessoas que resolvam problemas.* Dr. John McArthur, professor na igreja Grace Community, em Sun Valley, Califórnia, presidente da Faculdade e Seminário The Master e renomado autor e palestrante, declara: "Quando busco jovens líderes, procuro observar sua habilidade de resolver problemas. Preciso de pessoas a minha volta que saibam resolver problemas, não de quem me traga mais problemas para eu resolver. Preciso de quem saiba avaliar uma situação e perceba se há uma questão que necessite de atenção especial. Preciso de quem detecte sozinho os problemas e seja capaz de mobilizar pessoas e recursos para resolvê-los".
5. *Procure jovens com coragem de assumir uma posição.* Jim Livengood, diretor atlético da Universidade do Arizona, declarou-me o seguinte: "Procure jovens que não tenham medo de assumir uma posição, independentemente do que os outros achem dele. Procure jovens mais interessados em acertar que em ser populares". Bill Gaither, compositor e músico cristão, afirmou: "Bons líderes lideram. Fazem a coisa certa e ignoram a pressão do grupo. Não fazem uma pesquisa sobre a popularidade de algum assunto antes de tomar uma decisão. Apenas querem fazer a coisa certa".
6. *Procure jovens com habilidade no trato com as pessoas.* Bob Seddon, diretor de atletismo da Universidade da Pensilvânia, explicou o seguinte: "Uma pessoa com

habilidade no trato com as pessoas pode ser facilmente identificada entre os jovens. Ao identificar um jovem com essa habilidade, identifica-se um jovem líder. Dê-lhe alguma responsabilidade e encorajamento!".

Outro termo para descrever as habilidades das pessoas é *inteligência emocional*. O psicólogo Daniel Goleman apresentou esse conceito em seu livro *Inteligência emocional*, de 1995 [Editora Objetiva]. De acordo com Goleman, o coeficiente emocional da pessoa (QE) é a medida mais confiável para prever o sucesso que o quociente de inteligência (QI). As pessoas com alto QE são mais bem equipadas para ter empatia com os outros, para compreendê-los, para relacionar-se e fazer conexão com eles.

Dick Batchelor, ex-representante do Estado da Flórida, analista político e fundador do Dick Batchelor Management Group Inc., declarou-me o seguinte: "Quando buscamos identificar jovens capazes de liderar, temos a tendência de observar características de QI ou aspectos relacionados à inteligência. Contudo, creio que não devemos ignorar os aspectos do QE. Há crianças que demonstram habilidade de comunicar-se com os colegas, de relacionar-se com eles, de organizá-los em praticamente qualquer atividade e, depois, de orientá-los durante a execução de um projeto. Essas crianças têm excelente habilidade no trato com as pessoas, excelentes habilidades de liderança, embora, em alguns casos, não sejam considerados gênios em um teste de QI.

"É um equívoco equacionar automaticamente QI com habilidade de liderança e ignorar crianças com alto QE. As crianças capazes de se relacionar com os colegas na esfera do QE devem ser reconhecidas e ter oportunidade de liberar sua habilidade de liderança."

7. *Procure jovens perseverantes.* Identifique os que perseveram e se recuperam de seus erros. T. K. Wetherell, presidente da Universidade da Flórida, diz: "A liderança, em geral, revela-se em momentos críticos. Busque jovens que se levantam e seguem em frente depois de terem cometido um engano. Encoraje-os, passe tempo com eles, fortaleça a confiança deles e a disposição que têm de assumir riscos para alcançar grandes coisas.
8. *Procure jovens que tenham uma paixão.* Paixão, emoção, entusiasmo, intensidade... Essas qualidades são contagiantes! Se um líder estiver empolgado, logo a equipe toda também se empolga. Jim Beattie, vice-presidente executivo dos Orioles, de Baltimore, afirmou-me o seguinte: "Tentaria identificar uma criança com paixão em suas buscas. Um jovem líder é alguém que procura um interesse ou objetivo com um enfoque muito intenso e preciso. O indivíduo capaz de inspirar essa paixão e de ter seu enfoque voltado para os outros é um líder". Steve Scanlon, executivo da companhia de treinamento Building Champions, declara: "Observe a criança cuja face se ilumina quando fala de sua paixão. Alimente esse jovem líder e instigue seu interesse. Apóie-o e incentive-o. Coloque-o em situações em que possa falar de suas paixões e comunicá-las aos outros".
9. *Procure jovens eficientes na comunicação.* Dr. John McArthur afirma: "Creio que a liderança é 75% verbal. Um jovem líder tem de ser capaz de falar com

as pessoas e de persuadi-las a fim de animá-las e de vender a importância de determinado objetivo, projeto ou idéia".

Bob Harlan, presidente do Green Bay Packers, contou-me: "A habilidade de se comunicar bem é uma grande habilidade de liderança. Um de nossos três filhos, Kevin, quando tinha cerca de 12 anos, conseguiu um trabalho para transmitir os jogos de futebol da escola. Percebi um grande potencial em Kevin como comunicador e o encorajei a desenvolver suas habilidades. Escutava todas suas transmissões, fazia anotações e estudava essas anotações com ele. Ele era flexível e tinha vontade de aprender.

"Aquelas transmissões que Kevin fazia na escola serviram para fortalecer sua confiança e crescimento pessoal. Ele foi para o Kansas e graduou-se em Rádio & TV. Desde aquela época, faz as transmissões dos jogos da NBA e da NFL. Creio que, quando os jovens demonstram habilidade de liderança, o essencial é estarmos disponíveis para eles e apoiá-los, sem forçá-los a fazer nada."

10. *Procure jovens que tenham vontade de escutar e de aprender*. Clyde King, ex-dirigente do New York Yankees, afirma: "É possível reconhecer o potencial de liderança em jovens ao observar aquele que presta muita atenção em você quando fala com ele. Futuros líderes inclinamse para ouvi-lo. Fazem perguntas. São os primeiros a chegar e os últimos a sair".

Jeff Mullins, ex-astro da NBA e treinador em universidades, contou-me a história sobre a carência de jovens líderes que saibam ouvir. Relatou-me: "Quando tentei entrar no time de basquete do colegial em Lexington, Kentucky, o treinador demonstrou como queria que os arremessos fossem feitos: com a mão direita no lado direito do garrafão e com a mão esquerda no lado esquerdo do garrafão. Escolheu alguém para demonstrar o arremesso com a mão direita e, depois, procurou alguém para demonstrar o arremesso com a mão esquerda. Eu jamais havia arremessado com a mão esquerda. Portanto, eu me encolhi e me escondi. E sabe o que aconteceu? O treinador me escolheu.

"Experimentei arremessar com a mão esquerda, e o arremesso foi ridículo; tinha certeza de que arruinara as minhas chances de fazer parte do time. Também me senti humilhado diante de centenas de colegas.

"Mais tarde naquele treinamento, durante uma disputa de bola, interceptei um passe do lado esquerdo. Enquanto percorria a quadra toda, só conseguia pensar: *Eu consigo fazer um arremesso com a mão direita, mas o treinador disse: 'Mão esquerda do lado esquerdo!'*. Eu podia muito bem tentar um arremesso com a mão direita, mas eu pus a bola com a minha mão esquerda e perdi a oportunidade de fazer a cesta. Imediatamente, arrependi-me de minha decisão, certo de que selara meu destino.

Mas, a seguir, o treinador correu até onde eu estava, apontou-me e gritou:

— Eu quero este homem no meu time porque ele obedece minhas instruções!

"De repente, senti-me engrandecer e fiquei feliz por ter escutado".

11. *Procure jovens que se recusam a desistir.* Jerry McMorris, dono do Colorado Rockies, afirma: "Líderes não desistem. Todos nós enfrentamos derrotas de tempos em tempos; quer nos esportes, quer nos negócios, quer em alguma outra área da vida. Portanto, uma das mais importantes qualidades que um líder deve ter é a perseverança. Quando encontrar um jovem que se recusa a desistir, achou alguém a meio caminho de se tornar um líder. Nossa tarefa como adultos é ajudar a fortalecer a confiança das crianças, alimentar seu discernimento e sua persistência para que não desistam quando as coisas ficam difíceis. Quando jovens líderes se recusam a desistir, começam a vencer de forma mais consistente na vida".
12. *Procure alguém com atitude confiante.* Don Miers, diretor de operações do Detroit Tigers, afirma: "Procure um jovem confiante, sincero e que não tenha medo de se posicionar. Procure alguém que fale sobre o que lhe passa pela mente não apenas com seu grupo, mas também com os mais velhos. Não estou sugerindo que esses jovens devam demonstrar desrespeito ou ter uma atitude agressiva — agir de maneira cortês e respeitosa também faz parte do caráter do líder. Mas um jovem líder deve estar disposto a desafiar o consenso e a questionar a autoridade ao apresentar de modo ousado novas idéias e percepções".
13. *Procure por uma mente inquisidora.* Don Miers afirma: "O jovem que faz perguntas ousadas demonstra disposição de pensar por si mesmo. Não quer ser paparicado. É inquisitivo, independente e está disposto a encarar um

problema ou uma questão sob novo ângulo. Os que pensam por si mesmos são chamados líderes".

14. *Procure jovens que chegam mais cedo para treinar.* Don Miers declara: "Sempre gostei de treinar os jovens que aparecem mais cedo para o coletivo ou para o jogo. Isso demonstra interesse, entusiasmo e empolgação, evidenciando envolvimento na atividade. Quando os jovens aparecem cedo para treinar, muitas vezes querem que eu dedique algum tempo a eles ou buscam ter uma conversa pessoal comigo e, às vezes, querem receber dicas especiais. Quando vejo um jovem entusiasmado para melhorar seu jogo, dedico-lhe tempo, apoio e conselho tanto quanto possível".
15. *Procure jovens que mantêm a calma sob pressão.* Carl Franks, ex-treinador de futebol na Universidade de Duke, relatou-me: "Procure jovens que não entram em pânico. Que mantêm a calma, que refletem antes de falar, que são pacientes e que não ficam aturdidos sob pressão".
16. *Procure jovens dispostos a trabalhar arduamente.* Entrevistei Paul Simon, ex-senador dos Estados Unidos, por meio de cartas, alguns meses antes de ele morrer após uma cirurgia no coração, em dezembro de 2003. Ele é lembrado por sua charmosa gravata borboleta, sua carreira de proprietário que lutava por seus ideais, por seus mandatos no senado estadunidense e por sua tentativa, não bem-sucedida, de ocupar a Casa Branca. Escreveu-me isto: "Ao longo dos anos, tive a chance de encontrar e de trabalhar com muitos líderes aqui e em outros países. Conheci muitos presidentes

dos Estados Unidos. Há diversas palavras-chave que associo à liderança: *criatividade, disposição para ser voluntário e servir aos outros, disposição para assumir riscos.* Mas creio que um dos mais importantes indicadores do potencial da verdadeira liderança é a disposição, ou até o empenho, para trabalhar arduamente".

Grant Hill, jogador de ataque do Orlando Magic, foi cinco vezes nomeado para o Jogo das Estrelas da NBA. Recentemente, contou-me que um nariz quebrado abriu-lhe os olhos para a importância da firme ética de trabalho: "Eu era calouro na Universidade de Duke e tinha apenas 18 anos. Durante um jogo, em dezembro, quebrei o nariz — ele se espatifou por toda a minha face. Durante as férias de Natal, passei três noites na casa do treinador Mike Krzyzewski. Era muito difícil conseguir dormir por causa da fratura e quando conseguia, acordava muitas vezes durante a noite.

"Certa vez, acordei por volta das 3 ou 4 horas da manhã e dei uma espiada para fora do quarto... e ali, no quarto vizinho, estava o treinador Krzyzewski. Inclinado para frente, diante de uma tela de TV, assistia a um videoteipe de um jogo de nosso próximo adversário. Pensei: *Caramba! Não sabia que os treinadores tinham que acordar tão cedo e trabalhar tão arduamente para se preparar para um jogo!* Aquela foi uma grande lição sobre a quantidade de trabalho necessária para se tornar um líder para um jogador de basquete de 18 anos".

Bob Johnson, fundador e superintendente do Black Entertainment Television (BET), relatou-me: "Busco jovens que não tenham medo de trabalhar arduamente. Eu quero que eles entrem nas trincheiras comigo, em vez de serem apenas meros trabalhadores que cumprem regularmente sua jornada de trabalho de oito horas. Quero jovens que encarem seu trabalho como uma missão. Chame-os de 'pau-para-toda-obra', pois, independentemente do que lhes for pedido, realizarão a tarefa. Entregue-me três jovens trabalhadores e eu mudarei o mundo".

17. *Procure firmeza mental.* Jack McKeon, gerente do Flórida Marlins, declarou: "Procure jovens que agüentam a dor. Isso quer dizer que tenham firmeza mental e preparo físico. Os líderes se machucam, ficam no fogo cruzado, têm de suportar a pressão, são criticados — e grande parte das críticas que enfrentam é injusta. Têm de continuar liderando quando outros desistem no meio do caminho. Têm de continuar jogando apesar da dor. Quando descobrir um jovem com a firmeza mental, física e espiritual para enfrentar a dor, achou um jovem líder".
18. *Procure senso de humor.* Essa qualidade, muito ignorada, pode, na verdade, ser um importante índice da habilidade de liderança. O humor serve para desanuviar a tensão em situações de pressão. Líderes eficazes usam o humor para transmitir esperança e otimismo, para acabar com a tensão e para manter a estrutura mental do time relaxada e confiante. Quando perguntei a Mike Tice, treinador do Minnesota Vikings, o que buscar em um jovem líder, a primeira coisa que ele disse foi esta: "Senso de humor. A maioria dos grandes líderes tem um fantástico senso de humor".

19. *Procure jovens que estejam prontos a assumir responsabilidades.* Jack McKeon disse-me: "Ao buscar um líder, deseja-se um jovem jogador que pede a bola e que permanece calmo quando a responsabilidade do jogo recai sobre os ombros dele. Um jovem que não se amedronta com a responsabilidade, que presta conta de suas ações e não tem medo de arriscar. Um jovem com confiança para assumir a responsabilidade".

    Terry Bowden, treinador de futebol em uma universidade e comentarista de futebol na rede ABC, afirmou: "Nós, os quatro membros da família Bowden — Steve, Tommy, Jeff e eu —, vamos todo verão acampar no Alabama. Recebemos ali cerca de trezentos a quatrocentos jovens entre 14 e 17 anos. Treinamos o dia todo, e a noite é dedicada a um grande jogo. As crianças brincam, e nós permitimos que fiquem sozinhas. Nós, os quatro Bowden, subimos uma montanha, sentamos em espreguiçadeiras e observamos as crianças. Podemos notar os líderes rapidamente, pois os outros orbitam em volta deles. Nossa melhor avaliação desses jogadores acontece quando estamos ali sentados observando algumas crianças assumindo a responsabilidade e organizando seus times".

20. *Procure jovens que seguem instruções e obedecem ordens.* À primeira vista, esse conselho parece um paradoxo ou até mesmo um disparate. Por que os líderes precisam obedecer? Na verdade, uma pessoa não está qualificada a dar ordens até que tenha demonstrado a compreensão do valor da obediência e do esforço coeso em equipe. Conforme Benjamin Franklin afirmou em certa oca-

são: "Aquele que não é capaz de obedecer, não é capaz de comandar".

James White, chefe do corpo de bombeiros do Parque Winter, Flórida, disse-me: "Treinei os times de *softball*, beisebol feminino, de minhas filhas em vários torneios locais e estaduais. Descobri que as jovens do time que escutam atentamente e que seguem as instruções do treinador são as que se tornam líder de qualidade no time. Os que são bons para seguir ordens sempre se tornam os melhores líderes".

21. *Procure cooperação e atitudes abrangentes.* Os líderes autênticos gostam de envolver todo o time. Não se isolam como um lobo da estepe. Dr. Rita Bornstein, presidente do Rollins College, relatou-me isto: "Procuro jovens que incluam os outros em suas deliberações e ações. Encorajo uma atitude abrangente para a solução de problemas e estimulo os jovens líderes quando demonstram um espírito de cooperação e atitude de equipe".
22. *Olhe para além do "comportamento problemático".* William Donohue, presidente da Liga Católica de Direitos Civis e Religiosos, relatou-me: "Jovens que demonstram sinais precoces de liderança são muitas vezes indivíduos bastante expressivos. Espera-se que expressem essa habilidade de liderança com a boa conduta, mas alguns jovens líderes exuberantes a expressam por meio de mau comportamento. Os adultos cometem um grande erro quando descartam jovens, não os considerando como líderes em potencial, meramente porque exibem um comportamento problemático".

Jay Strack, presidente da União de Liderança Estudantil Universitária, afirmou o seguinte: "Temos a tendência de observar nossos filhos levando em consideração se nos deixam embaraçados em público ou não. Se temos uma criança difícil, costumamos pensar: *Essa criança é bastante problemática.* Precisamos começar a encarar as crianças de acordo com seu potencial, não apenas enfocar seus problemas".

Dr. John E. Haggai, fundador do Instituto Hagai, relatou-me o seguinte: "Dwight L. Moody, famoso evangelista estadunidense, disse: 'Se quiser descobrir alguém que abalará o mundo, encontre uma criança travessa cuja energia foi bem direcionada'. Já observei que as crianças com iniciativa e habilidade de liderança muitas vezes não são disciplinadas. É importante incentivar esse aspecto da disciplina para que venham a compreender que uma coisa é conquistar a atenção das pessoas, outra totalmente diferente é manter o respeito delas depois de conquistar a atenção delas".

23. *Procure a atitude positiva e submissa.* Rick Hartzell, diretor atlético na Universidade de Northern Iowa, afirma: "Grandes líderes não perdem tempo nem energia com reclamações. Enfocam o reforço positivo, e não a atitude negativa. Aprendi essa lição da maneira mais árdua possível quando era zagueiro no time de futebol do colegial. Senti que, muitas vezes, era chutado, pressionado e desarmado. Portanto, reclamava a respeito de nossa linha ofensiva com o treinador. Dizia que os atacantes de nosso time não estavam marcando a saída de bola. Por isso, meu treinador, que é um grande ami-

go e conselheiro até hoje, tirou a bola de minha mão e disse-me:

— Sem problema! Você vai jogar no ataque nos próximos quinze jogos. Tenho certeza de que vai marcar a saída de bola muito bem.

"Bem, aquilo me fez parar de reclamar. Essa é uma grande técnica para lançar mão sempre que um jovem líder se torna crítico em relação aos outros. Aquela experiência ensinou-me que um líder tem de delegar funções e confiar que seus colegas de equipe desempenharão as tarefas da melhor forma possível. Também aprendi que o reforço positivo inspira um desempenho melhor do que quando utilizamos a crítica e a reclamação".

24. *Não confunda popularidade com liderança.* Se observar jovens trabalhando ou brincando, perceberá que alguns indivíduos são mais populares e admirados. Os colegas se reúnem em volta deles. Isso, no entanto, não é necessariamente um índice de autêntica habilidade de liderança. Algumas vezes, a criança mais popular da classe é realmente mimada, arrogante, desrespeitosa, preguiçosa, desmotivada, além de não ter bons traços de caráter nem bons valores. Na verdade, essas crianças podem ser populares e admiradas por um bom número de colegas precisamente por terem a reputação de "garoto malvado" ou de "garota malvada".

John Dasburg, diretor e superintendente da ASTAR, companhia de carga aérea, recorda: "A maioria dos jovens considerados líderes que conheci em minha juventude não eram verdadeiramente líderes. Eram muito populares, mas popularidade não é o mesmo que liderança, embora muitas vezes seja confundida com ela".

25. *Procure força espiritual quando estiver treinando líderes espirituais.* Jim Henry, líder sênior da Primeira Igreja Baptista de Orlando, declarou: "Procure jovens que amam sinceramente a Deus e ao próximo, que tenham uma atitude de gratidão, coração de servo, respeito pelas autoridades, senso de autodisciplina e de autocontrole agregados à habilidade de discernir entre certo e errado, desejo de tomar as decisões certas, espírito humilde e flexível, determinação de desempenhar bem suas tarefas e de perseverarem em tudo o que fazem, que demonstrem respeito pelos outros, respeito pelo sexo oposto, que saibam respeitar os pais e honrá-los e que tenham um envolvimento ativo na igreja. Se encontrar um jovem que tenha muitas dessas qualidades ou todas elas, achará alguém que pode ser aconselhado e treinado para se tornar um líder espiritual e eficaz".

Portanto, essas são as vinte e cinco características chaves que devemos observar e ter em mente ao buscar identificar jovens líderes. Nenhum jovem líder terá todas essas qualidades. Apenas alguns possuirão a maioria delas. Todavia, se encontrar um jovem com algumas dessas características, ou com apenas duas delas, já pode começar a edificar sobre essa jovem vida. Portanto, estimule essas características pessoais positivas, encoraje esses jovens a melhorar as qualidades já existentes e a aprender algumas outras novas. Eduque e aconselhe essa pessoa. Comece a edificar um líder.

O perigo da habilidade natural de liderança

Todos os líderes precisam ser ensinados, aconselhados, estimulados, guiados e disciplinados. Isso inclui os chamados líderes naturais. Muitos jovens têm um dom "natural" para assumir responsabilidades, atrair seguidores e alcançar objetivos, mas não têm sabedoria, maturidade nem julgamento para buscar os objetivos corretos. Em vez de liderar, *des*encaminham. Levam seus seguidores até a beira do abismo, pois sabem como fazer que as pessoas os sigam, mas não sabem por onde devem caminhar.

Kevin Renckens, superintendente da Lockheed Martin Financial Services, em Orlando, contou-me esta história: "Quando eu era garoto, morávamos vizinhos a uma biblioteca pública, um prédio de dois andares com um beiral que dava a volta no prédio. Achei que seria divertido subir naquele beiral e dar a volta pelo prédio todo. Portanto, subi nele com outro garoto. Infelizmente, quando já tínhamos dado meia-volta em torno do prédio, decidimos que não conseguiríamos mais seguir em frente. Assim, um dos garotos que havia ficado lá embaixo foi buscar ajuda. Algum tempo mais tarde, fomos resgatados com segurança, mas nenhum dos adultos envolvidos em nosso resgate me encorajou a ser líder".

Bill Fay, colunista esportivo em Orlando e pai de três garotos, relatou-me este episódio: "Treino as equipes de meus filhos. Portanto, tenho a oportunidade de estudar jovens atletas e toda essa questão de liderança. Certa vez, nosso time jogava em um campeonato. Na primeira jogada durante o primeiro jogo, o outro time interceptou um passe e marcou um ponto. Na primeira jogada!

"Naquele momento, nosso melhor jogador e capitão do time, disse:

—É isso aí! Estamos arruinados! Não podemos vencer!

"Imediatamente, todos os outros jogadores disseram a mesma coisa. A atitude do time todo azedou apenas em razão do desabafo desesperado desse único jogador. Sabíamos que tínhamos de virar o jogo, e bem depressa. Retruquei:

— Calma aí! O jogo mal começou! Vocês ainda podem vencer! Ei, vocês aí no campo! Joguem, e joguem bem!

"Prosseguimos e conseguimos derrotar nosso oponente.

"O que essa história me diz é que um garoto pode ter uma influência poderosa em um time todo — quer para o bem, quer para o mal. A atitude de um líder pode contagiar instantaneamente o time todo. Todas as outras crianças ficam alinhadas com o que quer que seja que o líder diga. Portanto, é necessário ensinar os jovens líderes a usar sua influência de forma sábia. Precisamos de jovens líderes que inspirem confiança, coragem e esperança, não derrotismo."

Essa lição eu trouxe para casa quando tinha 17 anos e vivia em Wilmington, Delaware, onde meu amigo e colega de classe, Ruly Carpenter, também morava. O pai dele era dono do Phillies, de Filadélfia, e Ruly era um rapaz de personalidade forte e carismática. Todos, até eu, admirávamos Ruly.

Certo verão, passei um fim de semana com Ruly em uma praia de Delaware. Levamos algumas jangadas para o oceano e fomos para bem longe. Não demorou muito para perceber que os salva-vidas acenavam para nós. Ruly não lhes deu importância, nem eu. A seguir, os salva-vidas vinham ao nosso encontro com barcos a remo. Ruly os viu... e o que ele fez? Começou a se dirigir para o outro lado, em direção à Europa! Nem sei por que razão fiz aquilo, mas acompanhei Ruly mar adentro.

Finalmente, os salva-vidas nos alcançaram e nos levaram à delegacia, de onde telefonaram para nossos pais. Voltei para casa dirigindo e, quando embiquei o carro na garagem, minha mãe estava ali a minha espera. Fez-me esta única pergunta:

— Até onde você vai seguir Ruly Carpenter?

Bem, Ruly não era um mau garoto. Ele era um bom aluno, um atleta exemplar e, via de regra, um cidadão que obedecia às leis. Mas, naquele incidente, demonstrou ser um líder bastante forte para mim. Não fui capaz de responder à pergunta de minha mãe e apenas abaixei a cabeça.

A habilidade de liderar é um poder maravilhoso. Os jovens líderes precisam aprender a desempenhar esse poder com responsabilidade. Jovens líderes naturais abençoados com inúmeras habilidades de liderança — como a habilidade de fazer planos, de comunicar persuasivamente e de motivar as pessoas — precisam, muitas vezes, ser ensinados a liderar as pessoas na direção correta e a se tornar servos, não ditadores e chefes.

Marianne Horinko, administradora da Agência de Proteção Ambiental, afirmou: "Líderes naturais algumas vezes precisam aprender a ser humildes. Devem aprender a controlar a si mesmos para que não passem por cima das outras pessoas. Se tem um líder natural bastante forte em suas mãos, alguém que ainda está no ensino fundamental, recomendo que peça a essa criança para ler a série de Junie B. Jones escrita por Barbara Park. Os livros têm títulos bastante interessantes, como *Junie B. Jones and Her Big Fat Mouth* [Junie B. Jones e sua tagarelice] e *Junie B. Jones and the Stupid Smelly Bus* [Junie B. Jones e o ônibus estúpido e fedorento]. Junie é uma garota esperta que tem a tendência de ser mandona e cheia de si. É divertido ler esses livros em voz alta, e as crianças podem aprender muito com os erros dessa garota".

Vince Dooley, ex-diretor atlético da Universidade da Geórgia, pode ser considerado outro jovem líder natural. Ele me relatou:

"Lembro-me de, ainda muito jovem, ter lido um livro sobre liderança e de ter ficado intrigado. Embora não soubesse exatamente do que se tratava, gostei da idéia de ser líder. Para mim, ser líder era o mesmo que assumir o comando, especialmente nos intervalos das aulas, quando participávamos de atividades físicas.

"Eu era sempre o primeiro a sair da sala de aula quando o sinal tocava. Como eles separavam os meninos das meninas durante o intervalo, tínhamos de correr até o pátio da escola, do outro lado da rua, para jogar na área reservada aos garotos. Certo dia, eu liderava os garotos rua abaixo, mas o portão de metal, bastante alto, que sempre estava aberto, naquele dia encontrava-se fechado. Todos nós paramos, e ninguém sabia o que fazer. Eu disse: 'Vamos pular!', e foi o que fizemos.

"Infelizmente, quinze garotos subiram em cima do portão ao mesmo tempo. Ele não aguentou e caiu. Eu conduzi o grupo de meninos para o campo, e jogamos bola. Quando as freiras investigaram o caso, e a evidência indicou que eu era o culpado, fui chamado à diretoria. A freira tomou-me pelo braço e caminhamos pelo campo da escola para poder conversar sobre o assunto.

"Aquela não foi a primeira vez que liderei meus colegas na direção errada. Ela, à medida que caminhávamos pelo pátio da escola, equilibrou firmeza com compreensão, e eu admiti minha responsabilidade por ter quebrado o portão. Contei-lhe que a razão pela qual liderei os meninos para pular o portão foi que lera sobre liderança, e a idéia de assumir aquele papel me agradara.

— Liderança é uma habilidade maravilhosa para qualquer um de nós — ela me disse. — Ser líder é uma boa ambição. Mas é extremamente importante que aprenda a liderar na direção correta, não na errada.

"Aquilo causou grande impacto em minha vida. Daquele dia em diante, sempre tentei ser um líder positivo. Aquela, provavelmente, foi a primeira vez que fui ensinado a ser líder ou aconselhado como líder. Desde aquele dia, venho aprendendo e desenvolvendo minhas habilidades de liderança todos os dias, e ainda tenho muito a aprender".

Não ignore os jovens líderes calados

Devo minha carreira como executivo da NBA ao dr. Jack Ramsay. Em 8 de julho de 1968, Jack — na época dirigente geral do Philadelphia 76ers — telefonou-me em meu escritório no campo de beisebol de Spartanburg, Carolina do Sul. Ofereceu-me o cargo de gerente do Philadelphia 76ers. Graças a Jack Ramsay, abandonei a Liga Menor de Beisebol e fui para a liga principal de basquetebol e, desde aquela época, estou na NBA.

Jack treinou o time de basquete da Universidade Saint Joseph, na Filadélfia, por onze anos, e depois treinou quatro times profissionais durante os 21 anos seguintes em 906 jogos. É autor de dois livros sobre treinamento de atletas, *Pressure Basketball* [A pressão do basquetebol] e *The Coach's Art* [A arte do treinador] e, na última década, trabalhou como comentarista de rádio e televisão. Pedi que Jack me contasse suas primeiras experiências como jovem líder, e ele descreveu para mim sua evolução de garoto calado e bastante relutante que só gostava de jogar bola a líder confiante e bem articulado.

Jack contou-me: "Fui um jovem bastante tímido e demonstrava muita relutância em assumir papéis de liderança. Fazia tudo o que me pediam e seguia o grupo. Mas quando tinha cerca de 11 ou 12 anos, em um esforço para incentivar-me a jogar beisebol, construí um campo de beisebol em um terreno baldio em frente de minha casa. Medi as distâncias das bases e organizei o campo. Usei pedaços de madeira que ninguém queria para marcar as bases e o local do arremesso. Para construir as bases, enchi sacos de ração para galinhas com refugos e construí uma cerca com pisos de madeira.

"Depois, contei a meus amigos da escola sobre o campo que construíra e estimulei o interesse deles para que participassem de jogos naquele campo nos fins de semana. Bem, o ditado é verdadeiro: *se você construir, os outros virão.* Meus amigos vieram, e jogávamos ali. Quando construí aquele campo de beisebol, não estava afirmando-me como líder. Só queria jogar beisebol... mas aquela decisão tornou-se um grande passo em minha educação como líder.

"Minha família mudou-se para a Filadélfia, quando eu tinha cerca de 15 anos. Joguei basquetebol e futebol na escola de ensino médio que freqüentava. Ainda não era um líder articulado. Só jogava com afinco e esperava que meus colegas de equipe fizessem o mesmo. Naqueles dias, os jogadores de basquete não iam para o banco conversar com o técnico quando este pedia tempo. Ficavam na quadra. Eu não era o capitão do time, mas como ninguém mais assumia a liderança, assumi a responsabilidade de organizar as jogadas e as estratégias sempre que fosse preciso, porque eu queria vencer."

Jack Ramsay, em toda sua juventude, continuou sendo o jovem atleta calado e tímido que só queria jogar bola. Passou a liderar por acaso, só porque, se não liderasse, ele não jogaria bola, ou seu time não venceria. Em nenhum momento de sua infância, demonstrou o tipo de habilidade de liderança natural articulada e que toma o comando, aquela que o capacitaria a ser selecionado como líder em um grupo de crianças. Contudo, suas primeiras experiências o prepararam para o dia em que ele se tornaria um dos líderes mais articulados e poderoso no basquetebol.

Jack recorda: "A liderança real foi jogada sobre meus ombros quando me alistei na Guarda Marinha, na Segunda Guerra Mundial. Eu era líder do meu batalhão na equipe de demolição subaquática número trinta. O líder da equipe, o comandante Murray Fowler, demonstrava confiança em seus oficiais de batalhão que tinham de realizar as tarefas que lhes eram designadas. A confiança que depositava em mim aumentou a confiança que passei a ter em mim mesmo. Quando tinha 20 anos, tornei-me capitão de um navio cargueiro no Pacífico Sul. Tinha de tomar decisões e dar ordens, portanto tornei-me o que jamais fora anteriormente: um líder articulado. Essa habilidade de liderança acompanhou-me em toda minha vida adulta, especialmente em minha atividade de treinador".

No Antigo Testamento, percebemos que Deus considera a liderança de forma um tanto diferente daquela que a maioria de nós o faz. Quando selecionamos um jovem líder, temos a tendência de buscar características óbvias. Procuramos os falantes, os habilidosos e as crianças valentonas e confiantes. Mas na época do Antigo Testamento, Deus tinha em mente critérios totalmente diferentes quando buscou um jovem líder para se tornar rei de Israel.

Em 1Samuel 16, Deus rejeitou Saul como rei de Israel e falou o profeta Samuel: "Encha um chifre com óleo e vá a Belém; eu o enviarei a Jessé. Escolhi um de seus filhos para fazê-lo rei". Assim, Samuel fez conforme Deus lhe ordenara. Foi a Belém e visitou Jessé, pai de muitos filhos.

O primeiro filho que Samuel viu era Eliebe, jovem forte e atlético. O profeta achou que encontrara aquele que Deus escolhera para ser rei. Mas Deus lhe disse: "Não considere sua aparência nem sua altura, pois eu o rejeitei. O SENHOR não vê como o homem: o homem vê a aparência, mas o SENHOR vê o coração".

Ao todo, Jessé trouxe sete de seus filhos diante de Samuel, todos rapazes excelentes, com muito potencial de liderança. Mas, à medida que os filhos de Jessé eram trazidos, um após o outro, diante do profeta, este escutava a voz de Deus e rejeitava cada um deles. Por fim, o profeta disse a Jessé: "O SENHOR não escolheu nenhum destes. [...] Estes são todos os filhos que você tem?".

Jessé respondeu: "Ainda tenho o caçula, mas ele está cuidando das ovelhas". Samuel disse: "Traga-o aqui; não nos sentaremos para comer enquanto ele não chegar".

O filho caçula de Jessé abandonou os campos e veio até o profeta. Era um garoto calado, sensível, um poeta, mas quando Samuel o viu, ele escutou o Senhor dizer: "É este! Levante-se e unja-o". E aquele jovem pastor tornou-se um dos reis mais famosos da história da humanidade: Davi, o rei de Israel.

Caímos facilmente na armadilha do estereótipo do jovem líder ao dizermos: "Ele não pode ser um líder... não é um comunicador confiante", ou: "Ele não tem potencial de liderança... não assume o comando nem diz às outras crianças o que fazer". Nós, pais e conselheiros, devemos evitar confinar nosso retrato mental de um líder a alguns tipos de personalidade forte ou carismática. Os líderes vêm em todos os tamanhos, formatos e apresentam todos os tipos de personalidade. A liderança autêntica tem muitas formas — e algumas delas não se ajustam ao estereótipo de líder. Não coloque os jovens líderes em uma moldura; procure pensar sem ter essa moldura em mente.

Dan Wood, diretor executivo do National Christian College Athletic Association [Associação Atlética Nacional das Universidades Cristãs], afirma: "Não se deve confundir uma personalidade vibrante, articulada e extrovertida com a personalidade de um líder. Ser extrovertido não é o mesmo que ser líder, tampouco ser calado e reservado não desqualifica uma pessoa para essa posição. A liderança exige habilidades e qualidades de caráter, não apenas características de personalidade. Descobri que o bom líder se encontra entre os que perseveram, estão dispostos a aprender as lições da adversidade, têm integridade e caráter moral firme e disposição para trabalhar arduamente. Geralmente, essas características são encontradas em pessoas tímidas e caladas, muitas vezes as melhores candidatas à liderança".

Ron Polk, treinador de beisebol na Universidade de Missíssipi, apresenta uma perspectiva semelhante: "Já tive jovens líderes extrovertidos e calados. A liderança é uma característica que não se percebe com precisão. O denominador comum entre todos os jovens líderes que já treinei não é a personalidade, mas sim o caráter. Verdadeiros líderes são sempre jovens com grande caráter moral e ética de trabalho firme. Verdadeiros líderes lideram por meio do exemplo".

Edward J. Barks, presidente do Barks Communication, treina pessoas para alcançar o máximo de seu desempenho ao falar em público e com a mídia. Ele tem escritório na área de Washington D.C., e já treinou mais de mil líderes de governo, de negócios, médicos, líderes voluntários, atletas, artistas, apresentadores de TV e outros líderes a fim de que se comunicassem eficazmente em público. Ele é um líder, mas nem sempre se considerou assim.

Ed contou-me sua história: "Eu desabrochei tardiamente. Fui uma criança extremamente tímida e sofria com isso. Nunca fui o tipo de pessoa que me agregava aos outros, muito menos fui líder. Em minha juventude, provavelmente estava entre aqueles considerados com menos qualidades de liderança. Era um aluno brilhante e com notas excelentes, mas sem confiança. Sou a prova viva de que se for dada uma oportunidade aos jovens para liderar — até mesmo aos tímidos e calados —, com freqüência, fazem jus a isso. Meu trabalho com radiodifusão tornou-se meu passaporte para a liderança. À medida que agucei minhas habilidades de comunicação, novas portas se abriram para mim.

"Os jovens realmente nunca sabem qual é sua real capacidade até que enfrentem uma situação em que têm que dar o melhor de si. Aprendem a respeito de si mesmos e de suas habilidades quando são jogados em uma atividade que jamais fizeram anteriormente. À medida que damos oportunidades aos jovens de liderar e servir, eles ganham confiança, fortalecem essas habilidades e encontram novas formas de atuação. Todo jovem tem um conjunto único de habilidade de liderança. Nossa tarefa, como pais, conselheiros, professores e treinadores, é identificar essas habilidades e criar oportunidades para que os jovens descubram aspectos positivos que nunca imaginaram que tivessem.

"Polly, minha filha de 14 anos, é excelente aluna, com boas notas, e gosta muito de escrever. Jamais se interessou pelas formas tradicionais de liderança, como ser eleita representante da classe. No entanto, ela é líder. Decidiu criar oportunidades de liderança para si mesma, mas essas situações nem sempre se ajustam à noção convencional de liderança. Por exemplo, foi convidada a participar do programa de intercâmbio *People to People Ambassador Program* e viajou para a Austrália e Nova Zelândia para expandir seus horizontes, enquanto representava seu país. Na Nova Zelândia, encontrou-se com o embaixador dos Estados Unidos, o honrado

John Wood, quando ele visitou a região. Embora minha filha não tenha credencial diplomática, foi capaz de conversar com um líder mundial — de embaixador para embaixatriz, por assim dizer. Independentemente de como se defina liderança, minha filha já era uma líder aos 14 anos".

Exatamente isso. Se quisermos identificar e encorajar os jovens para que se tornem líderes, precisamos enfocar mais o caráter que a personalidade. Precisamos reconhecer que todos os jovens, não apenas alguns, têm potencial de liderança. Precisamos ser cuidadosos para não subestimar as qualidades menos óbvias de liderança geralmente associadas aos jovens calados e reservados, que não se ajustam ao estereótipo óbvio de liderança.

Assim que identificarmos algum jovem líder precisamos estruturá-lo, inspirá-lo com visão e confiança e segurar um espelho para que seja capaz de ver em si mesmo aquilo que vemos nele. Portanto, mantenha os olhos abertos para as características menos óbvias de liderança e, depois, comece a treinar e a aconselhar esses jovens para liderar.

Dê-lhes oportunidades de liderar

Bud Selig, membro do comitê da MLB, afirma: "Muitos jovens estão dispostos e prontos a servir como líderes. No entanto, precisam de oportunidades e de encorajamento dos adultos. Meu pai, um homem de negócios em Milwaukee, depois que acabei a universidade e o serviço militar, disse-me:

— Considere a idéia de vir trabalhar comigo. Você sabe como se relacionar com as pessoas e fazer com que dêem o melhor de si.

"Naquela época pensava em procurar um emprego e construir minha própria vida. Mas quando papai me disse aquilo, comecei a pensar a respeito da carreira em liderança".

Os jovens, se tiverem oportunidade de liderar, se disponibilizarão e liderarão. Patricia Schroeder, ex-congressista, que representou o Estado de Colorado por doze anos (agora presidente e superintendente da *Association of American Publishers* [Associação dos Editores Estadunidenses]), relatou-me: "Quando eu era criança, as oportunidades para meninas aprenderem a liderar, especialmente por meio dos esportes, eram limitadas. Graças a Deus pela lei federal que baniu a discriminação sexual nas escolas, tanto em relação à vida acadêmica quanto à vida esportiva. A geração de minhas filhas cresceu sob novas regras, com novas oportunidades para liderar.

"É importante que as crianças sejam elogiadas, encorajadas, e que os pais lhes dêem oportunidade de liderança. Mas é ainda mais importante para essas jovens receber esse tipo de incentivo e de oportunidade de um adulto de fora de sua família — treinadores, professores, líderes do escotismo e conselheiros. Quando jovem, tive oportunidade, na escola, de ser líder nas atividades extracurriculares, em clubes de discussão, em grupos de teatro, em aulas de canto e em grupos de estudo de espanhol. Hoje, preocupa-me o fato de que poucos adultos separem um tempo para treinar as crianças ao patrocinar clubes de jovens e ao oferecer oportunidade de liderança aos jovens. Essa é a forma de educar líderes para amanhã! Os jovens herdarão o país e têm de aprender a liderá-lo".

John Weisbrod é superintendente e gerente do Orlando Magic. Graduou-se em Inglês pela Universidade de Harward e jogou hóquei na NHL [Liga Profissional de Hóquei no Gelo dos

Estados Unidos]. Assumiu o cargo de dirigente em nossa organização, embora não tivesse nenhuma experiência com basquetebol. Contou-me sobre como uma oportunidade de liderança, quando era jovem, mudou o curso de sua vida — e os benefícios de um time profissional de hóquei.

Relatou-me: "Eu tinha 23 anos quando o New Jersey Devils ofereceu-me um emprego de dirigente da equipe deles, que integrava a AHL [Liga Inferior de Hóquei] em Albany, Nova York. O time estava quase fechando as portas, portanto o plano era jogar mais um campeonato e dissolver a franquia. Eles me ofereceram o cargo porque fui a única pessoa tola o suficiente para aceitá-lo. Ninguém esperava que um jovem inexperiente como eu fizesse outra coisa a não ser presidir o fechamento da equipe. Cheguei lá e descobri que a organização estava uma bagunça. Nosso time, o último colocado, atraía cerca de seiscentos aficionados a um ginásio que comportava quinze mil pessoas.

"Tinha de tomar uma decisão: acabar com aquele time ou organizá-lo? Aceitei o desafio de tentar organizá-lo. Em dois anos, o time passou a ser o que mais atraía público, ganhou o título e, em vez de perder 10 milhões de dólares (cerca de 21 milhões de reais), ganhamos 10 milhões de dólares. Tive a oportunidade de liderar e a aceitei. Aquele cargo deu início a minha carreira."

Já vi esse princípio operando muitas vezes na vida de meus filhos. Dê a um jovem uma oportunidade, e é impossível prever até que distâncias e a que alturas chegará. Bobby, meu filho, para graduar-se na Universidade de Rollins, precisava escrever um ensaio sobre liderança. Eu o li e fiquei tão impressionado com as percepções de meu filho que tirei uma cópia do ensaio e o enviei para muitos executivos da MLB. Nenhum deles me respondeu, e pressupus que estivessem muito ocupados para ler o texto.

Não fiquei sabendo que um executivo que trabalha com basquetebol — Jim Bowden, à época dirigente do Cincinnati Reds — o havia lido, ficara impressionado com ele e o copiara para todos os principais executivos de sua organização. Pouco tempo depois, Bobby estava em uma Universidade na Geórgia e precisava de uma bolsa para conseguir seu diploma. Portanto, meu filho escreveu para Jim Bowden e perguntou se o Reds poderia apoiá-lo, sem saber que Bowden lera seu ensaio.

Bowden deu, de olhos fechados, a bolsa para Bobby, e ele se tornou treinador do time principiante do Reds, em Billings, Montana. Ali estava o jovem Bob Williams, com 22 anos, possivelmente o treinador mais jovem na história do beisebol profissional! Ele fez um trabalho tão bom que o Reds o contratou como treinador em tempo integral da liga inferior. Quando este livro for lançado, Bobby estará concluindo seu quinto ano na organização Reds. Por quê? Porque Jim Bowden separou um tempo para ler o ensaio desse rapaz e decidiu dar a esse jovem líder ambicioso uma oportunidade.

Nossa tarefa como líderes adultos é abrir a porta para a geração seguinte. Temos de lhes dar a oportunidade de que precisam para que provem a si mesmos e descubram talentos e habilidades que ainda não se manifestaram e para que dêem um passo a frente e comecem a liderar.

Na próxima parte deste livro, consideraremos as sete dimensões da liderança eficaz: as sete chaves para construir bons líderes de hoje e de amanhã.

Parte II

As sete chaves para a liderança eficaz

Capítulo 5

Primeira chave: ter uma visão

No início do verão, em um sábado, minha esposa, Ruth, e eu estávamos correndo em um dia muito quente, 32ºC e 100% de umidade. Alcançamos a esquina da Lee Road com a Highway 17-92, esquina em que havia uma lanchonete que servia um fantástico hambúrguer. A antiga loja desaparecera, e um novo prédio estava sendo erguido ali. Entretanto, não havia nenhuma placa indicando que tipo de estabelecimento esse novo prédio abrigaria.

Observamos alguns trabalhadores na área de construção. Disse a Ruth:

— Vamos até lá descobrir o que estão construindo. Esses rapazes, com certeza, têm a informação que estamos curiosos em saber.

Assim, fomos até um dos rapazes que tinha um bloco de cimento nas mãos. Perguntei-lhe:

— Desculpe-me, mas o que você está construindo?

— Um muro, cara! — o homem replicou.

Não desisti: — Deixe-me fazer a pergunta de outra forma: quando este projeto inteiro estiver acabado, qual será a finalidade deste prédio?

O homem deu de ombros e disse:

— Não sei.

Três outros homens estavam trabalhando naquele muro, portanto decidi perguntar a eles. Certamente, algum deles saberia a finalidade daquela construção. Perguntei-lhes:

— Ei rapazes, o que vocês estão construindo?

— Um muro — eles responderam.

— Mas quando estiver acabado, o que esse prédio será? — Insisti.

— Não sabemos — eles responderam em coro.

Quando Ruth e eu saímos e terminamos nossa corrida, pensei: *Que coisa, esses rapazes não têm visão alguma do que estão construindo. Imagine iniciar o trabalho em um projeto de construção sem saber se está construindo um alpendre ou o Taj Mahal!*.

Mais tarde, descobri que aqueles rapazes estavam construindo uma churrascaria sofisticada. Espero me deleitar com algumas refeições ali assim que acabarem a construção. Tenho a visão do que quero experimentar e fico com água na boca só de pensar nisso.

Mas quando perguntei àqueles trabalhadores o que estavam construindo, tudo o que eles foram capazes de responder foi:

"Um muro, cara!". Que triste! E como hoje isso é típico de muitas organizações administradas dessa forma. As pessoas têm de desempenhar uma tarefa, mas nunca têm idéia do plano inteiro. Tudo o que sabem a respeito do plano diz respeito a sua pequena peça nesse grande quebra-cabeça: "Um muro, cara!".

Para que uma equipe se entusiasme, se inspire, se inflame e reúna energias para alcançar grandes coisas, precisa ter um líder com uma visão — e o líder tem de comunicar essa visão para toda a equipe. Líderes — até mesmo os bem jovens — têm de ser pessoas de visão.

Imagine as possibilidades

Jerry West é praticamente um símbolo vivo da NBA. Na verdade, a silhueta do jogador emblema da liga foi feita a partir de uma foto de Jerry West. Antes de iniciar sua lendária carreira, aos 14 anos, com o Los Angeles Lakers, ele ganhou uma medalha de ouro nos Jogos Olímpicos de Roma, em 1960. Ele atribui muito de seu sucesso à habilidade de vislumbrar um futuro brilhante e bem-sucedido. Jerry contou-me sua história: "Sempre vivi no mundo da fantasia, um mundo que eu vislumbrava quando garoto e que se tornou real quando cresci. Minha mente é minha melhor amiga.

"Cresci em Cabin Creek, em West Virginia, e amava o basquetebol. Eu jogava sozinho, e em meus 'jogos', eu era o treinador, o narrador e a estrela do time. Quando menino, praticava milhões de vezes aqueles arremessos feitos no último segundo da partida. Posteriormente, na NBA, ganhei a reputação por esse tipo de arremesso, pois já tinha toda a preparação mental necessária. Em minha mente, sempre fizera aqueles arremessos.

"Algumas vezes, naqueles 'jogos' de minha infância, mentalmente permitia que o outro time vencesse o jogo — apenas para sentir-me motivado a voltar e arrasar com eles no jogo seguinte.

"Algumas vezes, ao observar onde comecei na West Virginia e até onde cheguei em minha vida, mal posso acreditar nessa trajetória. Minha vida toda foi um conto de fadas, e acho que muito dessa história diz respeito ao fato de que eu tinha essa visão de meu futuro enquanto praticava basquetebol em minha infância."

Dick Vermeil, treinador do Kansas City Chief, disse-me que deve sua carreira na NFL a um treinador da escola de ensino médio que lhe deu a visão de um futuro no futebol. Eis aqui seu relato: "Quando estava na escola de ensino médio, no Norte da Califórnia, Bill Wood, um jovem, era meu treinador e professor de futebol. A escola era pequena, e nós praticávamos quatro esportes; não havia times. Bill Wood causou tremendo impacto em minha vida. Ele me pôs para jogar como zagueiro e não parava de me dizer que eu poderia ir para a universidade e jogar futebol. Jamais havia considerado a idéia de jogar na universidade até ele mencionar essa possibilidade. Achava que trabalharia na oficina de meu pai, mas esse treinador me deu a visão de um futuro que jamais imaginara para mim mesmo. Ele é a principal razão de eu trabalhar como técnico hoje na NFL".

Bill Giles, diretor da organização de beisebol dos Phillies, de Filadélfia, passou toda a vida no mundo do beisebol e da liderança. Warren G. Giles, seu pai, era presidente e dirigente do Cincinnati Reds, além de presidente da liga nacional. Bill iniciou sua carreira no beisebol como menino de recados do Reds e, exceto pelos três anos que passou servindo na Força Aérea, jamais teve qualquer emprego fora da área do beisebol.

Bill conta sua trajetória: "A primeira vez que percebi que tinha habilidade de liderança foi durante o último ano da escola de ensino médio, em Cincinnati. Eu era responsável pelo planejamento de nossa festa de formatura. Tradicionalmente, a escola contratava uma pequena banda local e dava uma festa em algum saguão de hotel das redondezas, da qual participavam cerca de trezentas pessoas. Eu tive uma visão de algo especial, de alguma coisa realmente grande.

"Aluguei um enorme salão de bailes, um local que poderia acolher três mil pessoas. Depois, contratei um grupo famoso, o Stan Kenton Orchestra". (Devo acrescentar para os muitos jovens, jovens demais para reconhecer que a Stan Kenton Orchestra já foi a maior de todas as *big bands,* e Frank Sinatra já disse isto sobre Kenton: "A personagem mais importante da era do *jazz* moderno". Com certeza, Bill Giles, jovem formando de ensino médio, estava *realmente* pensando alto!)

Bill prossegue: "A fim de não perder dinheiro com esse baile, tinha de vender dois mil ingressos a 20 dólares cada. Portanto, aquela era uma jogada arriscada. Contratei pessoas para fazer alguns pôsteres enormes e os colei em todas as escolas de ensino médio da região. Vendi dois mil e quinhentos ingressos — quinhentos a mais que o necessário para pagar todas as despesas —, e aquela foi a melhor festa de ensino médio que já tivemos. Essa experiência serviu para abrir meus olhos a respeito do significado da liderança, e aprendi que um dos aspectos mais importantes da liderança é existir uma pessoa com visão. Jamais se deve ter medo de sonhar muito alto. O único temor deve ser este: 'Será que meu sonho é pequeno demais?'."

Liderança começa com visão. Todo líder, jovem ou maduro, tem de ter uma visão para ser capaz de definir o que é ser *bem-*

sucedido. Visão é aquilo pelo que o líder e toda a equipe competem para alcançar; lutam e se sacrificam por ela. Portanto, todo jovem líder deve ser, acima de tudo, um visionário.

O que é visão?

Theodore M. Hesburgh, presidente emérito da Universidade de Notre Dame, observa o seguinte: "Visão é a essência da liderança. Para saber aonde quer chegar é preciso três coisas: ter uma visão clara, articular bem essa visão e conseguir que sua equipe fique entusiasmada para participar dela. Acima de tudo, qualquer líder precisa ser consistente. Conforme a Bíblia diz, ninguém segue uma trombeta incerta".

Bryant Lancaster, treinador de basquetebol em uma escola de ensino médio em Tuscaloosa, no Alabama, afirma: "Líderes são pessoas que têm uma visão. Não apenas enxergam as partes, mas têm a habilidade de organizar as partes a fim de formar um quadro inteiro. O quadro inteiro deve estimular, empolgar, unir, inspirar e motivar a equipe a desempenhar sua função da melhor forma possível. Isso é o que uma visão faz por uma equipe".

Dê asas à imaginação

Os líderes visionários acreditam em possibilidades sem-fim. Recusam-se a aceitar qualquer limite para a imaginação. Andrea Myers, diretora de esportes da Universidade de Indiana, contou-me sobre um incidente de sua juventude que lhe deu uma visão das possibilidades sem-fim da liderança. Eis aqui seu relato: "Em

1956, nossa escola fez um simulado da eleição presidencial. Fui nomeada para ser presidente pelo Partido Democrata. Alguns meninos disseram que eu não poderia ser presidente porque era menina. Nossa professora de educação cívica deixou claro que qualquer mulher poderia ser presidente. Portanto, eu concorri e venci. Eu tinha apenas 14 anos e venho quebrando barreiras desde aquela época".

Andi Myers teve a felicidade de ter uma professora que se dedicou a dar asas à imaginação de seus alunos e a abrir a mente deles para possibilidades sem-fim. E daí que nenhuma mulher não tivesse sido eleita até aquele momento? Por que isso não deveria acontecer? A idéia de que "uma menina não pode ser presidente" é apenas uma barreira mental, não um muro físico. A professora de Andy ensinou a ela e a seus colegas que barreiras mentais foram feitas para ser transpostas. Uma professora como essa merece uma estátua em um parque e uma biblioteca que a honre dando-lhe seu nome!

Infelizmente, nem todo professor é tão inspirado e inspirador. Alguns parecem ter como objetivo a programação de pequenos robôs — trinta mentes compartimentalizadas em pequenos fragmentos. Esses professores, a fim de estabelecer a ordem, punem a criatividade e esmagam a visão.

Bem, não advogo nem por um momento a anarquia em sala de aula. Certa dose de ordem é necessária para o ambiente de aprendizado. Mas deve haver algum espaço para a espontaneidade desordenada e para o entusiasmo sem limites de uma criança visionária e imaginativa.

Uma professora de terceira série do ensino fundamental colocou um jarro de flores na frente da sala de aula e pediu que os alunos desenhassem esse objeto. A maioria dos alunos produziu desenhos sem originalidade, nos quais imitavam os contornos e as cores do jarro de flores. Entretanto, um aluno deixou sua imaginação visionária alçar vôo. Ele interpretou aquelas flores de uma maneira nova, mudando a proporção e as dimensões para depois adicionar uma pitada extra de imaginação desenhando rostos nas flores!

Quando a professora viu a interpretação daquele garoto, ela o repreendeu e disse:

— Flores não têm rosto!

Felizmente, aquele garoto não prestou atenção ao comentário negativo da professora da terceira série. Ele prosseguiu em sua produção de desenhos animados em que rompia várias barreiras: flores com rostos, um rato falante, um elefante voador e muito mais. O nome daquele garoto, obviamente, era Walt Disney.

O mundo precisa de jovens com imaginação sem limites e criativa — crianças com grandes sonhos e que venham a inspirar outros para que esses sonhos se tornem realidade. Preocupo-me com crianças cheias de imaginação, empolgadas e entusiasmadas — aquelas que ficam correndo sem parar, que falam quando deveriam escutar e que arrumam encrenca por desobedecer às regras de vez em quando. Preocupo-me com os professores e pais dessas crianças, pois em vez de ajudar a dar asas à imaginação desses visionários em potencial, esmagam esses seres criativos para os ajustar a uma moldura, forçando-os a ficar quietos, a se sentar como estátuas e, até mesmo, drogando-os com Ritalin, medicamento receitado para crianças com deficiência de atenção, a fim de que se submetam a eles. Preocupo-me que aquela criança que poderia vir a ser nossa próxima celebridade — como Sally Ride, ou Neil Armstrong, ou Maya Angelou, ou James Michener, ou Condoleeza Rice, ou Martin Luther King

Jr. — acabe passando o tempo no fundo da sala de aula até se formar.

Nós, pais, devemos nos envolver com a escola de nossos filhos para encorajar e dar apoio aos professores que os ajudam a expor seus sonhos e sua criatividade. Temos de ter certeza de que nossos filhos são aconselhados e inspirados por esses mestres.

Ao mesmo tempo, nós, pais, precisamos nos certificar de que edificamos o otimismo, a criatividade e a imaginação de nossos filhos. Há muitas formas pelas quais nós, sem nos dar conta disso, suprimimos o potencial imaginativo e visionário de nossos filhos. Recorremos rapidamente a palavras duras e críticas:

— Será que você não é capaz de fazer nada certo?

Com freqüência, estamos ocupados demais ou muito desatentos para encorajar as idéias e a imaginação de nossos filhos:

— Agora não! Você não vê que estou ocupado?

Somos rápidos em ignorar o positivo e destacar o negativo:

— Seis As e um C em matemática? Por que está indo tão mal em matemática?

Algumas vezes, fazemos nossos filhos se sentirem desajeitados e incompetentes:

— Deixe que eu faço isso. Você está fazendo tudo errado!

Um conceito que significou muito para mim, como pai, foi a metáfora da "linha vermelha". Trata-se de um talento, interesse ou paixão que se manifesta na vida da criança. A criança que passa todo o tempo em que não está na escola lidando com papéis ou administrando um estande de refrigerantes pode tornar-se um executivo de primeira. A criança que brinca com brinquedos movidos por propulsão a água pode tornar-se um administrador da Nasa [National Aeronautics and Space Administration (agência espacial estadunidense)]. A criança que gasta horas martelando no piano pode tornar-se um pianista ou compositor requintado. Esses primeiros interesses e habilidades representam "a linha vermelha" da criança. São os aspectos vibrantes da alma da criança que se sobressaem em um ambiente insípido da vida cotidiana.

A minha "linha vermelha" era o esporte. Toda minha infância dediquei-me a ele. Jogava beisebol, basquetebol, futebol e estava sempre brincando com uma bola. Quando fiz 20 anos, tentei minha carreira no beisebol profissional por dois anos — e minha "linha vermelha" ainda pulsava sua verdadeira cor. Quando garoto, vislumbrei uma carreira na MLB, mas, por fim, descobri que tinha talentos como diretor e promotor de eventos de esporte. Nunca se sabe aonde a "linha vermelha" de uma criança a levará.

Quando descobrimos e encorajamos a "linha vermelha" em nossos filhos, acentuamos interesses e talentos positivos na vida deles. Reforçamos de maneira sadia sua auto-estima e sua confiança. A criança que não tem "linhas vermelhas", que encara a vida como um padrão insípido de cores em tons de cinza é um candidato de primeira à mediocridade e ao insucesso. Como pais, não podemos permitir que isso aconteça com nossos filhos. Temos o dever de desafiar e de encorajar nossos filhos a dar asas à imaginação, a vislumbrar um grande futuro para a vida deles e a viver a aventura da liderança.

Em novembro de 1988, nossa família adotou quatro irmãos filipinos, com idades que iam de 4 a 9 anos. Permitimos que esses quatro garotos gastassem um dia todo para se ajustar à nova situação e, depois, começamos a confrontá-los diretamento com o estilo de vida estadunidense. Nós os expusemos a uma nova vivência após a outra, e, a cada nova experiência, exclamavam:

— Não somos capazes de fazer isso!

Eles viviam em um orfanato em Mindanao, a ilha mais ao sul das Filipinas, e não tiveram muitas oportunidades nem possibilidades de experimentar novos horizontes. Jamais haviam participado de uma competição esportiva e não queriam enfrentar esse desafio. Eles simplesmente não conseguiam imaginar a si mesmos fazendo coisas que a maioria dos garotos estadunidenses considerava a coisa mais normal do mundo.

Uma das primeiras experiências com a qual pusemos aqueles garotos em contato foi a natação para jovens, esporte muito popular na Flórida. Nós os levamos a uma piscina e os entregamos ao veterano treinador Harry Meisel e a seu filho, Kevin. Aqueles quatro garotos caíram na água e, apesar de reclamarem e de se debaterem, afundaram pela terceira vez e, enquanto engoliam muita água, gritavam:

— Não sabemos nadar!

E tinham razão. Não sabiam nadar para salvar a vida deles, mas aprenderam, e aprenderam depressa!

Harry e Kevin desafiaram nossos quatro filhos a tentar o impossível — pelo menos, aqueles quatro garotos achavam que aquilo era impossível. Em poucos dias, os quatro descobriram que estavam equipados com algo que não sabiam que possuíam: era como se tivessem guelras e barbatanas! Aqueles mesmos garotos que gritavam: "Não sabemos nadar!", logo estavam nadando todos os dias. Em pouco tempo, meu maior desafio era tirar aqueles garotos da piscina! Eles não queriam sair de lá. Em alguns anos, três dos quatro meninos qualificaram-se para a Olimpíadas de Juniores da Flórida. Eles se tornaram três dos principais jovens nadadores do Estado!

Mas antes que aquilo acontecesse, tivemos de dar asas à imaginação deles dando-lhes uma nova visão de si mesmos. Eles tiveram de aprender a parar de dizer: "Não conseguimos fazer isso!", para começar a dizer: "Tudo é possível!". Um de nossos maiores desafios como pais, professores, treinadores, pastores e orientadores de jovens é tirar as amarras da imaginação desses jovens e dar-lhe asas, para que sejam capazes de ver que não há limites na vida nem fronteiras para as aspirações de liderança existentes neles.

Como construir uma visão

Dr. Vincent Mumford, diretor da Sports Leadership Graduate Program [Programa de Graduação em Liderança Esportiva] da Universidade da Flórida, contou-me: "Nós, adultos, temos muitas oportunidades de ajudar a desenvolver o potencial de liderança em jovens. Temos a habilidade de transformar a experiência de um aluno em algo positivo e de ajudá-lo a moldar sua perspectiva na escola, nos esportes, na liderança e na vida. Habilidade de construir é essencial para a perspectiva de todo jovem. Portanto, eis aqui algumas estratégias-chave que devemos enfocar à medida que encorajamos e desenvolvemos esses jovens líderes:

"Primeiro: *ajudar os alunos a ter grandes sonhos.* Não permita que se acomodem com algo menor que uma grande visão para o futuro. Ensine-os a remover os limites de seu pensamento, a ousar e a vislumbrar o impossível.

"Segundo: *ajudar os alunos a desenvolver um plano de ação fundamentado no sonho deles.* Ensine-os a pensar de forma prática e construtiva a respeito da visão que têm para o futuro. Uma visão é inútil a menos que tenhamos um plano para torná-la realidade.

"Terceiro: *encorajá-los (empurrá-los, se necessário) a levantar e a tomar uma atitude.* Desafie-os a trabalhar pela visão que têm. Encoraje-os a dar fôlego e forma aos sonhos. É aqui que a ética de trabalho firme torna-se importante. Se uma pessoa não estiver disposta a trabalhar arduamente para fazer que o sonho aconteça, ele não é tão valioso.

"Quarto: *mostrar-lhes como registrar os passos por meio da prestação de contas.* Ensine-os a dividir a grande visão que têm em uma série de pequenos passos e objetivos menores e mais fáceis de serem alcançados. À medida que alcançam cada um desses objetivos, mostre-lhes que estão fazendo um progresso visível em direção ao sonho que têm. Ensine a eles que o sucesso é medido não por meio da comparação com os outros, mas por meio de quanto progrediram desde o momento em que deram os primeiros passos.

"Quinto: *encoraje-os a celebrar pequenas vitórias e reabasteça-os, a fim de que se tornem eternos aprendizes.* Os jovens são impacientes. Algumas vezes, eles se depreciam se não conseguem alcançar seu grande sonho instantaneamente. Ensine-os a valorizar a paciência e o progresso mensurável e constante. Ensine-os a importância de sempre se dedicarem à leitura, ao aprendizado, à educação e à estimulação de suas habilidades. Incentive o sucesso durante toda a trajetória. Encoraje-os quando falharem. Continue dizendo-lhes que estão no caminho certo e que, se perseverarem, alcançarão o objetivo proposto e realizarão a visão que têm".

A idéia de construir uma visão para o futuro talvez pareça um tanto vaga e impossível de alcançar, mas não precisa ser assim. Creio que o processo de visualizar o futuro pode ser simples, prático e até divertido, se tomarmos o caminho correto. A seguir, apresento meu plano de dez passos para a construir uma visão.

Quando falar com seus filhos, qualquer que seja sua relação com eles — pai, professor, líder, conselheiro ou qualquer outro papel que tiver na vida deles —, pode usar este plano de dez passos como guia de ensino para que se tornem jovens líderes visionários:

1. *A visão deve ser clara e simples.* A visão do futuro deve ser simples o suficiente para ser compreendida por cada membro da equipe. Deve ser simples de forma que todos da equipe sejam capazes de explicá-la a outra pessoa sem qualquer distorção nem ambigüidade. Deve ser simples para ser facilmente compreendida e lembrada. Habacuque 2.2 instiga: "Escreve a visão, grava-a sobre tábuas, para que a possa ler [facilmente] até quem passa correndo".
2. *A visão deve ser poderosa, visual e fácil de imaginar.* Todo membro da equipe ou organização deve ser capaz de visualizar o resultado final. A visão deve ser extraída do ouvinte por meio de palavras pictóricas, de metáforas e de histórias.
3. *A visão deve enfocar a mudança.* O propósito de uma visão é levar a equipe ou a organização a uma nova posição muito melhor. A visão é o retrato de um futuro mais promissor. Isso implica mudança positiva, progresso, crescimento, expansão e melhor desempenho. Ela centraliza a atenção de todos na realização das tarefas de hoje para que alcancem a promessa de amanhã.
4. *A visão exige sacrifício.* John C. Maxwell declara: "Se a sua visão não lhe custa nada, então não passa de um devaneio". Precisamos ensinar os jovens que devem

estar dispostos a pagar o preço para alcançar a visão que têm, como também devem estar dispostos a pedir que seus colegas também paguem esse preço. Quando as pessoas percebem que o líder está comprometido com a visão e que se sacrifica por ela, isso serve de inspiração para que também se comprometam com ela.

Todd Lickliter, treinador do time de basquete da Universidade de Butler, em Indianápolis, disse-me: "Fazer sacrifício é muitas vezes o preço que se paga por ser líder. Você paga o preço agora, a fim de colher os futuros frutos de sua visão. Os líderes sabem que o preço que pagam hoje valerá a pena quando o objetivo futuro for alcançado e a visão se tornar realidade".

5. *A visão deve ser comunicada com otimismo contagiante.* A visão é o retrato de uma celebração futura. As pessoas devem associar sua visão com confetes, aplausos, gritos e pulos de alegria. A imagem mental que sua visão cria deve contagiar a equipe toda com empolgação, expectativa e alegria. Carol Bartz, superintendente da AutoDesk, explica: "Você tem de estar tão empolgado com sua visão que as pessoas mal possam esperar a oportunidade de se juntar a você a fim de alcançá-la. Tem de cercar-se de pessoas empolgadas com o que está fazendo".
6. *A visão da equipe deve relacionar-se à visão pessoal de cada indivíduo que a compõe.* A conquista da visão do líder deve melhorar a vida de todos, não apenas a do líder. A conquista compartilhada deve produzir benefícios individuais para cada membro da equipe. O desejo de uma vida melhor que todo mundo tem deve estar

ligado ao sonho de um futuro melhor da organização. Quando todos da equipe recebem ganho pessoal com o sucesso de uma visão, o desejo e o esforço coletivos para alcançar aquela visão serão mais e mais intenso.

7. *A visão deve ser afirmada e confirmada inúmeras vezes.* Warren Bennis, especialista em gerenciamento, declara: "A visão do futuro não deve ser oferecida de uma vez por todas pelo líder para depois minguar". Os jovens líderes não devem jamais se cansar de reafirmar a visão que têm do futuro. Devem celebrá-la, salientá-la e trazê-la à luz para que todos possam vê-la. As pessoas esquecem rapidamente, e a tarefa do líder é sempre lembrar e inspirar a equipe.
8. *A visão deve ser personificada pelo líder.* Toda vez que as pessoas vêem o líder, devem associá-lo com a visão que tem. E toda vez que ouvem algo a respeito da visão, a figura do líder deve vir automaticamente à mente delas. A visão e o líder devem ser inseparáveis. E o líder deve ser a personificação da visão.
9. *A visão deve ser ampla, não um plano detalhado.* Os planos detalhados tendem a ser rígidos e a confinar as idéias. Uma visão genuína não tem fronteiras e é libertadora. Uma visão é bastante flexível a ponto de suportar mudanças de condições dentro da organização e no mercado. Jack Welch, ex-superintendente da General Electric, explica essa idéia desta forma: "Tentar definir o que acontecerá em três ou cinco anos especificamente em termos qualificativos é um exercício vão. O mundo se transforma muito rapidamente, e isso é impossível. Então, o que uma companhia deve

fazer? Definir sua visão e seu destino em termos amplos, mas claros".

10. *A visão deve ser difícil — até mesmo parecer impossível — de ser alcançada.* A visão que esteja ao alcance da mão de uma organização não é visão. É apenas um objetivo. Não é necessário haver liderança visionária para dizer: "Vamos escalar aquela montanha ali". Um verdadeiro líder e visionário diria: "Vamos escalar o monte Everest, e quando chegarmos lá, daremos uma grande festa no topo do mundo!". A verdadeira visão deve ser intimidante em sua abrangência e empolgante em sua ousadia.

Não esqueça de celebrar!

Visão é uma palavra realmente importante que se tornou de sentido vago, em anos recentes, em virtude de ter sido usada em excesso, além de não ter sido bem compreendida. Alguns acham que *visão* é meramente outra palavra para expressar *percepção, compreensão* ou *previsão.* Mas não para mim, pois essa palavra é muito mais poderosa que isso. A verdadeira visão é um retrato ousado, intimidante e surpreendente de um futuro possível. Quando as pessoas têm o primeiro encontro com a visão de um líder, devem ter, por um momento, a sensação de choque e deslumbramento.

A visão mais eficaz e poderosa envolve não apenas imaginação visual, mas *todos* os sentidos. Por exemplo, não apenas *visualizar* o time segurando a taça, mas *escutar* os gritos e aplausos, *sentir* o brilho acolhedor do triunfo e a suave fragrância do gramado do campo. Quando todos os membros de uma equipe ou organização têm essa visão implantada em mente, ela se torna a força irresistível que leva o time em direção a um futuro bem-sucedido, da mesma forma que o ímã atrai o ferro. Assim como o ferro é atraído para o ímã, as pessoas se unirão quando reunidas pela visão de um chamado superior de elevado propósito, a qual pode ser poderosamente expressa em termos visuais e emocionais.

A visão dá a toda equipe algo grande e empolgante a ser conquistado e celebrado. Todos os membros da equipe estarão na expectativa do dia em que poderão ter uma festa, abraçar uns aos outros e dizer: "Nós conseguimos!". E, literalmente, o líder deve dar uma festa, fazer uma verdadeira celebração assim que a visão for alcançada. E o momento de coroação daquela festa deve incluir a revelação da visão seguinte, ainda maior! Não esqueça de celebrar!

Os Estados Unidos testemunharam um profundo exemplo de liderança visionária em 25 de maio de 1961. Naquele dia, o presidente John F. Kennedy discursou no Congresso e revelou uma visão corajosa, audaciosa e aparentemente impossível: "Acredito que esta nação deve comprometer-se para alcançar o objetivo de levar um homem à Lua e de retorná-lo seguramente à Terra antes do fim desta década. Nenhum projeto espacial nesse período será mais importante para a humanidade ou para a exploração posterior do espaço; e nenhum será tão difícil de ser alcançado nem tão caro. [...] Mas, em um sentido muito real, não será apenas um homem que vai à Lua. Se abraçarmos essa idéia, a nação toda alcançará a Lua. Pois todos nós precisamos trabalhar para levar esse único homem à Lua".

Observe os elementos da visão do presidente Kennedy. Ela tem um componente visual poderoso; em suas palavras simples, podemos realmente *visualizar* um homem com roupas espaciais ali na superfície hostil e sem oxigênio da Lua. Depois podemos também imaginá-lo retornando seguramente à Terra. Essa é uma visão desafiadora e difícil. O presidente Kennedy afirmou claramente: "Nenhum outro projeto espacial [...] será tão difícil de ser alcançado nem tão caro". É uma visão que exige sacrifício e compromisso de toda nação, não apenas de alguns indivíduos: "Pois todos nós precisamos trabalhar para levar esse único homem à Lua".

Os líderes algumas vezes temem apresentar um desafio muito grande; temem pedir muito de seus seguidores. Mas a verdade é que equipes e organizações *querem* ser desafiadas; estão *dispostas* a sacrificar e a trabalhar arduamente, a fim de atingir objetivos grandiosos. Quando o presidente Kennedy verbalizou sua visão de um homem na Lua, a nação respondeu. Embora o presidente Kennedy não tenha vivido para ver seu sonho realizado, sua visão ousada tornou-se realidade em 20 de junho de 1969 — seis meses antes do limite estimulado: "antes do fim desta década".

John Whitehead, presidente do Rutherford Institute, lembra-se vividamente de como ele foi inspirado pela liderança visionária do presidente Kennedy: "Lembro-me com clareza do discurso inaugural do presidente, em janeiro de 1961. Ele disse: 'A tocha foi passada para a geração seguinte de estadunidenses'. Ele pedia sacrifícios idealistas e exigia isso dos estadunidenses: 'Não pergunte o que seu país pode fazer por você, mas o que você pode fazer por seu país'. Nós, os jovens daquela época, respondemos ao chamado e nos inspiramos com a visão dos Estados Unidos que Kennedy nos deu em nosso envolvimento cívico e social para o benefício da nação. A esperança para viver em um país melhor continua a motivar minha vida e meu trabalho. Penso sobre aquela visão hoje sempre que encorajo os jovens a tomar posição em favor do que acreditam".

Onde não há visão o povo perece

À medida que nós, pais, treinamos, educamos e aconselhamos os jovens líderes, a questão da visão é duplamente importante. Precisamos ensinar e encorajar os jovens líderes a serem visionários — e precisamos modelar a liderança visionária. Um dos sonhos mais importantes a estimular nesses jovens líderes é a visão de si mesmos como líderes. Devemos ajudar esses jovens a ver o que eles podem se tornar e o que são capazes de conquistar.

A. J. Smith, gerente geral do San Diego Chargers, franquia da NFL, relatou-me: "Meu pai, Raymond Smith, implantou em mim, na mais tenra idade, a visão de que eu seria um líder. Sempre me disse para ficar à frente, nunca atrás. Ele dizia:

— Se você está em uma equipe, seja o líder, seja o capitão.

Vezes sem-fim, instruía-me:

— Trabalhe arduamente e seja confiante. — Afirmava que as pessoas respeitam e admiram alguém que trabalha muito, demonstra confiança nas próprias habilidades e se dá bem com as pessoas no ambiente de trabalho. Quanto mais o tempo passa, mais eu percebo que tudo o que ele tentou me ensinar era verdade".

A. J., enquanto jogador da NFL, teve como treinador e mentor o grande treinador do Buffalo Bills, Marv Levy, que conseguiu com que o Buffalo Bills fosse campeão quatro vezes consecutivas. Contou-me sua experiência como atleta: "Profissionalmente, nesses 25 anos em que estive envolvido com o futebol, Marv Levy é o homem que mais admiro e respeito, Esse treinador era um líder visionário, não apenas o líder de uma equipe, mas de toda a organização do Bills".

A. J. não é a única pessoa que considera Marv Levy um líder visionário. Bill Polian, presidente do Indianapolis Colts, que já trabalhou junto com Levy como dirigente do Buffalo Bills, afirma: "Marv Levy é um dos maiores líderes desse esporte que já conheci. Ele tem uma visão incrível para o time e para o que os jogadores se tornarão, além de ter magnífica habilidade de articular essa visão". Levy certa vez declarou: "Um grande treinador de futebol tem visão para ver, fé para crer e coragem para fazer — e Brett Favre para jogar na zaga".

A. J. Smith recorda-se: "Observar o treinador Levy, escutá-lo e aprender com ele deu-me uma visão, em primeira mão, do que é necessário para ser líder e de como agir como líder. Ele estimulava em todos nós o respeito por fazermos parte de uma equipe. Ele nos deu uma visão, descreveu a vitória e o que sentiríamos com ela, e também nos disse que, se trabalhássemos arduamente e cooperássemos, teríamos sucesso. Seria difícil nos derrotar. Todos nós acreditamos nele, o respeitávamos e o seguíamos. Tenho orgulho de dizer que fiz parte do time desse treinador durante os anos de glória do Buffalo Bills".

Creio que há basicamente duas formas de motivar as pessoas a alcançar um objetivo. Uma delas é positiva, e a outra, negativa. A forma positiva de motivar as pessoas é com uma visão. E a forma negativa, com medo e punição. Chefes e ditadores motivam as pessoas por meio do medo e da punição. Líderes motivam as pessoas com uma visão brilhante e otimista do futuro.

Jack Canfield, co-autor da série *Canja de galinha para a alma* [de Jack Canfield e Mark Hansen, Editora Ediouro] aprendeu a importância da liderança visionária quando ainda era bem pequeno. Na adolescência, foi patrulheiro líder de seu grupo de escoteiros. Ocupou posição de liderança na escola militar que freqüentou. Foi presidente do grupo de jovens em sua igreja, em Ohio. Ali, seu líder, certa vez, o pôs de lado e deu uma visão de seu futuro ao dizer ao jovem Jack Canfield: "Você é um jovem extraordinário e tem um grande potencial de liderança".

Conforme Jack me contou: "Meu treinador de futebol na escola militar foi Eugene Lamone, que jogava pela Universidade da West Virginia. Esse treinador ensinou-me a importância da liderança visionária. Acreditava que uma equipe tinha o melhor desempenho quando os jogadores estavam se divertindo. Não queria que entrássemos em campo sentindo medo ou qualquer tipo de pressão. Queria que nos divertíssemos e que tivéssemos uma visão da vitória: 'Se liderar as pessoas por meio de uma visão, não tem de comandá-las pelo medo'. Jamais me esqueci disso".

O reverendo Bruce Chesser, líder da Primeira Igreja Batista de Geyer Springs, em Little Rock, afirma: "A Bíblia diz: 'Quando não há visão o povo não tem freio'. As palavras 'não tem freio' são muitas vezes traduzidas por 'se desvia', 'se corrompe'. As pessoas precisam de liderança visionária em todos os aspectos da vida — em casa, na igreja e na nação. Uma organização ou sociedade sem uma visão — e sem um líder para articular essa visão — está em maus lençóis. A ausência de liderança visionária produz o caos. Essa é a razão por que os jovens precisam dar um passo a frente, ter sonhos para um futuro mais promissor, a fim de que possam se tornar líderes e propulsores desses sonhos. Sem uma visão, sem liderança, as organizações e as sociedades ficam fora de controle e perdem o freio.

"Foi isso o que aconteceu quando Moisés subiu o monte para receber os Dez Mandamentos de Deus. Quando Moisés estava no monte, não havia liderança para o povo acampado aos pés dele. A Bíblia diz que quando Moisés retornou, descobriu que as pessoas estavam totalmente 'sem freio'. A Bíblia usa nesse texto exatamente a mesma palavra utilizada neste Provérbio: 'Quando não há visão o povo não tem freio'. Em outras palavras, onde não há liderança visionária, as pessoas não têm freio.

"Portanto, precisamos treinar jovens para pensar sobre o futuro em termos visionários. Precisamos encorajá-los a ter grandes sonhos sobre um futuro melhor. Precisamos educar jovens líderes visionários. O que existe para eles? Tudo! Se Deus os escolheu para a liderança, se Deus os pôs em uma posição que pede que sejam líderes, eles terão satisfação em saber que estão cumprindo o plano de Deus para a vida deles. Não há maior satisfação na vida do que fazer o trabalho que Deus nos criou para fazer".

Uma palavra final de cautela sobre a visão, proferida pelo reverendo Mike Schirle, líder sênior da Igreja Batista de Orlando, lembra que: "Como líderes adultos, nossa tendência é impor nossa visão aos jovens em vez de permitir que eles tenham seus sonhos e persigam suas visões".

Mike prossegue com suas idéias: "Jamais devemos esquecer que todos nós temos talentos distintos, e que Deus tem um plano e uma visão únicos para cada indivíduo. Nunca devemos tentar realizar nossos sonhos frustrados por meio de nossos filhos. Eles têm a vida deles e os próprios sonhos a realizar. Se quisermos criar jovens líderes visionários, precisamos dar um passo atrás, tirar as mãos da direção para permitir que eles direcionem sua visão. Ao treinar jovens líderes, é preciso permitir que eles liderem e que sonhem os próprios sonhos, mesmo quando esses não são os nossos".

O mundo precisa desesperadamente de mudança, e apenas líderes de visão podem realmente mudar o mundo. Jovens líderes com visão otimista e criativa e com os próprios planos para produzir mudanças são aptos a inspirar sua geração a construir um futuro mais brilhante a partir da matéria-prima de hoje.

A seguir, examinaremos a segunda dimensão crucial da grande liderança: habilidade para comunicar de maneira eficaz e persuasiva.

Capítulo 6

Segunda chave: ser um comunicador

De acordo com a obra *O livro das listas*, de David Wallechinsky e Amy Wallace [Editora Record], o temor número um das pessoas é o de falar em público. De maneira surpreendente, o medo da morte está em sétimo lugar na lista. Acredito nisso por causa de minhas experiências anteriores de falar em público na sala de aulas. Quando menino, morria de medo de falar em público. Lembro-me vividamente do suor nas palmas das mãos, do coração acelerado, da náusea e da respiração acelerada. Digo-lhe que ficava literalmente doente ao ter de me pôr em pé diante de meus colegas de classe e falar!

Hoje, minha vida é falar em público. Faço mais de cem palestras por ano e já realizei, literalmente, milhares de palestras na vida. Portanto, fico surpreso ao recordar como meus joelhos tremiam e minha voz falhava quando fiz meu discurso de 3 minutos na aula de inglês da srta. Bullard, na primeira série do ensino médio. Ela permitia que tivéssemos apenas um cartão de 7,5 x 12,5 centímetros para nossas notas. Bem, escrevi minha palestra, palavra por palavra, com uma letra tão miúda que um mosquito precisaria de óculos para lê-las. Fiquei de pé em frente à classe, olhei para meu pequeno cartão indicador... e não consegui ler nem uma palavra. Desnecessário dizer que meu discurso na primeira série do ensino médio foi um desastre total. É de surpreender como eu tive coragem de fazer outra palestra!

Em meu primeiro ano na Universidade Wake Forest, saí da concha. Até hoje, não sei o que trouxe essa mudança. Sempre admirei comentaristas esportivos de rádio e desejava secretamente fazer o que eles faziam. Por fim, fui à estação de rádio do *campus* e pedi para o gerente, dr. Julian Burroughs, se poderia tentar ser o locutor. Ele concordou em dar-me uma chance e designou-me para transmitir um jogo de basquete de calouros e para conduzir um *show* de entrevistas sobre esportes. De repente, o menino que não conseguia nem ler as anotações em um cartão de 7,25 x 12,5 centímetros comunicava-se com milhares de ouvintes de rádio (Está bem, provavelmente eram apenas algumas dúzias de ouvintes... Mas, na época, eu achava que eram milhares...)

O dr. Burroughs deu-me bastante liberdade para comandar meu *show* de entrevistas como quisesse. Delineei o formato do programa, dispus os convidados, selecionei os temas musicais — empenhei-me de corpo e alma naquele *show*. Às vezes, eu trazia os convidados ao estúdio para a entrevista e, às vezes, eu gravava as entrevistas em locações externas. Meus convidados iam desde treinador e jogadores da Wake Forest a nomes famosos, como Ted Williams (meu ídolo do basquete!), o grande golfista Arnold Palmer, as lendas do beisebol Harmon Killebrew, Jim Gentile e Roger Maris (aquele foi o ano em que Maris estabeleceu o recorde de 61 *home runs* — *aquele* era um *show* e tanto!) e o evangelista Billy Graham, nosso pregador da semana (o dr. Graham é um ávido fã de esportes e deu-me uma de minhas melhores entrevistas).

No processo de fazer o *show* de rádio, aprendi muito a meu respeito. Descobri que encarar o desafio que me assustava (e, sim, eu ainda sentia-me desconfortável com a idéia de falar em público) aumentava minha segurança... e eu me divertia! Contudo, também descobri algo que não foi muito divertido: às vezes, seja o for que você tente realizar, há pessoas que tentam desanimá-lo e desencorajá-lo.

Depois de minha primeira transmissão na rádio, voltei para meu quarto e encontrei um bilhete sobre a minha cama. Meu companheiro de quarto deixara o bilhete que dizia: "Eu tentei, mas não sou locutor". Ai!

Talvez ele tentasse dar-me algum alerta amigável do tipo: "Não se iluda, Pat. Você é péssimo, portanto, evite o embaraço e desista agora". Ou talvez o camarada estivesse um pouco enciumado por eu ter realizado algo no programa de rádio. Qualquer que fosse o motivo dele, aquilo doeu. Depois de todos esses anos, ainda lembro-me de como aquilo me feriu.

Mas preciso dizer que aquele bilhete foi um motivador importante em minha vida! Lembro-me de ter pensado: *Quer dizer que eu não sou locutor? Bem, mostrarei a ele!* Aprendi uma lição que é importante gravar nos jovens líderes que ensinamos e mentoreamos: sempre que resolver realizar alguma coisa, espere que as pessoas tentem diminuí-lo, desencorajá-lo e minimizar suas realizações. Não deixe que o impeçam de continuar. Apenas as ignore e siga em frente. Isso é o que os líderes fazem.

O programa de rádio transformou-me em uma espécie de celebridade no *campus*, e isso aumentou minha segurança para falar em público. Estudei retórica em minha juventude e, mais tarde, quando mais maduro, meu professor, James Walton, ensinou-me práticas que ainda me são úteis hoje. Provavelmente, aprender a comunicar-me diante de grupos foi o fator número um para tornar-me um líder.

Comunicação: alavanca para a transformação

Em 1922, nasceu George McGovern, filho de um ministro metodista. Quando era universitário, foi presidente da classe e venceu uma competição estadual de oratória com uma palestra intitulada *My Brother's Keeper* [*O Defensor de Meus Irmãos*], que versava sobre o que ele acreditava ser nossa responsabilidade em relação ao próximo e à humanidade. Ele teve de interromper seu curso universitário por causa da Segunda Guerra Mundial para servir na Aeronáutica, pilotando o B-24, bombardeiro pesado, e, graças a sua atuação, foi condecorado.

Em 1956, perdeu a primeira eleição da qual participou para o Senado dos Estados Unidos. O presidente John F. Kennedy indicou-o para ser o primeiro diretor do Programa Alimento para a Paz. Em 1962, foi eleito senador, sendo reeleito em 1968 e em 1974. Em 1972, o senador McGovern não obteve sucesso em sua campanha para candidato a presidente pelo Partido Democrata.

O senador McGovern contou-me: "Minha professora de inglês do ensino médio disse-me que eu tinha talento para a expressão literária e a retórica. Apresentou-me para treinador de debates do ensino médio, o que me transformou de estudante um tanto tímido e reticente em palestrante público mais confiante e persuasivo.

"O grande orador romano, Marcus Fabius Quintilian, definiu o orador como 'um homem bom que fala bem'. Primeiro, você precisa tornar-se um homem bom antes de ser tido como um bom palestrante. Assim como acontece com outras atividades, um bom professor é uma pessoa boa que ensina bem. O bom treinador é a pessoa boa que treina bem. O bom pai, ou mãe, é a pessoa boa que cuida bem dos filhos. Torne-se uma pessoa boa e um bom palestrante e use sua habilidade para ajudar os outros a serem pessoas melhores. Uma boa vida é sua recompensa".

Se a primeira tarefa de um líder é ter grandes sonhos, a tarefa seguinte é enfrentar o desafio de transmitir essa visão à equipe ou organização. Não basta apenas apresentar a visão. O líder tem de, com vigor e persuasão, vender sua visão, para que sua visão individual torne-se a visão do grupo. O líder tem de ser capaz de estimular, inspirar e motivar todo o grupo para que incorpore sua visão. Um líder, para tornar-se um palestrante eficaz, tem de aprender algumas técnicas para prender a atenção da audiência e persuadi-la a agir — técnicas de contar histórias, usar metáforas e analogias, gesticulação e variação no tom de voz, combinando fala e recursos visuais como vídeos ou *PowerPoint*.

Nas centenas de entrevistas que fiz para este livro, surpreendi-me com a quantidade de pessoas que disseram que o fato de se tornarem palestrantes alavancou sua transformação em líderes.

Por exemplo, o dr. Richard E. Lapchick, diretor do Programa de Administração de Negócios Esportivos DeVos, da Universidade Central da Flórida, disse-me: "Percebi, quando retomei meus estudos na escola de ensino médio, que tinha habilidade para liderar. Aquele verão, saíra de casa pensando em jogar basquete, mas, em vez disso, viajei para a Europa. Quando voltei, era uma pessoa diferente. Contei a meus colegas sobre minha visita a Dachau, o campo de concentração nazista, e o tremendo impacto que isso teve em minha vida.

"Descobri que os outros estudantes prestavam muito mais atenção em mim quando lhes falava de coisas sérias e de valores do que quando eu fazia um mero arremesso à distância. Foi a primeira vez em que percebi que seria capaz discutir assuntos sérios, e as pessoas ouviriam.

"Ao mesmo tempo, vi a influência que os porta-vozes e os líderes de movimentos de direitos civis tinham no mundo. Fui impactado, em especial, por líderes como Martin Luther King, Malcolm X, César Chavez, Nelson Mandela e Robert Kennedy.

"Como o aluno mais velho do ensino médio, convidaram-me a fazer o discurso de abertura da cerimônia de graduação. Esperava-se que eu saudasse os graduandos e as famílias e sentasse em meu lugar. Como já estivera em outras cerimônias de graduação, sabia que nessas ocasiões, normalmente, esse momento era, no mínimo, memorável. Decidi falar sobre racismo e movimentos de direitos civis.

"Faltavam alguns meses para a embaraçosa passeata em Washington marcada para o verão de 1963. Havia muita apreensão em toda a nação sobre o que aconteceria. Falei sobre como todas as etnias poderiam trabalhar juntas utilizando o modelo dos esportes. Meu pai era treinador de basquetebol, e meu amigo Lerroy Ellis jogava em seu time. Lerroy tinha 2,10 metros de altura e participou da cerimônia de formatura.

"Fiz meu discurso, e os presentes não sabiam como reagir até que aquele homem de mais de 2 metros de altura se levantou e começou a aplaudir-me de pé. Alguns segundos mais tarde, o resto da platéia se juntou a ele e aplaudiu também de pé. Naquele momento, compreendi que o poder da fala representa o poder de influenciar — e o poder de liderar".

Bobby Cox é o dirigente que mais obteve vitórias na história do time Atlanta Braves. Desde 1990, levou o Braves a conquistar doze títulos de divisão. Disse-me ele: "Você tem de ter boa habilidade de oratória para liderar. Líderes são pessoas que persuadem os outros, e isso quer dizer que precisam ser capazes de comunicar entusiasmo para seus ouvintes. Todo estudante deveria receber aulas de oratória".

Vini Jacquery, fundador da International Reach, tornou-se orador ainda muito jovem e transformou sua habilidade de comunicação em uma oportunidade de influenciar com sua fé os mais altos escalões do governo. Declarou-me: "Desde a mais tenra idade fui rodeado por adultos dispostos a compartilhar seu mundo e suas idéias comigo. Eles forneciam oportunidades para que eu praticasse e treinasse minha habilidade de oratória.

"Quando eu tinha 12 anos, moramos em São Paulo, no Brasil, e meus pais me levaram a um congresso de uma semana liderado por um orador estadunidense. Eu era o mais jovem presente naquele evento, um congresso muito disputado e voltado para adultos. O enfoque do encontro era o desenvolvimento pessoal e os relacionamentos saudáveis, e esse tema estimulou meu interesse por psicologia e educação.

“Minha mãe ensinava religião nas escolas públicas, portanto pedi a ela que me ajudasse a aprender a ensinar. Aos 15 anos, praticava minha habilidade em oratória apresentando palestras aos membros de minha família, enquanto utilizava a televisão da sala como apoio para meus papéis e livros. Aos 17 anos, todas as sextas-feiras apresentava palestras sobre Bíblia e espiritualidade a alunos do ensino médio em muitas regiões da cidade de São Paulo. Aos 19 anos, apresentava palestras em cidades e instalações militares no Brasil todo e também participava de debates na televisão. Aos 21 anos, já apresentava palestras em mais de quatrocentas igrejas por todo os Estados Unidos e, depois, em outros países, como Espanha, Portugal, Chipre, Grécia, Itália e Holanda.

“Acredito que uma das melhores maneiras de encorajar os jovens a liderar é expondo-os aos eventos, às idéias e às pessoas. Leve seus filhos com você. Leve-os a todos os lugares! Exponha-os ao que você faz no trabalho. Responda às perguntas deles, encoraje-os a ouvir, a falar e a contribuir! Temos a tendência de deixar as crianças à parte para que fiquem apenas com outras crianças, mas o que uma criança de 10 anos pode aprender com outra criança de 10 anos? Em jantares e reuniões, em vez de pôr as crianças em uma mesinha separada, devemos deixá-las na mesa dos adultos para que participem da conversa. Devemos encorajar o jovem a escutar, a aprender, a comunicar e a liderar”.

Adam D. Witty, fundador do TicketAdvantage.com, uma companhia inovadora que faz contatos entre quem tem entradas para vender aos que querem comprar ingressos para os mais variados eventos (esportivos, culturais e outros). Adam contou-me que, no início de sua jornada como empresário (e como ele é jovem, isso não faz muito tempo!), encontrou-se com o superintendente de uma grande construtora da Carolina do Sul. Ele prossegue:

"Antes de sair do escritório dele, perguntei-lhe se tinha algum conselho sábio para compartilhar comigo. Ele falou palavras muito profundas que jamais esquecerei: 'O mundo pertence ao vendedor que tem habilidade de liderança'. Até hoje, aquelas palavras estão em um quadro sobre minha mesa de trabalho.

"A habilidade de liderar depende da habilidade de vender idéias, de comunicar a visão e de obter resultados por meio das pessoas. Portanto, se quisermos encorajar jovens a se tornarem jovens líderes, precisamos ajudá-los a se tornarem comunicadores confiantes, de modo que vendam sua visão e suas idéias de maneira eficaz. Se você é pai, precisa perguntar a si mesmo: 'Meu filho gosta de falar ou de se apresentar em público? Meu filho gosta do desafio de convencer os outros a seguir sua liderança? Meu filho está disposto a ultrapassar e ir além daquilo que se espera dele?' Se a resposta for afirmativa, então você tem uma criança que demonstra os aspectos essenciais para a liderança. Se a resposta for negativa, ainda há tempo para encorajar e treinar essas qualidades.

"Acima de tudo, encoraje as crianças a falar em público, desde a oração de agradecimento à mesa de jantar até juntar-se a um grupo de discussão na escola. Ajude-as a descobrir o prazer de ver sorrisos na face de seus ouvintes e da confiança que se adquire ao perceber isto: 'Estão sorrindo por causa das palavras que acabei de dizer!'. A habilidade para falar diante de uma audiência é fundamental para a liderança".

Clyde McCoy, com título de doutorado, é diretor do Departamento de Epidemiologia e de Saúde Pública da Universidade de Miami. Ele conduz uma pesquisa na área de abuso de drogas por adolescentes e de redução do risco de contaminação por Aids realizada junto a viciados crônicos em drogas e jovens menores infratores. Dr. McCoy pastoreou duas igrejas em Ohio, obteve cinco diplomas em Cincinnati, deu aula nas Universidades de Kentucky e de Cincinnati, e depois seguiu carreira por trinta anos na Universidade de Miami. Ele não é apenas professor nessa universidade, mas também representante do departamento esportivo e trabalha com jovens atletas, dirigindo um dos programas de esportes universitários mais importantes da nação. Claramente, tem uma importante carreira como líder e deve todas suas realizações ao fato de, muito cedo, ter descoberto e desenvolvido seu talento para oratória.

Ele me contou sua história: "Cresci em Appalachia e comecei a trabalhar aos 9 anos — idade em que fui batizado e parei de fumar. Meu pai era mineiro, e ele e minha família também tinham um armazém. Eu recolhia os pedidos de manhã antes de ir para a escola e depois os entregava à noite e aos sábados. As noites de domingo e de quarta-feira eram reservadas para a igreja.

"Como cresci na igreja, comecei a fazer palestras por volta dos 13 ou 14 anos. Era um líder ativo nas reuniões de jovens e na escola, onde em geral era eleito representante disso ou presidente daquilo. Era escolhido para papéis de liderança por demonstrar amor pelas pessoas, por ser um bom comunicador e por conseguir chegar a consensos em relação às necessidades do grupo.

"Quem cresce na região das montanhas, de fato só tem dois tipos de modelos a seguir: os ministros e os professores, as pessoas que pregam e as que ensinam. Portanto, os modelo de liderança que observava diariamente era o da palavra, o da oratória. Eu aspirava copiar esses modelos, o que explica a razão pela qual sou ministro e professor.

"A pessoa que mais me influenciou, encorajando minha habilidade de oratória, foi a esposa do ministro de uma igreja que eu freqüentava. Ela era líder de nosso grupo de jovens e logo me escolheu para ser um jovem líder. Acabara de mudar para a cidade, proveniente das montanhas, e aquela esposa de ministro foi capaz de ver além da imagem estereotipada que eu apresentava: a de um garoto do interior com dificuldades para se ajustar. Ela me encorajava a falar diante do grupo e levou-me a fazer palestras na igreja. Lembro-me de que ela me orientou em meu primeiro sermão e escreveu nas anotações que fizera: 'Respire profundamente, fale sem pressa e escolha uma pessoa que esteja escutando para olhar'. O conselho dela realmente funcionou para mim, e logo passei a me sentir bastante confortável para falar em público. Os jovens precisam de mentores, como essa esposa de ministro, para encorajá-los, dar-lhes oportunidades e fortalecer a confiança deles, a fim de que sejam capazes de liderar."

O líder David Self, da Primeira Igreja Batista de Houston, agradece a seu pai e ministro por estimular sua habilidade de liderança. David Self, assim como Don Miers, percebeu pela primeira vez a importância da oratória como habilidade de liderança quando fez uma palestra durante uma campanha para um departamento estudantil do governo. Ele recorda: "Quando eu tinha 12 anos, papai pregou um sermão sobre a utilização de nossos talentos. Eu não tinha inclinação musical, portanto não achava que tinha talentos. Papai explicou-me que há muitos tipos de talento e contou-me sobre o tipo de talento que ele via em mim:

— David, você é um líder. Vejo garotos seguindo você onde quer que vá. Deus lhe deu uma grande responsabilidade. Certifique-se de usar seus talentos para Deus.

"Desse momento em diante, passei a compreender que Deus esperava que eu liderasse as pessoas para ele.

"Quando estava para me graduar, concorri ao cargo de representante da classe. No primeiro dia da campanha, as paredes da escola estavam cobertos de pôsteres e cartazes bastante profissionais. Estava ocupado demais com a liderança dos jovens da igreja, mais do que com os outros papéis de liderança que tinha, e não tinha tempo, talento e nem organização para produzir meus próprios pôsteres.

"No dia da assembléia em que os candidatos apresentavam seus discursos, levantei-me e disse: 'Provavelmente vocês perceberam que não preguei nenhum pôster ou cartaz por aí. Não entreguei nenhum panfleto nem qualquer outro material de propaganda de minha campanha. Isso porque estamos para nos formar e já nos conhecemos. Vocês sabem quem eu sou e que eu represento princípios cristãos. Portanto, quando forem para as urnas votar, devem perguntar a si mesmos se votarão em um pôster ou em uma pessoa'. A classe tinha mais de oitocentos alunos e votou em mim em peso, sem que fosse preciso haver desempate. Jamais esqueci a lição daquele dia: a habilidade de comunicação é fundamental para a habilidade de liderar".

A confiança para comunicar-se

A adolescência é um período difícil para a maioria das crianças. Têm de lidar com profundas mudanças. O trabalho escolar fica mais difícil. (Quantos de nós, adultos, temos de enfrentar um desafio tão complicado como o de aprender cálculo ou química?) Os hormônios estão em ebulição, e os relacionamentos ficam mais complexos. Têm de lidar com aparelhos para os dentes e com um físico ainda não bem formado. A auto-estima deles sofre grandes reveses diários — e ainda queremos que se tornem líderes! Queremos que fiquem de pé e falem em frente de uma audiência! Não estamos pedindo demais deles?

Não. Pois no processo de estruturá-los como líderes também estaremos fortalecendo a confiança deles para que lidem com muitos desafios que a vida lhes apresenta. Ao ganhar confiança e equilíbrio em uma área, isso se transfere para todos os demais setores da vida. A confiança para se comunicar torna-se a confiança para liderar e para enfrentar os muitos desafios e testes de caráter inevitáveis que enfrentarão.

Mark Atteberry, líder da Igreja Cristã de Poinciana, em Kissimmee, na Flórida, contou-me sobre uma experiência de falar em público no início de sua vida que praticamente destruiu sua confiança de forma definitiva: "Tinha 19 anos e fazia meu segundo sermão. Foi o primeiro sermão que preguei em minha igreja, portanto, nem é preciso dizer, eu estava uma pilha de nervos. Devo reconhecer que meu sermão era bastante breve no que dizia respeito à teologia (aos 19 anos eu não conhecia muita teologia) e extremamente longo em histórias (eu tinha muitos bons livros com ilustrações de sermões).

"O tema era bastante simples: o mundo sempre estará em contradição com os valores cristãos. Nada profundo, mas foi o melhor que pude fazer aos 19 anos. Em algum momento do sermão, comecei a comparar minha experiência em uma faculdade secular com minha experiência em uma faculdade bíblica e descrevi como um professor de ciência ateu me ridicularizou por eu acreditar no relato da criação da Bíblia.

"Enquanto estava contando essa história, um homem ficou de pé. Ele levantou os braços e interrompeu-me no meio de uma sentença, dizendo:

— Pode parar por aí!

"Eu parei, emudecido. Jamais vira alguém protestar contra um sermão antes e não tinha a menor idéia de quem aquele homem era. Depois fiquei sabendo que ele era supervisor de escolas da região, um educador dedicado:

— Desculpe-me — ele disse —, mas não posso ficar sentado aqui e escutar alguém menosprezar a educação pública!

"A seguir, começou a me ensinar como se eu tivesse 7 anos. Eu queria sumir.

"Felizmente, o pastor da igreja ficou de pé, na primeira fileira, e interveio em meu favor. Após algumas palavras duras, os dois homens se sentaram, e foi-me dado um sinal para que eu continuasse. Terminei o sermão o mais rápido que pude e, depois, fui sentar sentindo-me completamente humilhado".

"Naquela noite, decidi que não havia nascido para pregar e tomei a decisão de buscar outras opções de vida profissional. Não conseguia me imaginar pregando de um púlpito novamente. Sou grato a alguns amigos e aos professores da faculdade bíblica que me deram apoio, que conversaram e oraram comigo e que reestruturaram minha confiança a ponto de eu ser capaz de enfrentar aquela situação novamente. Depois dessa experiência, quando enfrentei o púlpito pela primeira vez, estava totalmente apavorado. Contudo, consegui fazer toda a pregação sem que ninguém se levantasse para protestar contra meu sermão, e prossegui nessa jornada. Tenho 47 anos hoje e prego todos os domingos há, pelo menos, 28 anos.

"Eis aqui a lição: um comentário impensado e impulsivo a um líder em potencial pode ser o suficiente para destruir a confiança de um jovem, e o potencial de liderança daquele jovem estará perdido para sempre. A confiança é um benefício muito frágil, especialmente nos jovens. Uma das tarefas mais importantes para nós, pais, professores e conselheiros, é alimentar a confiança de modo que o jovem dê um passo a frente e lidere de forma ousada. Minha vida de ministro foi salva por aquelas pessoas que trataram amorosa e pacientemente minhas feridas emocionais e deram-me a coragem para voltar ao púlpito e tentar novamente".

Ajudar jovens líderes a vencer o medo de comunicar-se

O que os jovens mais temem quando têm de falar em público? Para alguns, é o medo do embaraço que sentirão. Temem fazer ou dizer algo tolo que leve os outros rir deles. Para outros, o principal responsável é o medo de errar. Temem deixar os ouvintes entediados ou perder o fio da meada e esquecer o que queriam dizer. Outros ainda temem a rejeição: "Todo mundo vai me odiar", ou: "E se as pessoas odiarem o que eu tenho a dizer?". Junte esses temores ao fato de que a maioria dos jovens enfrenta problema de auto-estima e simplesmente não gosta de ser o centro das atenções e perceberá por que é difícil motivar os jovens a se apresentarem para falar em público.

Eis aqui doze dicas para falar em público que você pode compartilhar com o jovem a quem treina e aconselha. Apliquei estes princípios em minha experiência como palestrante e posso garantir que ajudam a fortalecer a confiança e a competência de um jovem líder.

1. *Seja organizado e prepare-se.* Metade da batalha para falar confiantemente é saber que não lhe faltarão palavras. Sua apresentação tem de ser organizada, deve

ter boas histórias para contar e conhecer tão bem seu material a ponto de não se preocupar em perder o fio da meada, além de ter boas anotações.

2. *Seja simples.* Limite seu esboço a três pontos importantes. Depois de sua história de abertura, apresente aos ouvintes aqueles três pontos, para que saibam o rumo que está tomando. Na conclusão, recapitule aqueles três pontos para que eles saibam toda a trajetória de sua palestra. Seja simples e faça um esboço claro de sua apresentação, aspectos que podem tornar a sua palestra mais memorável, compreensível e persuasiva.
3. *Prepare anotações simples, não um roteiro escrito.* Não escreva o discurso palavra por palavra; jamais leia um texto. Antes, à medida que você faz suas anotações, use frases breves, palavras-chave, símbolos e gravuras para ajudar sua memória a respeito de cada ponto. Em vez de apresentar um discurso muito bem ensaiado, apenas converse com seus ouvintes.
4. *Relaxe.* Ao falar, utilize um estilo informal, amigável e improvisado. Você deixa seus ouvintes à vontade quando está à vontade. Não fique preso à tribuna, pegue o microfone e caminhe pelo palco, ou desça até onde seus ouvintes estão.
5. *Torne-se um bom contador de histórias.* As histórias prendem a atenção, criam imagens mentais, ilustram princípios de forma teatral e tornam sua mensagem inesquecível. Ken Blanchard, guru em liderança, afirma: "A melhor maneira de aprender é por meio de histórias. Sei disso pela forma como as pessoas reagem a minhas histórias em minhas aulas. As histórias permitem que

os ouvintes e os leitores se identifiquem, assumam a posição dos personagens e aprendam com eles. Isso torna o aprendizado fácil e agradável". Quando falo diante de grupos, mantenho um olho em meus ouvintes. Se começo a ver as pessoas bocejarem ou olhar o relógio, sempre uso uma frase para prender a atenção delas: "Bem, vou contar-lhes uma história...".

6. *Pratique sua apresentação.* Não memorize. Antes, conheça o esboço de seu material — os pontos principais, as analogias, as histórias. Familiarize-se com sua apresentação a ponto de ser capaz de apresentá-la sem nenhum aviso prévio — não pela memorização, palavra por palavra, mas de forma entusiástica e como se fosse uma conversação. Cronometre sua apresentação antes de fazê-la, deixando algum tempo para perguntas e respostas; se preciso, corte algum material que pensa apresentar. (Não retire suas histórias, pois são a alma de sua apresentação!)
7. *Esteja consciente do componente não-verbal de sua apresentação.* Temos a tendência de nos concentrar muito nas palavras que falamos e de esquecer que a forma de apresentá-las é tão importante quanto as palavras em si, se não mais! Evite um tom monótono — varie o tom e o volume de sua voz. Certifique-se de que todos podem ouvi-lo. Projete sua voz para que alcance a todos os presentes, inclusive os que estão sentados no fundo. Use gestos amplos — quanto maior o recinto, mais expansivos seus gestos devem ser. Evite ficar de braços cruzados, pois isso faz com que pareça nervoso e transmite a mensagem de que tem algo a esconder.

Não fale muito rápido nem muito devagar. Ande de um lugar para o outro, evite plantar-se em um só local. Faça contato visual com os ouvintes — não olhe suas notas nem olhe acima da cabeça da platéia. Lembre-se: você está conversando com a sua audiência, portanto olhe-os nos olhos. Acima de tudo, demonstre ter bastante energia e sorria!

8. *Chegue cedo.* Verifique o ambiente; familiarize-se com o sistema de som e a organização do recinto. Fique atrás da tribuna, fale no microfone, sente-se em alguns lugares distintos reservado para os ouvintes e imagine como você se movimentará pelas diferentes áreas do recinto. Depois, espere e cumprimente as pessoas à medida que elas chegam para a palestra. Misture-se com seus ouvintes antes de sua palestra e estabeleça um bom relacionamento com eles antes de iniciar sua apresentação.
9. *Jamais se desculpe por estar nervoso.* Pode se sentir muito nervoso, mas isso raramente fica aparente para a audiência. Se não mencionar o que sente, seus ouvintes jamais saberão disso — então, por que chamar atenção para esse fato? Apenas arme-se com um sorriso confiante e logo ele passará a ser algo natural. Você se sentirá genuinamente confiante — e essa confiança será transferida para sua próxima apresentação.
10. *Não se preocupe com alguns erros.* Se perder o fio da meada, não chame a atenção para isso. Faça uma pausa, respire fundo, beba um pouco de água, retroceda em sua apresentação, conte uma história e retome de onde parou para prosseguir... e *ninguém jamais saberá* que, por um

momento, você perdeu o fio da meada. Se sentir que a língua travou ou que tropeçou em alguma palavra, faça uma brincadeira a esse respeito, bastante suave, e prossiga. Sua audiência certamente gostará desse pequeno toque de humanidade. Ao lidar com seus erros sem cobrar-se demais e com senso de humor, realmente faz com que seus ouvintes se sintam relaxados e fiquem a seu lado. As pessoas não o julgam por seus erros, elas o apreciam ainda mais e se relacionam melhor com você quando pequenas imperfeições humanas vêm à tona. Uma gafe ou um erro diz a seus ouvintes: "Não sou perfeito, não sou um robô. Sou exatamente como você, um ser humano real, digno de estima".

11. *Tenha consciência da capacidade de concentração de seus ouvintes.* Não se exceda. Mantenha sua palestra apropriada para os ouvintes e o ambiente. Lembre-se, às vezes, menos é mais.
12. *Aceite perguntas.* Se você não se incomoda em ser interrompido, avise seus ouvintes que podem levantar a mão e fazer uma pergunta sobre algo que acabou de dizer. Aceitar perguntas no meio da apresentação faz com que o ambiente pareça relaxado, uma conversa informal, e isso pode ser uma boa estratégia em ambientes pequenos e mais acolhedores. Se não quiser ser interrompido durante a apresentação, e se, em especial, você estiver falando para um grupo maior, separe um tempo para perguntas e respostas no fim da apresentação. Responda às perguntas de forma breve e direta. Evite debates com alguém que discorda de você (ofereça-se para falar em particular com aquela pessoa depois da apresentação).

Esses doze princípios foram bastante úteis em minha vida de palestrante e creio que podem ajudar a edificar a liderança de jovens líderes. Encoraje os jovens a aceitar convites para falar em público e criarem as próprias oportunidades, apresentando-se como voluntários para dar palestras na escola, na igreja, no grupo de jovens, nos clubes culturais, nas organizações, nos jogos e nos eventos. A confiança cresce com a experiência.

As palavras têm poder

Stan Morrison, diretor de esportes da Universidade da Califórnia, Riverside, contou-me sua experiência: "Meus pais encorajaram meu desenvolvimento como líder ao reforçar continuamente esta mensagem: 'Você pode fazer tudo o que puser em sua mente que quer fazer', e ao reforçarem positivamente todas as minhas conquistas. John Caine, meu treinador na escola de ensino médio, também me ajudou a descobrir e a desenvolver meu potencial para liderança. Ele e meus outros colegas de time convenceram-me a candidatar-me a presidente da união dos estudantes.

"Embora minha pesquisa informal me dissesse que eu perderia as eleições, fui para a assembléia e apresentei um discurso ao corpo de estudantes que realmente os pôs em xeque, e o resultado foi que ganhei as eleições. Naquele dia, aprendi que falar em público é um aspecto crucial da liderança. É preciso ser capaz de comunicar e de persuadir para poder liderar.

"As palavras têm poder. Palavras erradas podem arrasá-lo e destruí-lo. Palavras corretas podem fortalecer e curar. Decidi muito cedo em minha vida que queria usar o poder das palavras de forma construtiva e que trouxesse cura.

"Quando estava na Universidade de Berkeley, envolvi-me com Mocidade para Cristo. Certa vez, tive a oportunidade de falar em uma reunião que envolvia a fraternidade e uma irmandade. Isso aconteceu em um sábado à tarde em uma hora e local que não eram ideais para falar sobre a fé cristã. Muitas pessoas bebiam cerveja, o local era barulhento, e ninguém queria escutar um palestrante. Eu realmente não me sentia entusiasmado por estar ali.

"Mas engoli em seco e comecei a falar. De repente, percebi que todos estavam escutando, e as pessoas realmente prestavam atenção! Pressupus que escutavam porque não poderiam acreditar que alguém teria a audácia de fazer uma apresentação religiosa naquela circunstância adversa. Quando acabei, muitos me procuraram, pois queriam conversar seriamente sobre a fé e sobre a vida. Parecia que uma cortina de quietude, bastante estranha, pairava no recinto e todos estavam incrivelmente impressionados.

"Aquela experiência, na verdade, me encheu de medo. Não estava com medo das pessoas reunidas naquele lugar. Temi o poder de minhas palavras e o incrível impacto que tiveram. Eu não tinha certeza de ser capaz de lidar com tanto poder assim. Foi uma experiência surpreendente observar como conseguia influenciar o pensamento e o sentimento das pessoas apenas ao levantar-me e falar para elas. Até hoje, ainda fico perplexo diante desse enorme poder e creio que o uso com grande cuidado e profundo senso de responsabilidade. Mas aquela experiência ensinou-me algo a respeito de mim mesmo: eu conseguia falar e liderar!".

Perguntei a Stan Morrison que habilidades os adultos deveriam procurar em jovens líderes em potencial — habilidades a ser desenvolvidas e encorajadas para tornar esses jovens palestrantes e líderes mais eficientes. Stan declarou isto: "A primeira chave para reconhecer o potencial de liderança em jovens é verificar a capacidade que têm de escutar. A seguir, deve-se checar se realmente compreendem o que ouvem. Por fim, é preciso saber se têm a capacidade de retratar imagens com as palavras que chegam até eles, daquilo que aprenderam por meio do que escutaram e observaram. Quem é capaz disso está no páreo da corrida para a liderança.

"Esses jovens sabem contar uma história e manter o interesse das pessoas? Incluem detalhes na história sem perder o contexto ou o ritmo? Se a resposta for afirmativa, então sabem a diferença entre dar uma palestra e conversar com seus ouvintes. É importante que os jovens palestrantes se sintam confortáveis diante de sua audiência e saibam como interpretar essa audiência, quer ela seja composta de uma pessoa, quer de milhares.

"Os adultos têm de aprender a influenciar o grau de moderação ou de adornos que se adiciona à história. Os jovens precisam aprender as conseqüências de não contar tudo (o que cria uma falsa impressão) ou de contar coisas não verdadeiras apenas para fortalecer a história. Precisam ser convencidos de que a honestidade, na liderança, é uma habilidade tão essencial quanto a de comunicar-se bem. Precisam compreender a importância dos valores da verdade e do comportamento apropriado que estão modelando. Ser um exemplo é a forma mais contundente de liderar, e quando ela se une à habilidade de comunicar-se bem, temos um campeão de liderança nas mãos".

No processo de trabalhar com jovens e de desenvolver jovens líderes, provavelmente encontraremos alguns jovens que, naturalmente, são palestrantes. Bob Seddon, treinador de beisebol na Universidade da Pensilvânia, relembra que, na escola de ensino médio, se sentia bastante confortável quando falava em público: "Fiz o discurso no banquete de encerramento da temporada esportiva em minha escola. Um jogador de cada modalidade esportiva deveria falar naquela noite. Fiquei tão entusiasmado que levantei e falei por uma hora. Deveria haver um alçapão debaixo de meus pés! Até hoje, aquele discurso ainda reverbera em minha mente".

Nosso desafio, com esses comunicadores natos, não é motivá-los nem fortalecer sua confiança. Já estão preparados e prontos para falar a qualquer momento. Com esses jovens, nosso desafio é ajudá-los a usar o dom que têm de forma construtiva — não como um meio de alimentar seu ego, mas como uma ferramenta para servir a Deus, aos outros e à equipe ou organização a que pertencem.

Entretanto, com a maioria dos jovens, temos o desafio oposto: como motivá-los a se apresentarem para falar? Dal Shealy, presidente e superintendente da *Fellowship of Christian Athetles* [Sociedade dos Atletas Cristãos], é um excelente palestrante. Contudo, falar para audiências não foi algo que aconteceu naturalmente para ele.

Dal recorda-se: "Na segunda série do ensino médio, concorri a um cargo para o conselho. Deveria fazer um discurso para o corpo discente e docente. Não queria estar ali no palco para fazer aquele discurso. A senhora Sara Hite, minha professora de latim, sabia que eu tinha um problema de gagueira e que não tinha confiança em minha habilidade como palestrante.

"Naqueles dias, usava meu primeiro nome, Dalumuth. A senhora Hite disse-me que aquele nome me compelia a aceitar aquela oportunidade para tornar-me um palestrante. Ela me disse:

— Dalumuth, honre seu nome, levante-se e fale

"Assim fiz, e desde então não parei de fazer palestras.

"A maioria das crianças fica relutante quando precisa apresentar-se para falar diante de um grupo. É mais fácil simplesmente permanecer em sua zona de conforto do que levantar-se e assumir esse tipo de risco. Portanto, é importante que nós, pais, professores e treinadores, descubramos formas positivas de encorajar os jovens a aceitar esse desafio. Algumas vezes, tudo o que precisam é de um tapinha de encorajamento nas costas ou de uma palavra motivadora que os façam tomar essa atitude. Precisamos ajudá-los a acreditar em si mesmos para que estejam dispostos a assumir o risco.

"Não os deixem cumprir a tarefa com apenas parte do empenho que podem dedicar; pressione e estimule, de forma gentil, mas firme. Seja sempre positivo e encorajador, nunca duro nem sarcástico. Se falham, precisamos ser aqueles que os levantarão, sacudirão a poeira deles e os porão novamente no jogo.

"Os jovens precisam aprender, na mais tenra idade, que são especiais, foram criados à imagem de Deus, e que Deus quer que sejam bem-sucedidos na vida. Precisamos dar-lhes um exemplo positivo e também influenciá-los de forma positiva. Precisamos ajudá-los a estabelecer objetivos elevados e fazer com que se sintam responsáveis em aprender e em crescer diariamente".

Dale Brown, treinador do time de basquetebol da Universidade de Louisiana por 25 anos, contratou Shaquille O'Neal para esse time universitário, recuperou o programa de basquete dessa universidade e tornou-se o técnico mais vitorioso da história do basquetebol da Universidade de Louisiana. Contou-me sua história, que ressalta a importância da comunicação no papel de liderança.

Ele relembra: "Em um jogo disputado, faltando apenas alguns segundos para acabar, pedi a um calouro que segurasse o jogador sempre que o time adversário tomasse a posse de bola, a fim de não permitir que ele avançasse. Faltando apenas 11 segundos, aquele jovem jogador seguiu seu oponente pela quadra toda. Não deixou que o outro jogador armasse nenhuma jogada, mas não fez falta como eu lhe dissera para fazer! Fiquei irado depois do jogo. Parti para cima dele por ele não ter seguido minhas instruções. Ele começou a protestar e disse:

— Mas eu segui suas instruções, treinador! Você me disse para segui-lo, e foi o que fiz!

"É claro! Ele me entendeu errado. Segurar e seguir são palavras que podem ser confundidas, principalmente em um ginásio barulhento e com toda aquela situação estressante. A falha não foi do jogador. A comunicação é que foi falha. Jamais me esqueci da lição que aprendi com aquele desastre. A função do líder é comunicar-se claramente. Essa é uma lição que todo líder tem de aprender".

As palavras têm poder. Habilidade para comunicar é o poder para liderar ou para confundir. Nosso desafio como pais, professores, treinadores e conselheiros é encorajar os jovens líderes a dar um passo a frente e falar, a fim de que usem as palavras bem e sabiamente.

A seguir, examinaremos a terceira dimensão crucial da grande liderança: a habilidade de trabalhar de forma eficaz e harmoniosa com as pessoas.

Capítulo 7

Terceira chave: edificar a habilidade no trato com as pessoas

Depois de graduar-me pela Universidade Wake Forest, em 1962, fui para a Flórida jogar pelo Miami Marlins, time de base do Phillies. Assim que cheguei a Miami, apresentei-me a Andy Saminick, um de meus heróis de infância. Andy era um homem forte, com 1,80 metro de altura, e seu tórax parecia um barril de carvalho. Ele jogou por treze anos nas ligas superiores, nas décadas de 1940 e de 1950. Eu o conheci na adolescência, quando ele passeou no Shibe Park, na Filadélfia. Andy foi um dos garotos prodígios que ganhou a flâmula do Phillies, de 1950, pela Liga Nacional. Portanto, foi uma grande honra ter Andy como meu primeiro dirigente no beisebol profissional.

Ainda consigo vê-lo no último degrau do abrigo para os jogadores, não no banco! Andy, sempre com restos de tabaco em sua bochecha, olhava atentamente o campo e todas as jogadas. Deixava uma profunda impressão em qualquer pessoa que o conhecesse, inclusive nos mais próximos. Hoje, mora em Melbourne, Flórida, cerca de uma hora de onde moro, e nesses anos todos estive sempre em contato com ele.

Algum tempo atrás, comecei a receber cartas de um camarada chamado Joe Short, um lançador que jogava para o time de base do Phillies na liga menor. Joe, sem a ajuda de ninguém, organizou uma reunião para Andy Seminick, marcada para agosto de 2003. Joe Short conseguiu reunir quase todos os jogadores que jogaram para Andy nos times da liga menor e trouxe todos para a Filadélfia para honrar o velho capitão. Mais de cinqüenta jogadores se reuniram naquele fim de semana, arcando com suas despesas pessoais, apenas para pagar tributo ao gerente da liga menor para o qual jogaram — um camarada para quem jogaram cerca de quarenta anos antes e o qual não viam desde essa época.

Joe Short pediu para que eu fosse o mestre de cerimônias daquele almoço de sábado, apresentou-me aos jogadores e pediu que compartilhassem comigo tudo o que lembravam de Andy Seminick. O almoço se estendeu por três horas, mas ninguém saiu mais cedo. Aqueles jogadores tinham entre 18 e 24 anos quando jogaram para o Andy, e agora estavam na casa dos 60 anos. Depois que todos falaram, ocorreu-me que cada um dos comentários e das histórias deles se ajustavam em uma destas quatro categorias:

Categoria 1: "Andy foi o melhor professor — e em alguns casos, o único professor — que tive no início de minha carreira no beisebol".

Categoria 2: "Andy ensinou-me o que quer dizer firme ética de trabalho".

Categoria 3: "Jamais encontrei alguém que competisse tão arduamente quanto Andy ou que quisesse vencer tanto quanto ele".

Categoria 4: "Andy preocupava-se comigo como pessoa, não apenas como jogador".

Os comentários e as histórias da categoria 4 foram os mais impressionantes para mim. Aqueles camaradas não teriam aberto mão de um fim de semana para tomar um vôo, partindo de diversas partes do país, até a Filadélfia, pagando pelas próprias despesas, se não fosse o fato de que Andy Seminick cuidara deles como indivíduos.

Vejamos o exemplo de Joe Short. Ele organizou aquele evento todo só porque tinha consideração especial por Andy Seminick. Quem foi Joe Short? Em 1959, Andy Seminick era dirigente do clube de base do Phillies, em Elmira, Nova York, e Joe era o lançador que Andy teve de dispensar do time de base. Bem, quantos jogadores você acha que seriam dispensados por um dirigente e, assim mesmo, o estimariam tanto que organizariam uma reunião em sua honra mais de quarenta anos depois do sucedido?

Com certeza, havia algo especial em Andy Seminick. Não tenho certeza de quantos daqueles rapazes Andy realmente se lembrava, pois ele conhecera muitos jogadores, e tudo isso fazia muito tempo. Mas eles se lembravam dele! E com carinho. Andy disse que apenas fizera seu trabalho, mas, na verdade, impactara cada um daqueles camaradas que se reuniram naquele dia, até mesmo um certo ex-apanhador da liga menor chamado Pat Williams...

Como Andy foi capaz de causar tamanho impacto em tantas vidas? Ao se importar com eles como pessoas, não apenas como jogadores. Andy era um líder de grande habilidade no trato com as pessoas.

Um líder é alguém que alcança resultados e objetivos por meio de outros. Por essa razão é que a terceira chave para tornar-se um líder eficaz é construir a habilidade no trato com as pessoas.

Uma lista das habilidades no trato com as pessoas

O general Richard B. Myers, da Força Aérea dos Estados Unidos, serve como chefe militar consultivo do presidente, do secretário da defesa e participa do Conselho de Segurança Nacional. Ele contou-me: "Todos têm potencial de liderança. O segredo é identificar o interesse e a qualidade únicos de cada indivíduo, para depois encorajar o envolvimento ativo com essas atividades, sejam elas quais forem: esportes, agremiações, escotismo, música ou artes. Há oportunidades de liderança em todas essas áreas. Creio que os três atributos mais importantes da liderança são confiança, aceitação da responsabilidade e habilidade interpessoal — ou habilidade no trato com as pessoas.

"Primeiro, *confiança*. Bem, há muitas formas de fortalecer a confiança de jovens líderes. A melhor forma que conheço para fazer isso é ajudá-los a desenvolver uma área de especialização e trabalhar arduamente para que dêem o melhor de si. À medida que a confiança aumenta, outras pessoas logo reconhecerão a excelência deles e os tomarão como modelos. Quanto mais confiança um jovem líder tem, mais ele se torna disposto a aceitar novos desafios e responsabilidades extras.

"Segundo, *responsabilidade.* Qualquer pessoa que tenha servido no exército sabe que os líderes aceitam muitas responsabilidades sérias, até a responsabilidade pela segurança de vidas humanas. Aprender a assumir a responsabilidade pelo sucesso de qualquer organização exige dedicação e auto-sacrifício. A satisfação pessoal e profissional para liderar de forma bem-sucedida sua organização é o que faz com que esses desafios valham a pena. Como as responsabilidades da liderança variam grandemente, não deve ser difícil para qualquer pessoa encontrar um nicho de liderança em que se sinta confortável.

"Terceiro, *habilidade no trato com as pessoas.* Há muitas formas de liderar. Nem todos devem sentir a necessidade de ser o capitão do time. Podemos encontrar líderes bem-sucedidos usando também algumas de suas habilidades de liderança em outras esferas, como habilidade de falar em público, ou habilidade interpessoal (habilidade no trato com as pessoas), ou habilidade para administração. Na verdade, dominar a habilidade do trato com as pessoas é uma das tarefas de liderança mais desafiadoras. As pessoas manifestam um desejo intenso de contribuir. Os líderes precisam aprender a avaliar as contribuições de todos e a também compreender as preocupações de todos. Expressar apreciação pelos esforços de todos alimentará o respeito mútuo e desenvolverá um firme sentimento de lealdade na organização".

A habilidade no trato com as pessoas pode ser aplicada em uma ampla variedade de atividades e situações. Nossa tarefa, quer como pais, quer como conselheiros, é descobrir tais habilidades nos jovens líderes sob nossa responsabilidade, estimulá-las e encorajar os jovens líderes a exercitá-las, enquanto buscam aprender continuamente novas habilidades no trato com as pessoas. Eis aqui uma lista que reuni a partir de minhas experiências com liderança e de estudos do assunto (você pode sugerir outras que eu não enumerei):

1. *Estímulo*: habilidade de reconhecer e de elogiar de modo verdadeiro os membros da equipe. O incentivo genuíno enfoca aspectos do caráter firme e da personalidade, não meramente suas conquistas.
2. *Autoridade*: habilidade de determinar procedimentos, delegar tarefas, promover eficiência, supervisionar atividades, assumir responsabilidade e fazer com que as pessoas prestem contas de seu progresso quanto ao alcançar os objetivos da equipe ou organização.
3. *Treinamento:* habilidade de pensar estrategicamente, de supervisionar as atividades de uma equipe, de motivá-la e de ensinar os membros da equipe a melhorar seu desempenho individual e coletivo.
4. *Resolução de conflitos*: habilidade de intervir nos conflitos de personalidade e de mediar desavenças entre facções e indivíduos; a habilidade de resolver problemas interpessoais e de unificar a equipe.
5. *Aconselhamento*: habilidade de escutar com empatia e de ajudar as pessoas em questões referentes a sua carreira, objetivos educacionais, problemas e questões familiares.
6. *Delegação*: habilidade de delegar responsabilidades a outros membros da equipe. A delegação é a essência do alcançar resultados por meio de outras pessoas.
7. *Facilitação*: habilidade de administrar a interação e o diálogo em um grupo de forma que todos se sintam

livres para expressar suas idéias e nenhum membro se sinta intimidado nem inibido.

8. *Justiça*: habilidade de ouvir reclamações e de resolver problemas de forma cortês, sensata, justa e imparcial.
9. *Hospitalidade*: habilidade de recepcionar convidados e oferecer festas e eventos sociais que ajudem o time a alcançar seus objetivos por meio do fortalecimento da unidade da equipe e do espírito de equipe.
10. *Motivação*: habilidade de encorajar e inspirar as pessoas para buscar o melhor de si mesmas a fim de alcançar seu melhor desempenho — geralmente um desempenho muito melhor do que achavam que eram capazes de alcançar.
11. *Negociação*: habilidade de trocar informações, opiniões, idéias e coisas valiosas a fim de chegar a um conclusão ou decisão mutuamente benéfica.
12. *Organização*: habilidade de planejar e organizar eventos e reuniões sociais que envolvam as pessoas em um esforço conjunto, de equipe.
13. *Persuasão*: habilidade de influenciar os outros — de forma justa, honesta e sincera — para que abracem o ponto de vista de um indivíduo.
14. *Recrutamento*: habilidade de atrair as pessoas e de extrair o melhor delas para a equipe ou organização.
15. *Sociabilidade*: capacidade de conhecer pessoas estranhas e de conversar com elas sem tensão e de forma amigável e receptiva.
16. *Ensino*: habilidade de compartilhar conhecimento com os outros e de treiná-los nas habilidades de que precisam

para desempenhar suas tarefas em um ambiente de equipe.

Qualquer uma dessas habilidades é passível de ser aprendida. Isso quer dizer que os jovens líderes em treinamento têm a responsabilidade de aprender e desenvolver em si mesmos essas habilidades — e que nós, pais, professores, treinadores ou conselheiros, temos a responsabilidade de ensinar e encorajar essas habilidades nos jovens líderes que treinamos.

Estimular o melhor nas pessoas

Phil Frye, advogado na cidade de Chicago, é fã ardoroso de esportes e acionista do grupo que é dono do Chicago Bulls. É muito amigo de Bill Veeck, meu conselheiro e dono de um time de beisebol. Sem que eu soubesse, Phil vinha acompanhando minha carreira enquanto eu estava no Philadelphia 76ers, e ele foi uma das pessoas-chave que me chamou para uma entrevista a fim de ocupar a posição de dirigente no Chicago Bulls. Fui trabalhar para o Chicago Bulls e fiquei por quatro anos. Iniciei meu trabalho com essa equipe em 1969, quando tinha 29 anos.

Todos os meses, desde meu primeiro mês naquele trabalho, Phil e eu nos encontrávamos para almoçar em seu clube, The Chicago Club. Era um lugar elegante, com a sala de jantar revestida de carvalho, destinado às reuniões. Phil sempre chegava para nossa reunião depois de sua partida de *squash*, com o cabelo ainda molhado da ducha, e sentávamos para almoçar tomando chá gelado. Nossa reunião jamais durou menos que uma hora e meia. Discutíamos assuntos relacionados à organização Bulls, ou questões relevantes do dia, ou conversávamos sobre nossas famílias, nossas crenças e nossos valores.

Independentemente do assunto sobre o qual conversávamos, havia algo que o Phil sempre fazia: estimulava e elogiava o trabalho que eu estava fazendo. Sempre descobria algo bom para dizer, algo positivo para salientar, mesmo em momentos em que cometíamos erros ou em que a organização não estava se saindo muito bem. Ele era meu chefe e não era obrigado a investir tanto tempo em mim, mas, mesmo assim, separava um tempo para ser meu encorajador, meu estimulador, meu treinador na vida e meu amigo.

Na época, não percebia o privilégio maravilhoso que aquilo representava. Poucos jovens líderes têm a chance de ter esse tipo de relacionamento com o chefe. Quando relembro tudo isso, valorizo profundamente o que aquele relacionamento significou em minha vida e tento ser esse tipo de encorajador e conselheiro para os jovens próximos de mim. Todo jovem líder precisa de um Phil Frayer em sua vida, alguém que estruture a confiança deles por meio do estímulo de suas características e conquistas positivas.

A habilidade de estimular de modo verdadeiro o outro é crucial para a habilidade no trato com as pessoas, algo que precisamos praticar sempre que lidamos com jovens líderes. É também uma habilidade crucial a ser encorajada nos jovens, para que a fortaleçam na própria vida e a ponham em prática quando forem liderar outros.

Mike Dunleavy, há muitos anos treinador da NBA, comenta sobre a experiência de trabalhar com seu filho: "Michael, meu filho, durante todos os anos escolares, sempre foi o melhor jogador de sua equipe. Ele era tremendamente competitivo, e seu objetivo era ganhar — ficava sempre muito chateado quando sua equipe perdia. Sempre reclamava com os colegas que cometiam erros e era muito grosseiro com eles. Certo dia, eu o puxei de lado e disse-lhe:

— As outras crianças de seu time o consideram um líder. Tente ser mais positivo com eles. Elogie-os quando fizerem alguma coisa fantástica e encoraje-os quando erram. Experimente utilizar um pouco mais de doçura e menos amargura. As coisas correrão melhor dessa forma.

"Não foi fácil para ele, pois velhos hábitos custam a desaparecer, e a habilidade no trato com as pessoas é algo que leva tempo para ser aprendido. Mas Michael, por fim, conseguiu entender como se tornar um estimulador positivo para sua equipe sem perder a fibra da competitividade."

Bill Polian, presidente do Indianapolis Colts, aprendeu a importância da habilidade no trato com as pessoas durante o início da sua carreira como treinador da U.S. Merchant Marine Academy [Academia da Marinha Mercante dos Estados Unidos], em Kings Point, Nova York. Ele relata sua experiência: "Meu primeiro chefe nessa função de treinador foi George Paterno, irmão de Joe Paterno. Ele me ajudou muito ao mostrar-me, por meio de instrução e de exemplo, a forma de lidar com os desafios da liderança no trato com diferentes personalidades em uma equipe. Eu era o treinador principal da equipe de basquete e assistente de treinador da equipe de futebol.

"Havia aquele jogador que, embora muito talentoso, era emocionalmente frágil. Caminhei com aquele rapaz em uma tentativa disfarçada, mas honesta, de extrair o melhor dele. Como você pode imaginar, nosso relacionamento foi de mal a pior, e ele estava prestes a sair da equipe.

O treinador George Paterno chamou-me de lado e explicou-me que minha tarefa era descobrir a forma correta de conseguir extrair o melhor desse jogador. Disse-me:

— Cada jogador é único e diferente dos outros. E uma estratégia de treinamento não se ajusta a todos os jogadores. Esse jogador tem muito talento, e você precisa descobrir uma estratégia que dê certo com o temperamento dele.

"Com esse conselho, o genial treinador George Paterno mostrou-me como encontrar uma solução para aquela dificuldade. Ele me disse:

— Bem, vou lhe dizer como fazer isso e quero que pense a respeito da minha sugestão. Quero que converse com esse jogador a respeito disso e que vocês trabalhem para descobrir uma forma de resolverem juntos esse problema.

"E para certificar-se de que eu havia entendido, acrescentou:
— Posso encontrar outro assistente de treinador, mas um defensor com as qualidades desse jogador é difícil de achar.

"Ora, o treinador George Paterno motivara-me a encontrar uma solução! Portanto, sentei-me com aquele jogador, e nós conversamos. Disse-lhe que queria que extraísse o melhor de seu talento fenomenal. Ele me disse que faria qualquer coisa que eu pedisse, desde que eu não berrasse com ele. Aquele era um pedido bastante razoável. Assim, desenvolvi uma estratégia sutil e positiva para trabalhar com ele. E o resultado desse tremendo esforço que esse jogador fez foi tornar-se o melhor defensor na história da academia e na galeria dos craques.

"O treinador George Paterno ensinou-me que os líderes devem saber extrair o melhor das pessoas — e isso quer dizer que têm de ser competentes no trato com as pessoas. Cada indivíduo é único, mas, via de regra, uma estratégia positiva é melhor que uma negativa. Jamais esqueci essa lição e a apliquei em toda minha carreira."

Don Miers, executivo do Detroit Tigers, relata um incidente ocorrido quando era treinador do time de beisebol da liga menor: "No início da temporada, deixei claro a todos os pais que eles não deveriam se aproximar do local reservado ao treinador e aos reservas durante os treinos ou jogos. Meus treinadores e eu éramos os únicos que podiam conversar com os jogadores durante as atividades. Outras pessoas a nossa volta poderiam ser motivo de distração. Disse que os pais poderiam conversar com os filhos ou fazer quaisquer perguntas que quisessem a nossa equipe *depois* de nosso treino ou do jogo.

"Eu também exigia que apenas palavras de encorajamento fossem proferidas das arquibancadas. Se escutasse algum dos pais dizer algo negativo para nossa equipe ou para nossos oponentes, fazia com que aquele pai soubesse que aquele comentário era inaceitável, e que o filho dele iria para o banco apenas em razão desse comentário do pai.

"Em meu primeiro ano como treinador, um pai começou a berrar porque tirei seu filho do jogo. Pedi-lhe para que ficasse quieto, e ele exigiu que eu conversasse com ele depois do jogo. Atendi a seu pedido, e nos encontramos depois do jogo. Ele me disse que eu não tinha o compromisso de vencer, pois tirara seu filho, nosso jogador mais talentoso, do jogo. Concordei com ele, dizendo:

— Isso está absolutamente certo. Não estou aqui para vencer todos os jogos. Estou aqui para ensinar doze jovens a aprender a jogar beisebol, a trabalhar em equipe e a divertir-se enquanto fazem isso.

"Expliquei-lhe, da mesma forma que explicara a todos os pais na nossa reunião antes do início da temporada, que todos os jogadores teriam oportunidades iguais de jogar, independentemente da habilidade, se comparecessem ao treino e trabalhassem arduamente. Ele achou que aquilo se aplicava a todos, exceto a seu filho. Disse-me:

— Vou procurar os dirigentes da liga menor, pois jamais ouvi falar de um treinador que não se importasse com a vitória.

— Eu quero vencer — retruquei —, mas a vitória, para essa faixa etária, é secundária, pois o ensino é o mais importante. No entanto, deve fazer aquilo que considera o melhor. Se não está contente com essa situação, procure os dirigentes e explique-lhes seu descontentamento.

"Enquanto saía, seu último comentário foi este:

— Pedirei que ponham meu filho em outro time!

"Mais uma vez, aconselhei-o a fazer o que ele achava melhor para seu filho, mas também sugeri que procurasse saber, antes de tomar essa iniciativa, o que seu filho pensava de tudo aquilo. Assim, ele conversou com o filho, e o garoto disse-lhe que realmente gostava da forma como nosso time trabalhava, com a rotação de todos os jogadores. Contou ao pai que eu deixara claro quais eram as regras desde o início da temporada e que queria continuar em nosso time. O pai e eu nos cumprimentamos, e somos amigos desde essa época."

Esse é um exemplo de muitas habilidades no trato com as pessoas funcionando ao mesmo tempo para resolver um problema. Don Miers demonstrou *autoridade*, uma habilidade no trato com as pessoas; estipulou as regras, explicou-as claramente, designou as tarefas e assumiu a responsabilidade pelos resultados. Exemplificou o *treinamento*, outra habilidade no trato com as pessoas, ao supervisionar a atividade da equipe e ao ensinar os garotos a melhorar o desempenho. Exemplificou *resolução de conflitos* ao tratar honestamente, mas de forma calma, aquele pai descontente a fim de que deixasse de ser um crítico amargo para se transformar em um amigo para a vida toda. Demonstrou *justiça* ao ouvir as reclamações daquele homem e ao resolver o conflito com tato, cortesia e imparcialidade. Há algumas outras habilidades que ele demonstrou nesse encontro e as quais também poderia nomear. Ao lidar com essa situação tensa sem perder a calma, ele não só conseguiu manter seu melhor jogador na equipe, mas também apresentou um exemplo de liderança para os garotos que treinava.

Uma das habilidades mais importantes no trato com as pessoas que devemos modelar para os jovens é o *estímulo*. Infelizmente, muitos líderes têm a tendência de enfocar os objetivos e o desempenho. Quando um membro da equipe deixa de alcançar os objetivos ou comete algum erro, o líder vê apenas o desempenho falho e o ataca, criticando o indivíduo. Obviamente, os líderes algumas vezes têm de criticar e de confrontar, mas a crítica constante e incessante pode destruir o ânimo da pessoa. Essa é a razão por que os líderes precisam aprender a estimular, uma importante habilidade no trato com as pessoas.

O enfoque do estimulador é o que a pessoa pode se tornar no futuro, não as falhas passadas. Quando um estimulador encara as falhas, encoraja as pessoas a aprenderem com elas a fim de terem melhor desempenho no futuro. O estimulador descobre habilidades e talentos desconhecidos, até o momento, nas pessoas que lidera.

Os líderes, algumas vezes, têm de ser duros. Precisam confrontar, e a confrontação dói. Mas o objetivo da liderança é edificar as pessoas, não arrasá-las. Portanto, se um líder gasta 98% do tempo estimulando, encorajando, reforçando e estruturando as pessoas, ganha o direito de confrontar, de forma honesta e dura, os outros 2% do tempo, sempre que essa firmeza for necessária. O estímulo positivo dá credibilidade à confrontação.

Liderança sem autoritarismo

Habilidades no trato com as pessoas são as que servem para resolver problemas. Daniel Boggan Jr., vice-presidente sênior da NCAA, National Collegiate Athletic Association [Associação Atlética Nacional das Universidades], recorda um incidente ocorrido na escola de ensino médio, quando descobriu que tinha essa habilidade no trato com as pessoas necessária a todo líder: "Eu estava no último ano da escola de ensino médio quando tomei consciência de que as pessoas aceitavam minha liderança. Isso, em parte, era o resultado do respeito que adquiri por ser um bom aluno e uma pessoa justa; e, em parte, graças a minha habilidade como atleta, como jogador de beisebol, e também, em parte, graças as minhas habilidades de organização. (Era presidente da associação de alunos, e nós éramos responsáveis pela organização dos bailes para a comunidade e, realmente, conseguíamos lucrar com esses bailes.)

"Certa ocasião, tivemos uma assembléia escolar. Estávamos prestes a começar a reunião, e a diretora tentou conquistar a atenção da audiência, mas ninguém no recinto se aquietou. Ninguém prestou atenção. A diretora tentou, sem sucesso, por quinze minutos fazer com que todos ficassem quietos. Por fim, peguei o microfone e disse algumas palavras, e todos voltaram a atenção para o que faríamos a seguir. A diretora agradeceu-me pela ajuda".

Daniel Boggan demonstrou *autoridade* em uma situação fora de controle. Demonstrou várias habilidades no trato com as pessoas, como a de facilitador — gerenciamento da interação grupal. Demonstrou a habilidade de *persuasão* ao influenciar a audiência para ficar quieta e prestar atenção. Exemplificou, como aluno, uma característica importante da liderança: habilidade de chegar a uma resolução onde reina a confusão, alcançar a ordem em meio ao caos.

Steve Gilbert, treinador de futebol da Universidade de Jacksonville, possuía a habilidade no trato das pessoas, especialmente a de *autoridade*. Steve fez este relato: "Eu sou o mais velho de seis irmãos. Meus pais contam que eu sempre orientava meus irmãos (ou mandava neles) desde que tinha 6 anos. Minha habilidade de liderança foi reconhecida na escola de ensino médio, em que fui eleito capitão dos times de futebol americano, de basquete e de beisebol. Também fui selecionado para ser capitão da Team Second Sole, uma equipe de triatletas, enquanto era treinador de futebol americano na Universidade de San Diego.

"Brian, meu irmão caçula, é um excelente atleta que jogava como zagueiro para o Michigan State (também era um extraordinário jogador de basquetebol e de beisebol). Quando éramos crianças, eu o treinava no quintal de casa. Eu fingia que era Bud Grant, e Brian era Joe Namath. Jogávamos partidas inteiras no quintal de casa. Os jogadores saíam do túnel, isto é, Brian saía do porão. Ficávamos de pé para o hino nacional e tirávamos a sorte com uma moeda para escolher o campo. Eu treinei Brian a fazer muitas jogadas no quintal de nossa casa em Nova Jersey. Esse foi o início de meu amor pela liderança.

"O que de início pode parecer autoritarismo em uma criança, pode realmente ser uma inclinação para liderar. Minha mãe considerava essa função de treinar e dar ordens a meus irmãos como parte de nossas brincadeiras infantis e pensava que eu estava sendo autoritário. Eu, no entanto, achava que estava tomando as rédeas da situação, e realmente penso que esse era o caso. Não acredito, de forma alguma, que era autoritário. Acho que praticava a função de líder. Creio que os adultos podem cultivar a liderança nos jovens simplesmente encorajando-os a organizar as atividades infantis na vizinhança ou no quintal de casa.

"Obviamente, a liderança tem de ser temperada com habilidades no trato com as pessoas. Um líder sem habilidade no trato com as pessoas é um chefe, um ditador. Meu pai foi meu primeiro e melhor modelo de líder em relação a essas habilidades no trato com as pessoas. Ele era vice-presidente da Johnson & Johnson, mas agora já está aposentado. Quando era garoto, eu realmente o observava e imitava seu exemplo. Sua ética de trabalho permeava toda minha vida. Via como ele lidava com as pessoas em seu empenho de vendedor. Observava como lidava com os desafios e os problemas, e essa observação de seu desempenho nesse papel de liderança foi crucial para meu desenvolvimento pessoal.

"Meu pai era incrível, um dos melhores, no desempenho dessa habilidade no trato com as pessoas. Ele era um motivador e bastante persuasivo, além de ser positivo e justo com todos. Tratava o atendente da lanchonete e o porteiro da mesma forma que o superintendente e o diretor da companhia. Foi meu maior modelo e herói!".

Líderes precisam dessa habilidade no trato com as pessoas para que sejam eficientes e para que as pessoas sob seu comando sejam também eficientes como jogadores de equipe. Não cometa o engano de pressupor que os líderes precisam de habilidades no trato com as pessoas para ser agradáveis. Obviamente, um líder que estimula sua equipe vai ser mais amado do que um chefe muito crítico e rude com os subalternos, mas essa não é a questão.

Liderança não é uma competição de popularidade. O propósito último da liderança é alcançar os objetivos, produzir mudanças e tornar o mundo um local melhor. Nenhum líder, independentemente de quão maravilhosas sejam suas habilidades no trato com as pessoas, será universalmente amado.

Os jovens que estão sendo formados para ser líderes precisam compreender esse princípio e abandonar a noção de que, se tomarem todas as atitudes corretas, todos gostarão deles. A verdade é que os líderes, quando fazem a coisa certa, geralmente acabam fazendo pelo menos alguns poucos inimigos.

Danny Litwhiler jogava no campo externo para o Philadelphia Phillies, para o Saint Louis Cardinals, para o Boston Braves e para o Cincinnat Reds. Era um jogador intenso, com uma firme ética de trabalho, e teve uma carreira bem-sucedida por doze anos nos esportes. Ele tinha cerca de 1,77 metro de altura e pesava cerca de 86 quilos, além de ter um desempenho muito bom como jogador dessa posição. Depois, passou a ser um treinador bem-sucedido de beisebol na universidade e foi considerado um dos melhores treinadores de beisebol. Seu nome consta do *Hall da Fama.*

Warren Giles, presidente da organização Reds, quando Jackie Robinson e o Brooklyn Dodgers foram pra Cincinnat para a primeira série de 48 temporadas, puxou o Danny de lado e perguntou-lhe:

— Você permitiria que o Jackie Robinson jogasse na liga principal de beisebol?

Robinson, obviamente, era o corajoso afro-americano que rompeu com a barreira racista no futebol e jogou dez anos pelo Brooklyn Dodgers.

— É claro — Danny replicou. — Se ele joga bem beisebol, então tudo bem. Não gostaria que alguém participasse do time por questões apenas de racismo, mas se ele joga bem, devemos aceitá-lo.

— Achei que você diria exatamente isso — Giles disse. — Danny, Jackie virá para nossa cidade um dia antes e gostaria que você tirasse uma foto com ele. Isso servirá para dizer às pessoas que o Cincinnat Reds receberão Jackie Robinson de braços abertos.

Danny concordou prontamente, e a foto saiu nos jornais um dia antes do jogo. Danny e Jackie Robinson ficaram amigos depois dessa época. Aquela foto demonstrou liderança por parte de Danny, pois era uma forma de mostrar que estava disposto a aceitar Jackie Robinson, disposto a opor-se à intolerância e a buscar uma solução para um conflito nacional que já durava muito tempo, demonstrando um senso fundamental de justiça e de hospitalidade, bem como o desejo de persuadir as pessoas a serem tolerantes e a aceitar pontos de vista distintos.

Danny foi bastante criticado pelos jogadores e pelos torcedores do Reds por ter tirado aquela foto com Jackie Robinson, mas jamais duvidou de ter feito a coisa certa.

Pedi que Danny falasse da sua filosofia de liderança, e ele declarou isto: "Um bom líder tenta descobrir as boas coisas de um jogador para trabalhar nelas e, depois, gradualmente trabalha com as áreas problemáticas. Os jogadores têm de se sentir bem consigo mesmos, e os treinadores devem tentar fazer com que se sintam dessa forma para que tenham confiança nas próprias habilidades. Entretanto, não é necessário que os jogadores se sintam bem em relação a seus treinadores. O fato é que um treinador jamais será bem-sucedido se fizer com que todos os jogadores gostem dele. Deve ter o respeito desses jogadores, mesmo que não gostem dele. O respeito vence partidas e desenvolve os jogadores. Um treinador que tenta fazer com que todos os jogadores gostem dele geralmente negligencia o ensino dos elementos básicos e dos fundamentos para esses jogadores.

Honra de escoteiro

Don Miers, executivo do Detroit Tigers, relata: "Cresci sem o convívio com um pai. A pessoa que mais me ajudou a me tornar um líder foi minha mãe, Stella. Ela fez isso por meio do exemplo. Minha mãe tinha uma incrível ética de trabalho, algo que jamais vi em outro ser humano. Vivíamos no subúrbio ao norte de Nova Jersey, na cidade de Nova York. Não tivemos carro até eu entrar na escola de ensino médio. Minha mãe, para trabalhar, enfrentava uma jornada de duas horas, de ônibus, trem e metrô, até Nova York. Nunca chegou atrasada no trabalho. Nunca faltou por motivo de doença. Nunca tirou um dia de folga. Ela era bancária e trabalhava na famosa região de Wall Street. Iniciou sua carreira como caixa de banco e subiu até o posto de vice-presidente.

"Como eu era filho único e não tinha a influência de uma figura masculina, minha mãe e eu achamos que o escotismo seria muito bom para mim. E certamente foi, em grande parte graças à influência do chefe de meu grupo, o sr. John Collins. Ele era um verdadeiro líder. Ensinou e treinou os escoteiros sob sua responsabilidade a serem líderes. Ele se envolvia com os escoteiros, mostrando-nos, com as mangas arregaçadas, como fazer nossas tarefas. Ele, um líder com autoridade, era firme, mas justo. Se havia qualquer problema ou desavença, escutava as duas partes antes de tomar qualquer decisão.

"O sr. Collins foi um grande modelo, não só um exemplo de liderança, mas também um grande modelo das habilidades no trato com as pessoas. Durante os quatro anos em que desempenhou um grande papel em minha vida, sempre estava disponível para conversar comigo quando precisava de conselhos ou de alguém com quem desabafar. Quando eu tinha 16 anos, o sr. Collins morreu de câncer com cerca de 45 anos. Sinto saudades dele até hoje".

Don Miers é apenas uma das muitas pessoas que falaram calorosamente sobre o papel do escotismo no desenvolvimento de jovens líderes e na construção de habilidades no trato com as pessoas.

Winston Churchill, inegavelmente um dos líderes mais inspiradores da história humana, era um entusiástico admirador do escotismo. Em seu livro *Great Contemporaries* [*Grandes contemporâneos*], publicado em 1937, escreveu que o escotismo toca o coração das pessoas "com sua mensagem de dever e honra: 'Esteja sempre alerta' para defender fielmente a retidão e a verdade, independentemente da direção em que o vento sopra".

No escotismo, os jovens comprometem-se a viver de forma "digna, leal, útil, amigável, cortês, gentil, obediente, alegre, frugal, corajosa, limpa e reverente". Tradicionalmente, nem todos podem ser escoteiros, mas apenas os jovens dispostos a fazer este juramento:

> Prometo pela minha honra que procurarei fazer o melhor possível para cumprir meus deveres para com Deus e meu país, obedecer os preceitos dos escoteiros, ajudar as outras pessoas em toda e qualquer ocasião, manter-me fisicamente forte, mentalmente alerta e moralmente íntegro.

Em anos recentes, o escotismo está na mira de vários grupos por ser "politicamente incorreto" e até mesmo "intolerante". Bem, o escotismo, na verdade, é intolerante em relação a muitas coisas que nossa sociedade, infelizmente, tem abraçado: desonra e desonestidade, deslealdade e desrespeito, impureza e irreligiosidade, indiferença e ignorância. O escotismo (e organizações relacionadas a ele, como as bandeirantes) ensina a respeitar a Deus e ao país, a ter virtude moral, a ser bom cidadão, a amar o aprendizado e a desenvolver os princípios de liderança. Os crescentes ataques ao escotismo ferem nossa habilidade, como nação, para desenvolver e treinar as gerações seguintes de jovens líderes.

Em nome daquilo que se chama "tolerância", um número de agências governamentais e organizações particulares têm demonstrado intolerância com um movimento que sempre associou-se a tudo o que é bom e moral nos Estados Unidos.

Em agosto de 2000, a Casa Branca sob o comando de Clinton, começou a investigar o escotismo com intenção de negar aos escoteiros o direito de usar os parques nacionais para congressos. Desde essa época, muitas instituições negaram doações ao escotismo, e a Pew Charitable Trust, agência de caridade, cortou 100 mil dólares (cerca de 217 mil reais) de doações a esse movimento.

A cidade da Filadélfia ameaçou despejar os escoteiros de sua sede na esquina da ruas Twenty-Second e Winter — local que a cidade, em 1929, dera "perpetuamente" a esse movimento. Em junho de 2003, no editorial do jornal local dessa cidade, leu-se uma crítica ultrajante que comparava o escotismo ao terrorismo que apóia o Taliban.

A prefeitura de Los Angeles também votou para banir os escoteiros de lugares públicos. Uma escola de ensino médio da Flórida votou em favor do banimento de um agrupamento de escoteiros do prédio da escola. A lista dos ataques "politicamente corretos" ao escotismo é interminável — e poucas pessoas estão dispostas a levantar-se e defendê-los.

Bem, eu me porei em maus lençóis aqui, pois quero sugerir que todos devemos dar apoio ao escotismo. (Mal posso acreditar que tive até mesmo de escrever isso!)

Será que estamos andando para trás nos Estados Unidos ao encarar o escotismo como uma organização odiosa, demoníaca e ilícita? Como as coisas podem ser tão absurdas a ponto de alguém sentir que é arriscado, além de ser preciso ter ousada coragem moral, dizer: "Eu apoio o movimento dos escoteiros dos Estados Unidos"? O que aconteceu com os Estados Unidos em que fui criado e onde o escotismo era uma das organizações mais admiradas do país? Devemos encarar os fatos: o escotismo não mudou. Contudo, algo mudou nos Estados Unidos — e não para melhor.

Precisamos desesperadamente do escotismo e do treinamento de liderança que oferece a milhares de jovens. O escotismo ajuda os jovens a desenvolverem a habilidade no trato com as pessoas, necessária para que sejam líderes completos. Os escoteiros respeitam a autoridade; são passíveis de ser treinados e ensinados. Respeitam os princípios da justiça, aprendem a resolver conflitos, a delegar funções, a servir as pessoas, a motivar os que trabalham com eles, a ser organizados e assim por diante. Se perdermos o escotismo, perderemos uma das instituições mais importantes para o treinamento de jovens, principalmente no que diz respeito aos princípios de liderança e à habilidade no trato com as pessoas.

O escotismo produz jovens líderes e memórias maravilhosas, como aquela de Todd Shaw: "Eu tocava o clarim em meu grupo, ou patrulha, de escoteiros. No terceiro dia de nosso congresso no parque estadual, um homem com aparência cansada, de um acampamento vizinho ao nosso, veio até onde nosso grupo estava reunido para almoçar. Ele disse:

"— Quero saber quem é a pessoa que toca o clarim.

"Todo orgulhoso respondi prontamente: — Sou eu, senhor! — E ele retrucou:

"— Menino, se você tocar esse #@*# clarim de novo amanhã, eu vou... — e descreveu o que faria em termos impublicáveis. Depois, retornou calmamente para seu acampamento. E meu clarim voltou para a mochila, onde ficou durante todo o acampamento.

"Quando estava mudando de ramo nos escoteiros, passando de lobinho para escoteiro, precisávamos de um líder adulto. Portanto, indiquei meu pai sem que ele soubesse, e ele aceitou a função (embora reclamasse um pouquinho). Vinte anos depois desse dia, ele ainda está muito envolvido com o escotismo e ama esse movimento. A chave para uma fantástica patrulha escoteira é um fantástico líder escoteiro. Meu pai não sabia nada sobre o escotismo, mas isso não o impediu de aceitar o cargo. Ele fez cursos, recrutou pessoas experientes, e o resultado final foi um grupo fantástico. Aquela experiência foi fundamental na formação de quem sou hoje.

"De todas as coisas memoráveis que fazíamos no escotismo, a mais importante eram os projetos de serviço que nosso grupo realizava. Todo Natal, distribuíamos frutas e cestas de primeiros cuidados aos necessitados. Meu pai tentava certificar-se de que nós não entregaríamos as cestas apenas com estas rápidas palavras:

— Deus o abençoe e até logo.

"Mostrou-me como falar com as pessoas e a escutá-las de fato. Aquele foi um fator importante no desenvolvimento de minhas habilidades no trato com as pessoas: a habilidade de iniciar conversas com quem eu não conhecia e de alcançar e cuidar de pessoas necessitadas.

"Também trabalhei com o sr. Don Capps, da Federação para os Cegos em Columbia, na Carolina do Sul, no churrasco anual para levantar fundos. Por dois meses, servíamos como guias para os cegos e íamos de porta em porta para vender convites para esse evento. Durante aquele período, estabeleci um contato mais pessoal com Marshall Tucker. O sr. Tucker era afinador de piano e gostava muito de conversar. Se o nome dele lhe soar familiar é porque uma banda de *country-rock* de Spartanburg, na Carolina do Sul, o admirava tanto que deu seu nome para a banda — The Marshall Tucker Band.

"Aquelas experiências ajudaram a transformar um bando de garotos em líderes. Lembro-me do que o fantástico treinador do Dallas Cowboys, Tom Landry, declarou: 'Liderança é fazer com que as pessoas façam aquilo que não querem a fim de alcançar aquilo que elas desejam alcançar'. É disso que se trata o escotismo: estruturação do caráter moral, fé em Deus, lealdade ao país, habilidade de liderança e habilidades no trato com as pessoas."

Não é preciso muito

Gene Conley foi por muito tempo lançador na liga principal nas décadas de 1950 e 1960. Aquele homem de 2 metros jogou para o Phillies, para o Braves e para o Reds Sox; também jogou várias temporadas, como armador, com o fantástico Bill Russell, na NBA, para o Boston Celtics. Teve uma carreira admirável e hoje vive em Orlando.

Enquanto escrevia este livro, almocei por duas horas com Gene, e conversamos sobre beisebol, basquetebol e liderança. Perguntei-lhe qual tinha sido o dirigente de beisebol mais memorável em sua longa carreira.

"Eddie Sawyer", disse ele sem um momento de hesitação. Eddie Sawyer foi gerente do Phillies de 1948-1952 e de 1958-1960 e liderou o Whiz Kids, quando este foi campeão em 1950.

Gene contou-me: "Eddie foi o homem mais gentil para quem fui lançador".

— Poderia me contar alguma história sobre ele? — perguntei.

Ele disse que certamente tinha uma, mas que ficava bastante emocionado sempre que a relatava. Pensei: *Uau! Essa será uma grande história para o livro!*

— Gene, gostaria muito de ouvi-la, se puder contá-la — pedi.

Ele concordou: "Certo dia, em 1959, o Phillies estava jogando duas partidas seguidas com os Cardinales. Estava fora do campo, no local reservado para o aquecimento, e os Cardinales já haviam acertado duas e perdido duas, e Stan Musial estava na base. Eddie chegou até o campo, retirou o lançador e me chamou".

Naquele momento, eu já estava tão ansioso que mal pude esperar.

— E o que aconteceu? — perguntei.

Gene respondeu: "Eu tirei o Stan Musial, e ganhamos o jogo. Estava saindo do campo, e Eddie estava sozinho no banco reservado aos treinadores. O Eddie esticou a mão para me cumprimentar e disse:

— Obrigado, Gene. Gostei muito do que você fez!".

Certamente, Gene ficou com a voz embargada ao contar essa história.

Eu estava ali, esperando pelo resto da história, o desfecho sensacional... mas não havia nada mais. Pensei: *Só isso? Eddie apenas disse: "Obrigado, Gene. Gostei muito do que você fez!". Foi isso o que fez com que o Gene ficasse com a voz embargada?*

De repente compreendi tudo: essa é uma história *poderosa*! Por quê? Porque Eddie Sawyer apenas proferiu algumas palavras de apreço, deu um aperto de mão e agradeceu. Provavelmente, 45 segundos mais tarde, talvez nem se lembrasse mais do que fizera e dissera, mas Gene Conley ainda se lembrava daquelas palavras 45 anos depois! Ele não só lembrava, mas ficava emotivo só em contar a história!

Aquela pequena história representou muito para mim. Ensinou algo muito profundo: não é preciso muito para alcançar o coração de uma pessoa. Apenas algumas palavras de estímulo, e o estímulo é uma das habilidades essenciais no trato com as pessoas, fundamental para um grande líder. Essa é uma lição de que nós, os líderes, precisamos nos lembrar, e é uma lição que precisamos levar a todo lugar em que treinamos e aconselhamos jovens líderes. Quando somos líderes, o que dizemos para os outros jamais é esquecido. Isso vale para as coisas boas que dizemos e também para as ruins.

Uma palavra positiva, um aperto de mão ou um braço nos ombros é algo tão pequeno, mas capaz de mudar uma vida para sempre. Portanto, enquanto treinamos jovens líderes, temos de demonstrar e de exemplificar as boas habilidades no trato com as pessoas, como também de ensinar-lhes as que precisarão ter para que sejam líderes eficientes.

A seguir, examinaremos o quarto aspecto essencial para uma boa liderança: o ingrediente essencial chamado bom caráter.

Capítulo 8

Quarta chave: edificar o bom caráter

John Wooden começou a jogar basquetebol em 1918, quando tinha 8 anos. Ele enchia as meias de nylon da mãe com trapos para fazer bolas de basquete. Seu pai tirou o fundo de uma cesta de tomates e pregou-a na parede do celeiro, e essa era a cesta de John. Quando criança, ele jogava basquete praticamente todos os dias e teve uma brilhante carreira na escola de ensino médio. Quando jogou na Universidade de Purdue para o treinador Ward "Piggy" Lambert, do *Hall da Fama*, rapidamente ficou famoso como o jogador extremamente talentoso e elástico de Indiana. Foi nomeado o jogador do ano na Universidade, em 1932, o ano em que Purdue classificou-se para participar do campeonato nacional.

Depois de alguns anos jogando no basquete semi-profissional, passou a ser treinador. Os times de basquete da UCLA, treinados por John Wooden, tornaram-se lendários. Sob sua liderança, o Bruins, da UCLA, conquistou recordes sem precedentes, ganhando todos os trinta jogos disputados durante quatro temporadas, 88 em outra temporada, conquistou 38 vitórias durante o torneio da NCAA, principal entidade responsável pelos esportes universitários nos Estados Unidos, além de ganhar dez campeonatos nacionais, sete deles em seqüência.

Assim, há muito tempo, John Wooden é um herói para mim. Em anos recentes, passei a desenvolver uma amizade com esse técnico e, atualmente, estou fazendo uma pesquisa para escrever um livro sobre sua vida, suas qualidades de caráter e sua filosofia de treinamento. Sempre que estou em Los Angeles, não deixo de visitá-lo. E toda vez que o visito, saio inspirado e motivado a me tornar um ser humano melhor. Recentemente, ele compartilhou uma história comigo que ilustra o que significa ter o caráter de um grande líder.

Eis aqui sua história: "No terceiro ano em que trabalhei como treinador, os co-capitães e os dois melhores jogadores de meu time não apareceram para o jogo. No dia seguinte, disseram que estavam de cama. Mostrei-lhes uma foto tirada na noite do jogo, e nela esses dois jovens estavam se divertindo em uma discoteca. Disse-lhes que parecia que aquela discoteca era mais importante que o jogo ou o time. A seguir, dispensei-os do time por um período de um ano.

"Um dos garotos, cujo pai era vice-diretor da escola, disse-me que seu pai me dispensaria. Mais tarde, conversei com o pai do rapaz. Ele ficou desapontado quando lhe disse que o filho ficaria fora do time o ano todo. Contudo, com o passar do tempo, agradeceu-me por ter tomado aquela atitude. Ele afirmou:

— Foi a melhor coisa que aconteceu com aquele meu filho teimoso.

"Esse incidente deu-me confiança para defender meus pontos de vista. Eu tentava fazer mais do que estruturar um time vencedor, pois procurava estruturar o caráter daqueles garotos, e isso é sempre a coisa certa a ser feita.

"Na Segunda Guerra Mundial, quando estava prestando serviço ao meu país, recebi cartas de muitos jovens que estiveram sob minha supervisão na escola de ensino médio. Aquela foi a primeira vez que percebi que minha atuação como treinador causara impacto na vida de muitos jovens. Todos os que escreviam para mim expressavam apreciação pelo período em que estiveram comigo e no qual eu os ajudara a aprender algumas lições de vida por meio do basquete. Muitos desses jovens enfrentavam situações difíceis e assustadoras na guerra, mas disseram que minha influência na vida deles os ajudara a encarar a situação e a perseverar apesar das dificuldades. Expressavam o desejo de estar em contato comigo, e aquilo disse muito para mim".

John Wooden é o treinador com maior número de vitórias do basquete universitário na história desse esporte, mas para ele sempre houve algo mais importante que o treinamento e a vitória: a edificação do caráter. Ao examinar todos os conselhos que ele deu a seus jogadores, descobrimos que o enfoque é quase exclusivamente a estruturação do bom caráter.

Por exemplo, o treinador dizia com freqüência: "Há dois conjuntos de lemas com três verdades cada: o primeiro é: não minta, não trapaceie, não roube; o segundo é: não lamente, não reclame e não dê desculpas. O treinador também tinha aquilo que denominava Credo dos Sete Pontos — sete conselhos capazes de transformar a vida e cujo objetivo é a edificação das qualidades do caráter de um líder.

1. Seja verdadeiro consigo mesmo.
2. Ajude os outros.
3. Faça de cada dia uma obra de arte.
4. Alimente-se profundamente com bons livros, especialmente a Bíblia.
5. Faça com que a amizade seja uma obra de arte.
6. Construa um abrigo contra os dias chuvosos (tenha fé em Deus).
7. Peça a Deus orientação e conselho e agradeça a Ele pelas boas coisas recebidas todos os dias.

John Wooden, ao se concentrar na edificação do caráter, tornou-se um treinador lendário. Nós, pais, professores, treinadores e conselheiros, devemos ter o mesmo enfoque: a boa liderança começa com o bom caráter.

Por que o caráter é importante?

O general Matthew B. Ridgway (1895-1993) comandou a 82ª Divisão Aérea na Segunda Guerra Mundial e supervisionou a reestruturação do Japão após a guerra. Em 1951, também sucedeu o general Douglas MacArthur no comando do Extremo Oriente e, em 1952, substituiu Dwight Eisenhower como comandante aliado supremo na Europa (NATO).

O general Ridgway contou esta história: "Durante um momento crítico na Batalha do Bulge, quando comandava a 18ª Divisão, outro comandante que entrava em combate ao meu lado, fez este comentário:

— Estou feliz por ter você a meu lado, pois o que conta é o caráter.

"Eu o conhecia há muitos anos, e sabia o que ele queria dizer. Retruquei:

— Digo o mesmo.

"Não houve mais comentários, pois não eram necessários. Cada um de nós sabia que o outro permaneceria firme, qualquer que fosse a situação, ofereceria ajuda antes que lhe pedissem, se fosse possível, diria a verdade, sem buscar a glória para si, e manteria para sempre sua palavra. Esse tipo de atitude alimenta a confiança e o sucesso".

O caráter é uma qualidade moral totalmente à parte de outros aspectos de liderança, como talento, inteligência, personalidade, experiência ou competência. É possível definir *caráter* como "o compromisso de fazer o que é certo sem levar em consideração as circunstâncias, as tentações, as dificuldades da tarefa ou as necessidades pessoais". Uma pessoa com bom caráter não rouba, mesmo que sua necessidade seja grande, e a tentação também.

Uma pessoa de bom caráter persevera, mesmo quando está cansada, é honesta mesmo quando a verdade é custosa, e é corajosa mesmo quando não há esperança de vitória. Uma pessoa de bom caráter jamais diz: "Não me considero culpado por ter trapaceado, ou mentido, ou roubado, pois a tentação foi grande demais para mim". Pessoas com caráter genuíno se programam para sempre fazer o que é certo e assumir a responsabilidade por suas ações e decisões.

Todd Shaw, presidente do Ministério On-Track, líder que trabalha basicamente com jovens, compreende a necessidade de edificar o caráter dos jovens. Declarou a mim: "Como líder de jovens, há algo com o que sempre me deparo: a questão do que significa ser ou não ser líder. Certa ocasião, havia um rapaz no grupo que só causava problemas. Os outros seguiam sua liderança, e ele exercia grande influência nas atitudes e no comportamento do grupo todo.

"Com um rapaz como aquele no grupo, eu, de fato, precisava lutar e competir para liderar o grupo! Ele era um líder, mas sua liderança era negativa.

"Alguns adultos passaram a prestar atenção nesse rapaz e na situação que criava e disseram-me:

— Que desperdício! Ele poderia se tornar um excelente líder!

— Detesto ter de admitir, mas ele *é* um bom líder — eu respondia. — Bom para levar o grupo para a direção errada...

"É como comparar Hitler com Jesus Cristo. É uma comparação afrontosa, e desculpe-me por fazê-la, mas há algo válido que quero ressaltar com ela. Ambos sabiam persuadir as pessoas e obter resultados por meio delas. Os dois homens causaram dramático impacto na história e na humanidade. Obviamente, o resultado da liderança de Hitler era muito diferente do resultado da de Jesus. A liderança de Hitler produziu o pior mal que a humanidade já presenciou. A liderança de Jesus produziu o maior bem que o mundo já presenciou.

"Qual é a diferença fundamental entre a liderança de Jesus e a de Hitler? Diria que, em grande parte, a diferença é de caráter. Jesus era um homem cujo bom caráter era sem-par, e Ele estava comprometido em fazer o que era certo, em servir a Deus Pai e à humanidade, até mesmo à custa de seu sofrimento e de sua vida. Hitler era um homem incrivelmente mau, cuja ambição era extremamente egoísta. Estava comprometido em elevar a si mesmo, tornando-se um deus, à custa da morte de muitos inocentes.

"Essa é a razão pela qual não é suficiente apenas ensinar os jovens a liderar. Temos de ensinar-lhes que *tipo de pessoa devem ser*. Se falharmos em edificar o caráter, corremos o risco de despertar um dia e descobrir que todo aquele maravilhoso treinamento de liderança ajudou apenas a criar outro Hitler. É por essa razão que o caráter é importante".

As qualidades necessárias do bom caráter

Meu amigo Jay Strack, presidente da União Nacional dos Estudantes Universitários, declarou: "O bom caráter é fundamental para a boa liderança. Quando eu era adolescente, lutei para abandonar o vício das drogas e do álcool. Primeiramente, fui uma vítima, depois um vilão, e, por fim, um vitorioso. Tive uma experiência com Deus que foi boa para mim, pois deu um propósito para minha vida. 'Se Deus é por nós, quem será contra nós?'. Sem o álcool e as drogas, minha consciência melhorou, e eu parei de fazer escolhas desastrosas.

"Quando tinha 19 anos, conheci Zig Ziglar, um dos grandes motivadores de nossa época. Ele percebeu que eu tinha potencial e começou a investir em minha vida. Compartilhou este segredo comigo: 'Use as experiências pelas quais passou para ajudar outros a seguir o caminho certo e a realizar os sonhos que têm'. Esse conceito transformou a minha vida. Logo, Zig ajudou-me a falar em público nas escolas, e aquelas palestras lançaram minha carreira".

Jay Strack relatou a transformação que experimentou de vítima a vitorioso, de pessoa de caráter duvidoso a modelo exemplar, um dos melhores que já conheci. Minha esposa e eu achamos que Jay é uma pessoa de caráter tão firme que o escolhemos para celebrar nosso casamento.

Reuni uma lista de qualidades de caráter essenciais para a boa liderança. Precisamos, à medida que desenvolvemos jovens líderes, imprimir essas qualidades neles por meio de nossa instrução e de nosso exemplo. Precisamos, em toda oportunidade de ensino, incutir essas qualidades nos jovens. Se um jovem líder demonstra falhas em uma dessas áreas, podemos utilizar isso como oportunidade de ensino, encorajando o jovem, no que diz respeito ao caráter, a aprender e a crescer com suas experiências.

Eis aqui minha lista de qualidades de caráter (você pode incluir outras não mencionadas):

• *Integridade.* Essa deve ser a primeira em qualquer lista das qualidades de caráter que consideramos essenciais. Jim Denney, meu parceiro neste livro, em seu livro *Answers to Satisfy the Soul* [*Respostas para satisfazer a alma*], explica a integridade desta forma: "Integridade é a qualidade de ser uma pessoa inteira, sem compartimentos. A pessoa íntegra é exatamente a mesma em casa, no trabalho, na igreja ou na sinagoga. Ela é sempre a mesma pessoa, comporta-se sempre da mesma forma, quer em público, quer na vida privada, independentemente de estar sendo observada por milhares de pessoas ou de estar totalmente sozinha, sem que ninguém a veja".

A integridade é essencial para estruturar a confiança, e a confiança é essencial para a liderança. As pessoas seguem apenas o líder em quem confiam. Precisam saber que o líder delas é uma pessoa íntegra, incapaz de dizer uma coisa e fazer outra, alguém que é exatamente aquilo que aparenta e que afirma ser. Se as pessoas descobrirem que o líder delas não é íntegro, deixam de confiar nele e se recusarão a segui-lo.

O general Richard B. Myers afirma: "Uma das muitas lições que, bem cedo, aprendi em minha carreira na Força Aérea, foi a de que é preciso demonstrar credibilidade em seu campo básico de experiência antes que qualquer pessoa queira segui-lo. A credibilidade surge do caráter, especialmente daquele aspecto do caráter que denominamos *integridade*.

"Cresci no interior dos Estados Unidos, em Kansas. Meus professores e treinadores faziam parte da geração mais bem-sucedida de nossa história. Muitos serviram na Segunda Guerra Mundial e na Coréia. Não se vangloriavam desse serviço, pois eram apenas homens ou mulheres reservados e íntegros. Por meio de suas ações e palavras, ensinaram que a integridade quer dizer ser coerente com seus padrões e valores. Isso é o mesmo que dizer o que queremos e querer o que dizemos. Significa apegar-se a nossa honra para nos tornarmos confiáveis e incorruptíveis. É preciso ser uma pessoa íntegra para ser líder e modelo".

• *Honestidade.* A qualidade de caráter referente à honestidade pode ser definida como "total sinceridade e compromisso firme com a verdade". Uma pessoa honesta fala a verdade, admite seus erros, não camufla suas atitudes nem sonega imposto. Se uma pessoa honesta encontra uma carteira com muito dinheiro, procura o dono e não considera isso um golpe de sorte. Se uma pessoa honesta recebe troco a mais em um armazém, corrige o erro, em vez de dizer: "Bem, a loja não vai falir por causa disso!". Pessoas honestas não baixam músicas da Internet a fim de não comprar um CD, pois isso, obviamente, é roubo. Os líderes têm de ser totalmente honestos ou não serão confiáveis.

• *Zelo.* O zelo é uma qualidade de trabalho também denominada ética do trabalho. O zeloso é alguém de iniciativa, trabalhador e dedicado. O bom nunca é bom o suficiente. O zelo é importante porque um líder não pode inspirar sua equipe a trabalhar arduamente se não estiver disposto a dar o exemplo. Um líder trabalhador inspira toda equipe a trabalhar arduamente e a produzir com excelência.

Pessoas com ética de trabalho firme não crêem que o trabalho seja meramente um meio para o sucesso; verdadeiramente acreditam que o trabalho é um bem moral e que a preguiça e o desleixo são moralmente errados. É importante ensinar uma firme ética de trabalho para as pessoas enquanto ainda são jovens. É difícil ensinar o zelo a um adulto preguiçoso, indiferente e sem motivação. O zelo é uma atitude que se firma quando ensinado na mais tenra idade.

• *Paciência.* É a disposição de adiar a gratificação imediata a fim de alcançar uma recompensa futura melhor. É a disposição de sentir-se em paz enquanto se espera os resultados. Parece que o mundo atual não conhece essa virtude, a da paciência. Neste mundo agitado e rápido da Internet, dos *e-mails*, de *fast-foods*, de fornos de microondas, dos caixas automáticos e dos caixas eletrônicos, não temos mais paciência para esperar, para agüentar firme, para ter esperança e expectativas. Todavia, grandes líderes são sempre pessoas de grande paciência. Essa é uma qualidade de caráter essencial para se desenvolver em jovens líderes.

• *Humildade.* Humildade implica ter uma visão sensata de si mesmo e dos outros. Não tem nada que ver com a degradação de alguma pessoa nem com a idéia de se considerar inferior, nem quer dizer ser brando, fraco ou passivo. A humildade genuína é uma forma de demonstrar firmeza, não fragilidade. Uma pessoa humilde pode ser confiante sem ser arrogante e demonstra respeito pelos outros e por si mesmo. A humildade faz com que a pessoa reconheça que o próprio valor não é determinado pelo que os outros pensam. O ego da pessoa não pode ser insuflado pelo elogio nem diminuído pela crítica. Tanto o elogio quanto a crítica não penetram em seu ser, pois sua auto-estima não está associada ao que os outros pensam. Madre Teresa declarou: “Se você for humilde, nada o afetará, nem o elogio nem a desgraça, pois você sabe quem é”.

Brooks Robinson foi um lendário jogador de beisebol que participou de vinte e três temporadas pelo Baltimore Orioles e ganhou o troféu de MVP [Jogador mais valioso da temporada] (1964) e outro troféu de MVP referente a World Series, a grande final do torneio de beisebol (1970). Brooks relata sua experiência: “Em meu primeiro jogo pela liga, eu me saí muito bem. Tinha apenas 18 anos. Depois da partida, corri para o hotel para telefonar a meu pai e só conseguia pensar que era realmente um excelente jogador que já deveria estar jogando na liga principal. No entanto, nas dezoito tentativas seguintes na posição de rebatedor, não acertei nenhuma bola. Ser humilhado daquela forma deve ter sido a melhor coisa que aconteceu comigo. Não há nada pior que um jogador de ego inflado. Aquela dose de humilhação de fato me deu uma perspectiva mais realista, além de me tornar um jogador de beisebol mais competente e uma pessoa melhor”.

Andy Dolich, presidente responsável pelas operações de negócios do time Memphis Grizzlies, da NBA, contou-me sobre uma lição de liderança humilde que aprendeu com Sonny Werblin, o homem que comprou o falido New York Titans e o transformou em um vencedor do Super Bowl, a grande final do futebol norte-americano, jogando contra o New York Jets. Quando Andy era o dirigente do Washington Diplomats, um time de futebol, Werblin era dirigente do ginásio Madison Square Garden.

Andy recorda-se: "Os Diplomats jogariam contra os Cosmos de Nova York em um estádio em Washington. Eu estava no carro com Sonny Werblin, prestes a entrar no estacionamento reservado a dirigentes e oficiais, mas o segurança não nos permitiu entrar. Muitos dirigentes e pessoas importantes teriam tido um ataque e pedido a cabeça daquele segurança. Mas enquanto nos dirigíamos a outro portão, Sonny virou-se para mim e disse:

— Quero que se certifique de que aquele segurança receba um bônus por não ter permitido que entrássemos ali. Estava fazendo exatamente o que lhe pedimos para fazer.

"Aquele exemplo me surpreendeu e ainda me surpreende. Um líder jamais deve pôr-se em uma posição mais elevada que a de qualquer outra pessoa da organização."

• *Responsabilidade.* Responsabilidade é uma qualidade de caráter que demonstra disposição para agir de forma produtiva e decisiva sem que outras pessoas lhe digam o que fazer, sem que tenha de ser monitorado, direcionado nem empurrado a agir. É a capacidade de admitir os próprios erros e de corrigi-los sem desculpas e sem culpar os outros. Fred Claire, ex-gerente geral do Los Angeles Dodgers, contou-me: "Não é possível assumir uma posição de liderança sem estar pronto a assumir a responsabilidade por suas ações. A liderança inicia no momento em que assumimos responsabilidades e respondemos por nossas ações".

Como edificar a responsabilidade em jovens? Há muitas maneiras de fazer isso: estabeleça objetivos e tarefas apropriadas para depois alcançar esses objetivos ou aceite as conseqüências caso venha a falhar. Estabeleça expectativas de desempenho e permita que assumam a responsabilidade para alcançá-las, sem que tenha de lembrá-los constantemente disso! Se os jovens parecem intimidados por um projeto ou objetivo aparentemente muito grande ou complexo, ajude-os a estipular passos e tarefas menores, mais fáceis de serem administrados.

Os jovens desenvolvem um senso de responsabilidade quando permitimos que sofram as conseqüências de suas ações ou de sua imobilidade. Se os resgatarmos constantemente das conseqüências de seus atos, eles se sentirão no direito de serem resgatados todas as vezes.

Acima de tudo, estimule o comportamento responsável. Quando os jovens agem de forma responsável e aceitam a culpa por um erro ou uma falha, não se esqueça de dizer: "Tenho orgulho de você, isso mostra que está se tornando um jovem líder responsável".

Phil Roof jogou onze temporadas consecutivas como apanhador na MLB e agora é gerente do Rochester Red Wings, time de Minnesota. Ele relata: "Sou de uma família grande e passei a infância em uma fazenda. Tínhamos cavalos, mulas, vacas, porcos, galinhas e patos e ganhávamos dinheiro com os laticínios que produzíamos na fazenda. Tenho um irmão mais velho e um mais moço, e fazíamos rodízio para alimentar os animais diariamente. Quando que meu pai caía doente ou viajava, ele dizia para minha mãe:

— Sempre que Phil fica responsável pelas tarefas, sei que ele as fará da maneira que quero.

"Sentia-me bem por saber que ele confiava em mim e me achava responsável e confiável".

Jim Henry, líder sênior da Primeira Igreja Batista de Orlando, disse-me: "Na escola de ensino médio, fui presidente da União dos Estudantes, e nossa escola era uma das maiores do Estado do

Tennessee. Certo dia, antes de um importante jogo de futebol, a escola fez uma brincadeira de mau gosto. Nos bancos, alguns alunos levantaram um calouro e começaram a passá-lo de mão em mão. O pobre rapaz ia para cima e para baixo das fileiras como se fosse uma bola de futebol. Eu era um daqueles que ria e participava dessa brincadeira boba.

"O diretor viu aquilo e não gostou nem um pouco. Acabou com a brincadeira e nos mandou para a classe. A seguir, chamou-me à diretoria e me olhou friamente, enquanto dizia: 'Sr. Henry, estava participando daquela brincadeira boba?'. Admiti minha culpa.

"Ele declarou: 'Nesse caso, você, como presidente da União dos Estudantes, falará diante de todos eles. Você pedirá desculpa aos professores e a seus colegas por ter participado dessa palhaçada. E você tem de incentivar todos os alunos a jamais se comportarem dessa forma'. A seguir, ele reuniu os alunos, mais de mil, e fez com que eu me levantasse para falar com eles.

"Levantei-me, assumi a responsabilidade por ter participado daquela atividade e desafiei todos os alunos a se comportarem de outra maneira, conforme o diretor me instruíra. Quando terminei, o diretor nos dispensou. Aquela foi uma importante lição sobre a responsabilidade, a prestação de contas de atos e a influência que exercemos como líderes. Aquela experiência, na época, foi dolorosa, embora a lição tenha sido muito importante, e eu jamais a esqueci."

• *Disciplina.* A disciplina implica dominar o comportamento e os impulsos a fim de ter energia e tempo para alcançar os objetivos. Uma pessoa disciplinada não é escrava de vícios (fumo, bebida, drogas, compulsões sexuais, apostas, ingestão de alimentos e assim por diante). A pessoa disciplinada tem hábitos de boa administração do tempo e não é preguiçosa. Tem hábitos equilibrados e saudáveis, reservando o tempo necessário para dormir, descansar, exercitar-se e ter comunhão com Deus.

Eric Musselman, dirigente do Golden State Warriors, time da NBA, contou-me: "Meus pais exerceram enorme influência em minha vida. Tinham excelente disciplina, e o estilo de vida deles era bem controlado. Durante o ensino médio, não tinha permissão para ingerir bebidas alcoólicas nem para dormir depois da meia-noite. Meus amigos não tinham essas restrições, e havia muita pressão para que eu adotasse o estilo de vida deles. No entanto, meu pai ensinou-me a lutar contra a pressão do grupo a fim de defender-me e a meus pontos de vista.

"Quem não é do tipo, 'maria-vai-com-as-outras', sobressai, e nenhum adolescente gosta de chamar a atenção dessa forma. Ninguém quer ser aquele que não é 'o cara legal'. Mas meu pai incentivou-me a continuar resistindo à pressão do grupo e ser um líder. Fiz isso, e finalmente outros passaram a me seguir. Logo, muitos de meus colegas de time decidiram que realmente *não* era 'legal' beber. Aprendi que ter disciplina ajuda os líderes a exercerem muita influência no grupo".

Phil Jackson, treinador do Los Angeles Lakers, afirma: "Quando estava para me formar na Universidade da Dakota do Norte, meu treinador era Bill Fitch. Fui capitão do time, mas, em dado momento, perdi essa regalia. Estávamos jogando em Chicago, e saí com alguns amigos. Voltei para o hotel depois do horário estipulado, e Bill escolheu outro jogador para ser o capitão. Disse-me: 'Você não merece ser capitão novamente até que me prove o contrário.' Bill fez com que eu lhe provasse que tinha disciplina para ser capitão. A propósito, recuperei a posição de capitão e fomos bem-sucedidos naquela temporada.

Aprendi uma lição sobre disciplina com Bill Fitch que muito me ajudou".

• *Coragem.* A coragem diz respeito à disposição de assumir riscos, de enfrentar oposição e de atacá-la, bem como de lutar contra oponentes e obstáculos em busca de um objetivo digno ou em defesa de uma boa causa. Coragem não é o mesmo que ser destemido. A pessoa corajosa faz exatamente aquilo que teme e faz isso porque sabe que essa é a atitude correta. Devemos sempre estimular os jovens quando demonstram coragem. Em um mundo cada vez mais perigoso, a coragem torna-se uma faceta extremamente importante da liderança.

Vanessa Blair, jogadora e treinadora do time feminino de basquetebol da faculdade Mount St. Mary's College, recebeu muitos prêmios, inclusive o de jogadora do ano, de jogadora da década e de treinadora do ano. Ela explica: "Aos 27 anos, tive uma excelente oportunidade. Recebi a proposta de tornar-me treinadora de um time de basquete. Fiquei nervosa, pois sabia que sucederia um notável treinador, Bill Sheahan.

"Assim, fundamentei-me na Bíblia para permanecer firme e corajosa, independentemente do que pudesse aparecer em meu caminho, coisas boas ou ruins. O que me incentivou foi uma passagem em Jeremias 1. Deus chama Jeremias e lhe diz: 'Antes de formá-lo no ventre eu o escolhi; antes de você nascer, eu o separei e o designei profeta às nações'. Mas Jeremias retrucou: 'Ah, Soberano Senhor! Eu não sei falar, pois ainda sou muito jovem'. O Senhor, porém, lhe disse: 'Não diga que é muito jovem. [...] Não tenha medo deles, pois eu estou com você para protegê-lo'.

"Aquilo me fortaleceu, pois percebi que grandes personagens da Bíblia foram chamados ainda jovens para desempenhar alguma tarefa importante para Deus. Em minha primeira temporada como treinadora, recebi prêmio de treinadora do ano".

• *Perseverança.* Não é fácil transformar uma visão em realidade. Essa é a razão pela qual o aspecto do caráter referente à perseverança é tão crítico para edificar líderes bem-sucedidos. Os jovens precisam aprender que nada do que vale a pena é conquistado de forma rápida ou fácil. Não se alcança nenhum grande objetivo sem oposição, obstáculos ou reveses. Os jovens, a fim de alcançar qualquer coisa duradoura e que valha a pena, têm de ter a qualidade que recebe muitos nomes: perseverança, determinação ou persistência.

A melhor forma de estruturar a perseverança em jovens é dar-lhes projetos ou tarefas que exijam um compromisso de tempo e esforço de longo prazo. Quando encontram dificuldades e isso os leva a sentir-se desencorajados e a querer desistir, anime-os! Motive-os para que prossigam. Quando o jovem líder finalmente completa aquele projeto ou tarefa, certifique-se de que é responsável por ter perseverado até o fim. À medida que os jovens descobrem as recompensas da perseverança, gradualmente estruturam a força de propósito e de determinação na vida deles.

• *Justiça.* Pessoas de bom caráter são justas e imparciais, pois tratam todos de forma igual sem qualquer discriminação por causa de classe, posição social, sexo, raça e assim por diante. Para edificar líderes com mente justa, é preciso modelar a justiça por meio de palavras e ações.

• *Tolerância.* A faceta do caráter relacionada à tolerância refere-se à disposição de aceitar as pessoas e as idéias mesmo se não gostarmos delas nem concordamos com elas. A verdadeira tolerância é a atitude que diz respeito a 'viver e deixar os outros viverem'. Não temos de concordar com essa religião ou com aquela posição política, mas podemos ser respeitosos e tolerantes em meio a pessoas de outros credos e com posição política distinta da nossa. Tolerância é uma característica importante do caráter dos jovens líderes, pois, muitas vezes, são requisitados a auxiliar pessoas, mediando conflitos e unindo-as, apesar das crenças e visões distintas que têm.

Bob Johnson, fundador e executivo da Black Entertainment Television, contou-me: "Uma habilidade que todos os líderes têm de aprender hoje é a de tolerar e abraçar a diversidade. O mundo é uma experiência multicultural, e nossa sociedade está se tornando cada vez mais multicultural. Um líder tem de estar disposto a compreender outras pessoas e outras posturas a fim de ser um líder bem-sucedido no século 21".

• *Compaixão.* A compaixão envolve a disposição de escutar as pessoas que enfrentam dificuldades a fim de oferecer encorajamento e ajuda para carregar o fardo delas. Por meio dela demonstramos gentileza abnegada em relação aos outros e a disposição de sacrificar o próprio conforto e conveniência a fim de confortar outra pessoa. Compaixão é o mesmo que doar-se de forma altruísta e generosa, graças a um amor autêntico pelas pessoas, em vez de agir para ser reconhecido ou para buscar a gratificação do ego. Uma forma eficaz de encorajar a compaixão em jovens líderes é pô-los em situações nas quais possam alcançar e ajudar os que não são tão afortunadas quanto eles.

• *Auto-sacrifício.* Essa qualidade de caráter envolve a disposição de subjugar os próprios desejos, interesses, benefícios e vontades para alcançar propósitos mais elevados. Esses propósitos mais elevados podem ser Deus, os semelhantes, a organização ou o objetivo de uma equipe. Isso quer dizer que estamos dispostos a sacrificar dinheiro, posses, confortos, reputação ou o direito de fazer as coisas a nossa própria maneira. Na forma mais extrema, o auto-sacrifício pode motivar a entrega da vida em prol de um propósito mais alto — um ideal nobre, a fé em Deus ou a vida de outro ser humano. Poucas pessoas querem seguir um líder egoísta e centrado em si mesmo. Um líder verdadeiramente capaz de se auto-sacrificar sempre inspira os seguidores a seguir seu exemplo.

• *Fé.* A qualidade de caráter da fé envolve a disposição para viver e agir de acordo com a natureza e as promessas de Deus. A palavra fé é muitas vezes mal interpretada e mal definida, principalmente quando as pessoas a consideram como "fé cega em uma idéia sem qualquer evidência". Considero a fé algo totalmente compatível com a racionalidade. A fé autêntica em Deus é racional, fundamentada em evidência confiável.

Em minha experiência, as pessoas de fé são os melhores líderes, pois sabem que têm de prestar contas a Deus por suas ações e decisões. Na Bíblia, Deus nos chama para ser pessoas de caráter, ou seja, para ser íntegros, honestos, zelosos, pacientes, humildes, responsáveis, disciplinados, corajosos, perseverantes, justos, tolerantes, compassivos, racionais, com capacidade de auto-sacrifício e cheios de fé. Portanto, de forma bastante real, a fé é uma qualidade que abraça e incorpora todas as demais facetas do caráter. Pessoas de fé autêntica têm de ser sempre pessoas de bom caráter.

Caráter em construção

Uma de minhas personagens bíblicas favoritas é José, cuja história encontra-se no livro de Gênesis. No início da década de 1980, ouvi uma pregação de Ron Hutchcraft, professor de Bíblia na capela da NBA, em Nova York. O tópico que apresentou foi José e os quatro princípios preservadores da vida, os quais não permitiram que José sucumbisse em momentos difíceis. Aquela mensagem me marcou tanto que, vinte anos mais tarde, escrevi um livro sobre José, *Unsinkable* [Aquele que não sucumbe]. Dei um exemplar do livro a Grant Hill, do Orlando Magic. Alguns dias mais tarde, ele me puxou de lado e disse:

— Gostei desse livro! Na verdade, José é o melhor homem da Bíblia depois de Jesus, é claro.

Acho que Grant Hill está muito certo. José verdadeiramente é um dos melhores homens da Bíblia. A história de José com a esposa de Potifar (Gênesis 39) demonstra o bom caráter daquele jovem líder. Jacó teve doze filhos, e José era o décimo primeiro. Quando o pai de José o enviou para ir se encontrar com os irmãos no campo, por causa dos ciúmes que sentiam, o venderam como escravo para o Egito. Potifar, um capitão egípcio, comprou José em um leilão de escravos.

O bom caráter de José, especialmente sua integridade, zelo e responsabilidade, se tornara rapidamente aparente para Potifar. Esse capitão egípcio confiava em José e o deixou responsável por tudo o que possuía. Imagine ter entre 16 e 19 anos (a idade aproximada de José), e seu chefe confiar a você o talão de cheques, o dinheiro em caixa, as posses, e até mesmo as chaves de seu novo carro. Potifar depositou toda essa confiança no jovem José.

Certo dia, enquanto José tomava conta da casa de Potifar, a esposa do chefe tentou seduzi-lo. O marido não estava em casa, e ninguém ficaria sabendo do ocorrido. José, no entanto, recusou-se a trair o mestre.

Ele disse: "Meu senhor não se preocupa com coisa alguma de sua casa, e tudo o que tem deixou aos meus cuidados. Ninguém desta casa está acima de mim. Ele nada me negou, a não ser a senhora, porque é a mulher dele. Como poderia eu, então, cometer algo tão perverso e pecar contra Deus?". Essa afirmação é de um homem íntegro e cheio de fé. Ele sabia que trairia o mestre se tivesse uma relação sexual com a mulher; e, acima de tudo, isso seria também trair seus valores e seu relacionamento com Deus.

Há um princípio importante na história de José — princípio que precisamos estimular nos jovens sob nossa responsabilidade. O princípio é este: é preciso preparar-se antes que uma situação difícil chegue para ser capaz de manter o caráter e a integridade quando a tentação chegar. Se não determinar de antemão que quer conduzir a vida como a de uma pessoa de caráter, cairá e falhará quando a tentação atravessar seu caminho. José já havia determinado que viveria de acordo com seu caráter e sua fé. Portanto, quando a esposa de Potifar o convidou para que pecasse com ela, ficou firme e resistiu à tentação e às investidas dela.

E como José foi recompensado quando demonstrou fé e integridade? A mulher ficou enfurecida e tentou destruir a vida dele. Quando o marido retornou, ela lhe disse que José tentara estuprá-la. Potifar acreditou em sua esposa mentirosa e enviou José para a cadeia. Assim, a integridade de José foi recompensada com difamação, injustiça e prisão.

Os jovens precisam compreender que o *caráter é a grande recompensa*. Há grande valor em ser capaz de olhar em retrospectiva sem culpa nem arrependimento para as escolhas feitas, sem levar em consideração se aquelas escolhas resultaram em progresso ou injúria. Precisamos continuamente deixar claro que a coisa certa a ser feita (e exemplificar isso em nossa própria vida) é sempre a melhor, mesmo se tivermos de pagar um preço por isso. Caráter é isso.

Por fim, José — mais uma vez graças ao seu caráter, fé e integridade, — tornou-se conhecido de faraó e governou todo o Egito. Faraó tirou José da prisão e o escolheu como o segundo líder mais poderoso em toda aquela terra. José, graças a seu caráter moral impecável, provou ser digno da total confiança do Faraó.

O caráter de José foi testado por meio da tentação e da adversidade. Todos os líderes, mais cedo ou mais tarde, enfrentam esses testes. A única forma de um líder manter-se firme na tentação e na adversidade é por meio do fortalecimento do caráter.

Portanto, como ensinar e motivar os jovens a ter um caráter firme para que, a exemplo desse personagem bíblico, permaneçam firmes quando a tentação ao erro e a adversidade atravessarem o caminho deles? Eis aqui algumas sugestões para a edificação do caráter em jovens líderes.

1. *Seja uma pessoa absolutamente íntegra e de caráter.* Você pode liderar jovens a chegarem a lugares aos quais não pode ir. Se espera que um jovem tenha integridade, precisa modelar essa integridade, principalmente nos momentos em que acha que ninguém o observa. Ser uma pessoa de caráter é uma tarefa incansável, sem qualquer descanso: ou você tem caráter o tempo todo ou não tem. E se você não tem, não será capaz de modelá-lo. Em qualquer momento ou em qualquer lugar que você for tentado a abrir mão de seu caráter — no trabalho, em seu carro, na loja ou em sua casa —, lembre-se de que os jovens estão observando e aprendendo com o seu exemplo.
2. *Dê a seus filhos instrução religiosa regularmente.* Freqüente com assiduidade seu local de adoração com seus filhos;

não os largue na porta desse local de adoração indo embora em seguida. Exemplifique sua fé em casa. Leia a Bíblia e ensine seus filhos crer em Deus. Discuta sua fé e valores com seus filhos diariamente, especialmente durante as refeições e nos momentos em que surgem situações que podem se tornar objeto de lições para o ensino do bom caráter. Procure fazer com que a prática da fé seja diária em sua vida familiar.

Uma das regras de nossa casa é esta: se você mora nesta casa, tem de ir à igreja toda semana. As crianças querem ir à igreja todos os domingos? Claro que não. Temos de tirá-las da cama e, muitas vezes, voltar ao quarto para nos certificar de que não estão dormindo de novo. Mas todos sabem que aos domingos de manhã, nós vamos à igreja.

3. *Sirva aos outros.* Seja um exemplo de serviço ao próximo e descubra formas de envolver seus filhos para que sirvam aos semelhantes como voluntários, especialmente com pessoas menos afortunadas que eles. Encoraje seus filhos a se envolver com o trabalho voluntário em um abrigo para sem-teto, ou a trabalhar em projetos que atendem pessoas necessitadas, ou a fazer visitas a asilos ou hospitais. Se precisar de idéias para projetos assim, fale com seu orientador espiritual.
4. *Envolva seus filhos em atividades esportivas.* Entenda bem isto: não há nada na atividade esportiva que edifique automaticamente o caráter. Por exemplo, as crianças não aprendem nada sobre o bom caráter com pais e treinadores que têm a mentalidade de vencer a qualquer custo. Entretanto, os esportes podem exercer

uma influência poderosa na estruturação do caráter se pais e treinadores forem pessoas de bom caráter. Pais e treinadores devem dar o exemplo de honestidade, de justiça e de respeito pelos semelhantes.

É verdade, vencer é importante, pois os líderes e suas equipes têm de ser competitivas. Mas aqueles que trapaceiam para vencer traem seu caráter. É verdade, a competição é importante, mas os oponentes devem ser respeitados, não odiados. Portanto, envolva seus filhos em atividades esportivas e use os esportes para ensinar lições sobre o espírito esportivo e o bom caráter.

Após receber mais de quinhentas respostas a meus pedidos para entrevistas e informação, fiquei surpreso em perceber que muitos desses líderes, homens e mulheres, receberam as primeiras lições de liderança em alguma atividade esportiva quando ainda eram crianças. Acima de tudo, algumas lições de liderança os acompanharam a vida toda.

5. *Elogie e corrija as crianças no que diz respeito ao caráter.* Quando a criança faz qualquer coisa certa, ratifique essa atitude e diga: "Percebe o que isso significa? Você demonstrou ter bom caráter! Acabou de demonstrar honestidade, ou integridade, ou responsabilidade. Estou realmente orgulhoso, pois isso demonstra que seu caráter está crescendo e amadurecendo".

Quando uma criança age de forma errada, não puna apenas a ação. Diga: "Quando você toma esse tipo de atitude, estraga seu caráter. Quer construir um bom caráter para que outros confiem em você e se sintam orgulhosos de você? Para isso, precisa fazer boas decisões quando enfrenta esse tipo de situação tentadora. A próxima vez que passar por isso, pense em como a escolha que faz afeta o caráter que está tentando construir".

6. *Permita que as crianças experimentem as conseqüências de suas más escolhas.* Certifique-se de que seus filhos compreendem que há um preço a ser pago pelo caráter falho e pelas decisões ruins. Quando outras pessoas são feridas pelas decisões equivocadas das crianças, certifique-se de que entendam a dor e o malefício que suas escolhas causaram. Não defenda, não proteja nem resgate os jovens das conseqüências de suas atitudes. Certifique-se de que aprendam que há uma relação de causa e efeito entre as más escolhas e as conseqüências desagradáveis.
7. *Converse com as crianças sobre os heróis.* Leia ou veja filmes com elas que contem histórias de pessoas heróicas que exemplificam caráter excepcional. Conte-lhes histórias sobre heróis da Bíblia ou heróis universais. Depois que seus filhos escutarem a história de algum herói, pergunte-lhes que qualidade de caráter eles vêem naquela história.
8. *Cole citações inspiradoras em sua casa.* Cole-as na geladeira ou em algum outro local visível e mude essas citações uma vez por semana ou por mês. Recitem juntos as citações todas as noites à mesa do jantar ou memorizem-nas juntos. Discuta o significado das citações e certifique-se de que todos as compreendem e conseguem aplicar o sentido delas na vida cotidiana. Eis aqui alguns exemplos:

"Não se deixem enganar: 'As más companhias corrompem os bons costumes'."

1Coríntios 15.33

"O caráter se manifesta nos grandes momentos, mas ele se forma nos pequenos momentos".

Phillip Brooks

"O caráter é simplesmente um hábito contínuo de muito tempo".

Plutarco

"Quando se perde a riqueza, nada se perde; quando se perde a saúde, alguma coisa se perde; quando se perde o caráter, tudo se perde".

Anônimo

Bill Walton era um grande astro quando jogou para o treinador John Wooden, no início da década de 1970, no UCLA Bruins. Depois de ganhar o prêmio de melhor jogador universitário por três anos consecutivos, ele teve uma carreira meteórica na NBA, seguida por uma carreira bem-sucedida como comentarista esportivo. O filho de Bill, Luke Walton, grande ala do Los Angeles Lakers, disse que seu pai sempre foi um discípulo de John Wooden e sempre acreditou em citações motivadoras. Luke recorda: "Eu e meus três irmãos sempre víamos as citações motivadoras de John Wooden coladas pelos cantos da casa: na geladeira, no espelho do banheiro, no carro. Papai, às vezes, até punha as citações de Wooden em nossa lancheira".

A tarefa de edificar o caráter é interminável. O que se aplica às crianças também serve para os adultos: nosso caráter está sempre em construção. Toda decisão que tomamos edifica um caráter mais forte ou cria fissuras em seu fundamento. Aquilo que chamamos de caráter é edificado dia-a-dia, decisão a decisão, teste a teste, e a influência mais poderosa na edificação do caráter de nossos filhos é o caráter que edificamos em nós mesmos.

Caráter na adversidade

Mais cedo ou mais tarde, todos os líderes enfrentam a adversidade. Reagir à adversidade é o teste último de um líder, e apenas líderes de caráter firme passam no teste. Líderes sem integridade se desintegram diante da tentação. Líderes sem coragem sentem pânico diante do perigo, da crítica e da oposição. Líderes sem perseverança falham no teste quando encontram um obstáculo atrás do outro. Líderes que passam no teste da adversidade invariavelmente descobrem que o teste do caráter faz com que se transformem em pessoas mais firmes e mais resistentes.

Jim Tooley, diretor executivo de basquete nos Estados Unidos, recorda: "Tive consciência de minha habilidade para liderança quando, ainda jovem, comecei a organizar jogos de basquete, beisebol e futebol em Yonkers, Nova Iorque. Meu envolvimento com a área esportiva foi importante para ensinar-me não apenas as habilidades de liderança, mas também a importância do caráter na liderança.

"No início de minha carreira como líder esportivo, tive uma experiência que afetou profundamente minha maneira de ver a vida. Quando tinha 23 anos de idade, fui promovido a diretor de operações do Continental Basketball Association [Associação Continental de Basquete], por Jay Ramsdell. Ele tinha apenas 25 anos e era um dos mais jovens naquela posição na época. Mergulhei no trabalho — foi uma oportunidade tremenda para meu crescimento profissional, embora eu ainda fosse agitado e bastante ardoroso. Fiquei muito ocupado com a preparação da tabela de jogos da liga e também com as transações para jogadores e treinadores referentes a multas, suspensões e assim por diante.

"Em 19 de julho de 1989, menos de um ano depois de ser promovido, Jay Ramsdell, meu chefe e amigo, morreu em um acidente de avião ocorrido em Sioux City, Iowa. Aquele foi um tremendo choque e minha primeira dose de 'perspectiva' da realidade. A vida é um assunto sério, e aquilo que parece tão importante para nós em um momento pode desaparecer em um instante. Há coisas mais essenciais na vida que tabelas de jogos e transações. Há assuntos vitais, como os relacionamentos e o tempo gasto com coisas importantes que nos ajudam a saber se estamos nos tornando o tipo certo de pessoa. Depois que Jay morreu, meu ritmo de trabalho tornou-se menos frenético. Procurei ter mais equilíbrio".

A tragédia e a adversidade têm efeito sobre os jovens, levando-os a se tornarem mais sensatos. Experiências dolorosas geralmente promovem o crescimento de caráter nos jovens. Doutor Peter Likins, presidente da Universidade do Arizona, contou-me: "Desde que me conheço por gente, sempre esperei liderar. Em minha juventude, era sempre o capitão do time ou o representante da classe. Passei a considerar esses papéis como minhas tarefas normais. Isso, provavelmente, iniciou quando tinha cerca de 7 anos de idade, momento em que meu pai abandonou a família — a esposa e quatro filhos com idades de 8, 7, 2 e 1 ano.

Agradeço a irresponsabilidade dele, pois cresci com um tremendo senso de responsabilidade. Quando ele nos abandonou, senti a responsabilidade de permanecer no curso dos eventos até que se completassem. Esse foi o presente que meu pai me deu.

"Em minha juventude, confundia vencer com liderar. Achava que liderar era o mesmo que ter um desempenho bem-sucedido. Mas as recompensas da vitória são transitórias. Mais tarde, descobri que liderar é servir. Servir os outros traz um tipo de satisfação mais profundo".

Doutor Jordan Cohen, presidente da Association of American Medical College [Associação das Escolas Médicas dos Estados Unidos], discutiu sua experiência no Boys State, um programa de treinamento para líderes do sexo masculino em que se aprende na prática, o qual ensina aos jovens como o governo funciona (há também o programa para as meninas, Girls State). É um programa de sete dias em que o jovem participa de atividades de disputa governamental, como a eleição de prefeitos e vereadores. Há também atividades musicais e atléticas para os jovens.

O doutor Cohen relata: "Entre os 16 e os 17 anos, eu fui representante do Boys State no Missouri. E fui encorajado por essa associação a participar da 'eleição' para governador. Se fosse eleito, o prêmio seria uma viagem a Washington D.C. com todos os outros 'governadores' dos demais estados do país eleitos pelo programa Boys State. Após de uma campanha intensa, 'perdi' para outro garoto.

"Depois que o resultado foi anunciado, um conselheiro que ficou meu amigo puxou-me de lado e me contou que eu realmente vencera a eleição, mas que os dirigentes da organização acharam que não seria muito aconselhável um garoto judeu representar o estado de Washington. Portanto, escolheram outro candidato. Aquela experiência séria me ensinou que há pessoas que aparentam ser líderes e supostamente ocupam uma posição de treinamento de líderes, mas não passam no teste de caráter de liderança: não demonstram integridade nem justiça. Aquela experiência também me ensinou algo sobre a qualidade do caráter da perseverança, pois alimentou minha determinação para ser bem-sucedido".

Lynn Brian, treinadora do time de basquete feminino da Universidade de Ohio, enfrentou uma crise em sua liderança por uma dupla tragédia em sua vida. Ela relata: "Meu primeiro emprego foi como treinadora em uma escola no Texas. Nesse período, recebi a notícia de que meus irmãos foram mortos em um acidente de carro. Senti que precisava estar mais próxima de minha família, que morava em Orlando. Por mais que eu gostasse de minha vida de treinadora e de ser independente, decidi que precisava mudar-me novamente para a Flórida, mesmo que isso representasse voltar a ser assistente.

"Naquela época, Jerry Richardson, treinador da Universidade Central da Flórida (UCF), ofereceu-me o posto de assistente. Fiquei grata a Jerry e agradeci a oportunidade para ficar mais próxima de minha família em um momento difícil, portanto aceitei a oferta. Arrumei minhas coisas, entrei no carro e fui para Orlando, deixando o Texas para trás. Quando parei em Mobile, no Alabama, telefonei para meus pais, e eles me informaram sobre a segunda tragédia que mudaria a minha vida: Jerry Richardson fora morto em um acidente de carro.

"Fiquei perplexa, tão chocada que nem me lembro de ter dirigido de Mobile até a costa da Flórida. Quando cheguei a Orlando, a UCF ofereceu-me um emprego de treinadora interina. Embora eu amasse a minha posição de treinadora no Texas, certamente não queria ocupar a posição principal por causa dessas trágicas circunstâncias.

"No entanto, sabia que Deus me dirigia a ficar mais perto de minha família. É bom não sermos capazes de ver o futuro, pois jamais teria aceitado o posto de treinadora interina na UCF se conhecesse o futuro. Sentir-se oprimida é algo natural quando se é líder, especialmente em momentos adversos. Na verdade, creio que se alguém não se sente oprimido é porque não está enfrentando o desafio de um papel relevante de liderança. Não acho que já me senti totalmente preparada ou adequada para qualquer posição de liderança que exerci.

"Em meu primeiro ano na UCF, obtivemos algumas vitórias na temporada e, na temporada seguinte, melhoramos consideravelmente. Ao longo do tempo em que estive na UCF fui totalmente dependente de Deus. Apenas minha fé podia ajudar-me a passar por aquilo, pois o desafio era muito maior do que eu poderia enfrentar sozinha. Creio que quando Deus nos escolhe, a liderança não é uma escolha, mas um chamado. Tudo o que sei é que ser treinadora, especialmente em momentos adversos, não apenas revela sua força de caráter, mas também traz à tona todas suas fraquezas. Mas Deus nos escolhe para esses desafios, quer queiramos, quer não".

Perguntei a Lynn que qualidades ela busca em sua avaliação dos jovens quando tem em mente papéis de liderança para eles. Ela disse o seguinte: "Observo como reagem à adversidade, ao conflito ou aos desafios. Essa é a essência para ser um grande líder. Observo atentamente como os jogadores reagem quando as coisas não acontecem da forma que querem ou quando não jogam bem.

"Também observo como tratam os outros. Estou convencida de que o que os jogadores fazem a outros, também farão a mim, a treinadora deles. Se observo que estão trapaceando, mentindo, vagabundeando ou sendo desleais com os colegas e com outras pessoas, sei que é apenas uma questão de tempo para que também façam isso comigo. Esse não é o tipo de liderança que quero em meu time. Portanto, de meu ponto de vista, bom caráter é definitivamente um componente essencial do bom líder.

"Quem possui grande potencial de liderança tem a tendência de ter convicções firmes. Não consegue deixar de demonstrar sentimentos veementes sobre certos assuntos, o que, obviamente, nem sempre o torna querido entre os que o rodeiam. Gente com convicções firmes toma posição, pois sente que tem de prestar contas a alguém superior — Deus ou algum outro tipo de poder superior. Sente-se seguro em relação a suas convicções e não deseja ardentemente a aprovação dos outros. Vive um pouco à margem e sempre questiona decisões e posições tomadas.

"Quando observo jovens com potencial de liderança eu os encorajo, especialmente quando enfrentam momentos adversos. Eu os encorajo a ler excelentes livros, especialmente a Bíblia, e a freqüentar cursos rápidos dedicados a edificar habilidades de liderança. Dou-lhes liberdade para caminhar sozinhos e tomar as próprias decisões, e até mesmo para cometer alguns erros. Eu os estimulo e os animo, mas eu não resolvo tudo para eles. Precisam planejar e lutar as próprias batalhas".

O caráter não é um talento nem uma habilidade. Em relação aos talentos e às habilidades, é sempre possível compensar pontos fracos ao salientar pontos fortes. No entanto, não é possível compensar fraquezas de caráter. Elas acabam por consumir os pontos fortes. É possível ter toda coragem e persistência do mundo, mas se não tiver integridade e honestidade, essas fraquezas em seu caráter serão sua desgraça. O caráter falho, por fim, é exposto a todos.

A boa notícia sobre o caráter é que é possível fortalecê-lo e melhorá-lo por meio das escolhas cotidianas. Não se pode escolher ser talentoso. Não se pode escolher ser brilhante e inteligente. Contudo, todos podemos escolher o caráter que teremos. Escolhemos isso todos os dias pelas decisões que fazemos.

Quando somos testados pela adversidade, podemos escolher reagir com atitudes de caráter ou com concessões. O líder que faz concessões falha no teste. A pessoa que escolhe manter o bom caráter ganha o direito de ser chamado líder.

Saber o que é certo e fazer o que é certo

A cidade de Fort Worth o chama de "sr. Beisebol" e tem muitos motivos para isso. Bobby Bragan já ocupou todas as posições e cargos do beisebol que você possa imaginar: três anos nos Phillies; apanhador para o Brooklyn Dodgers, olheiro e treinador; dirigente da liga menor por sete anos; dirigente da liga maior para os Pirates, Indians e Braves; presidente da Liga de Beisebol do Texas e da liga nacional do beisebol profissional. Agora, com mais de 80 anos, Bobby continua a fazer aparições em público e também dirige a Bobby Bragan Youth Fundantion, que já distribuiu cerca de 700 mil dólares (cerca de 1,5 milhão de reais) em bolsas desde sua fundação em 1991.

Bobby contou-me sobre sua experiência: "Quando joguei na década de 1940 para o Brooklyn Dodgers, tive de observar dois dos melhores dirigentes do beisebol, Leo Durocher e Burt Shotten. Aprendi também com o sr. Branch Rickey, um excelente executivo do beisebol que podia muito bem ter feito uma grande carreira como psicólogo, pois ele sabia transmitir seu ponto de vista.

"Jamais me esquecerei da recepção que o time teve depois que retornamos do nosso treinamento da primavera. Ofereceram um almoço no St. George Hotel, no Brooklyn, em abril 1947. Nesse almoço, o sr. Rickey fez dois pronunciamentos. Primeiro, Leo Durocher fora suspenso pela comissão e não atuaria por toda a temporada, pois fizera acordos com apostadores. Segundo, Jackie Robinson se uniria oficialmente ao time e iniciaria a temporada como primeira base no dia seguinte.

"Nasci e cresci em Birmingham, Alabama, e gostava de meu colega de time, Dixie Walker, portanto não fiquei feliz com a contratação do Jackie. No entanto, observamos a forma de Jackie lidar com a pressão de ser o primeiro jogador a romper a barreira racial na MLB. Vimos Ben Chapman, dirigente do Phillies, atormentá-lo, mas Jackie sempre mantinha a calma.

"No fim da primeira viagem, cerca de doze dias depois, Jackie já havia conquistado todos nós. Naquela época, viajávamos de trem, e em nossa primeira viagem, ninguém se sentou com ele para jantar. Na segunda viagem, Dixie, Eddie, Stanky e eu brigávamos para saber quem se sentaria com ele à mesa. O que nos conquistou? O caráter, a coragem e a determinação dele, bem como a perseverança diante de tanta oposição. Ele realmente era um líder de nosso time, e isso fez com que todos os jogadores passassem para o lado dele.

"Este mundo precisa de mais jovens como Jackie Robinson — jovens com caráter, coragem e senso de justiça. Isso quer dizer que os adultos deste mundo precisam dar melhor exemplo de como tratar as pessoas. Os pais precisam ser modelos de caráter dando o exemplo. Se prometer levar seu filho ao parque, não chegue tarde nem diga que está muito ocupado. As crianças observam os adultos para ver como lidam com as diferentes situações. Se não ensinar seus filhos o que é caráter, quem o fará?"

Jovens líderes precisam saber o que é certo, ter zelo pelo que é certo e fazer o que é certo. Se ensinarmos princípios de bom caráter — e se demonstrarmos a eles o bom caráter por meio de nossa vida —, os capacitaremos a que se tornem grandes líderes e bons seres humanos. Bom caráter é essencial para a boa liderança.

A seguir, examinaremos a quinta dimensão essencial da boa liderança: um ingrediente fundamental chamado competência.

Capítulo 9

Quinta chave: edificar a competência

No fim da temporada de 1998-1999, o time de basquete do treinador Ken Carter ainda não havia sofrido nenhuma derrota, mas o treinador não estava feliz com seu time. Acreditava que havia algo mais importante na vida do que ganhar jogos de basquete. Portanto, no início de 1999, tomou uma decisão que o pôs em evidência na mídia nacional. Logo, as ações daquele treinador estavam nas manchetes de todos os jornais do país. Recebeu pedidos de entrevista de muitos jornais, de canais de televisão e rádio.

Qual foi a decisão controversa desse treinador? E por que ela causou tanta publicidade e confusão?

A história iniciou-se no outono de 1998, quando Carter, dono de uma loja de artigos esportivos local, aceitou um emprego de meio período como treinador em uma escola do ensino médio de Richmond. Essa é uma área pobre, impregnada pelo crime e infestada de gangues, do outro lado da baía de São Francisco. Esse treinador cresceu em Richmond e, na década de 1970, era o jogador de basquete que havia feito mais pontos em toda a história do Richmond High Oilers, até que seu filho, Damien Carter, quebrou seu recorde de pontos e de lances, bem como o de desarmar os oponentes.

Quando Ken Carter aceitou esse trabalho de treinador, sentou-se com seus jogadores e, juntos, estipularam um contrato com dezenove pontos acadêmicos que deveriam ser respeitados. Entre outras coisas, os jogadores concordaram em manter uma média de notas maior do que o estipulado pelo Ministério da Educação, comprometeram-se a estudar dez horas por semana, a freqüentar assiduamente a escola e a sentar-se na fila da frente na classe. Todos os jogadores aceitaram as cláusulas do contrato e o assinaram.

Entretanto, à medida que decorria a temporada, o treinador Carter, de 39 anos, recebeu registros perturbadores dos professores. Cerca de um terço de seus 45 jogadores estavam chegando atrasado nas aulas ou nem sequer comparecia. Pararam de fazer a lição de casa e iam mal nos testes. O treinador, em resposta à atitude de seus jogares, exigiu que eles fizessem flexões e corressem mais em volta da quadra, mas o problema acadêmico não melhorou.

Por fim, em 4 de janeiro de 1999, o treinador tomou uma atitude drástica. Quando os jogadores do Richmond apareceram no ginásio para treinar para o grande jogo com o time rival, Fremont

High, eles se depararam com todas as portas trancadas com cadeados. Havia um aviso colado na porta: "Não há treino hoje. Todos os jogadores devem ir para a biblioteca". E os 45 atletas das três séries do ensino médio foram para a biblioteca...

O treinador fez uma reunião com o time ali. Informou os jogadores que quinze deles não estavam cumprindo o acordo que haviam assinado. O resultado disso era que o time todo não entraria no ginásio e ficaria fora da competição até que todos os jogadores cumprissem com o prometido.

Para ele, não deve ter sido fácil tomar essa decisão. Afinal, uma das pessoas mais afetadas por ela foi seu filho, Damien, uma estrela do time. Damien odiava perder os jogos, mas compreendeu o que o treinador, seu pai, tentava fazer. E ele relata: "A educação vem em primeiro lugar, e nós não estávamos fazendo nossa parte na sala de aula".

A reação a essa atitude do treinador foi imediata e muito forte. Os jogadores e seus pais ficaram furiosos. Os diretores e responsáveis pela escola também ficaram furiosos. E alguém até mesmo jogou ovos no carro de Carter. Ele disse a um repórter: "Recebo ligações telefônicas em casa, na escola, no trabalho, todas negativas. As pessoas queriam um campeonato estadual, e sei muito bem que sacrificamos esse objetivo. Mas meu objetivo principal era que esses garotos entrassem na universidade, onde pudessem aprender a ser líderes e voltar à comunidade como cidadãos produtivos".

Competente para liderar

O treinador Ken Carter tinha um objetivo em mente quando mandou seu time, que não havia sofrido derrotas, para o banco.

Observe atentamente o que disse: "Meu objetivo era que esses garotos entrassem na universidade, onde pudessem aprender a se tornar líderes". Queria que seus jogadores estudassem a fim de se tornarem *competentes para liderar*.

Um ingrediente essencial da liderança é a competência. E o que é competência? Considero a competência uma combinação destes cinco componentes:

1. *Conhecimento.* O líder competente estuda e é comprometido com o aprendizado contínuo que se estende pela vida toda.

2. *Experiência.* O líder competente tem o conhecimento que apenas a experiência prática, de quem pôs a mão na massa, pode trazer.

3. *Confiança.* O líder competente demonstra segurança e calma, mesmo quando sob pressão.

4. *Compromisso com a excelência.* O líder competente demonstra zelo em ser o melhor e em fazer o melhor. A liderança exercida com competência jamais tolera o esforço de segunda mão ou o desleixo.

5. *Competitividade.* O líder competente é um competidor ferrenho. Pessoas competentes odeiam perder e jogam para vencer.

Essas cinco qualidades estruturam o que chamamos de competência. Por que a competência é crucial para a liderança? Porque a competência qualifica o líder para liderar. A competência capacita o líder para tomar boas decisões. Os seguidores buscam a competência em um líder antes de depositar sua confiança nele. Líderes competentes produzem organizações e equipes competentes.

Tudo isso é fundamental para o que Ken Carter buscava quando afirmou: "Meu objetivo era que esses garotos entrassem na universidade, onde pudessem aprender a se tornar líderes". Esse treinador não estava apenas tentando vencer jogos de basquete. Buscava formar líderes, e fazia isso procurando edificar a competência deles por meio da educação e das conquistas acadêmicas. Para alcançar esse objetivo, estava totalmente disposto a trancar as portas do ginásio, a sacrificar o campeonato e a aceitar os insultos e o desprezo de uma comunidade enraivecida com suas atitudes.

"Ganhamos e perdemos em equipe."

Retornemos à história do treinador Ken Carter e do time Richmond Oilers. Depois que o treinador pôs no banco o time todo e impediu os jogadores de entrarem no ginásio, os rapazes se reuniram e tomaram uma atitude. Aqueles que tinham bom desempenho escolar ajudavam os outros com dificuldade em matemática ou ciências. Os alunos mais atrasados começaram a chegar na hora, e as notas deles passaram a melhorar.

Todos os dias, o treinador monitorava o progresso acadêmico de seus jogadores. Em 11 de janeiro, depois de o time não comparecer a dois jogos, o treinador permitiu que retornassem aos treinos. No dia seguinte, em 12 de janeiro, o time participou de um grande jogo contra o Oakland, equipe de outra escola.

O governador Gray Davis foi uma das muitas celebridades que compareceram ao jogo. Quando o governador e o treinador se sentaram juntos e conversaram, o governador perguntou-lhe:

— Será que você consegue fazer com que alguns desses jovens joguem em um time profissional?

— Governador — o treinador replicou —, agora que viram o senhor aqui, talvez algum deles até se torne governador. Há jovens aqui que podem ter carreiras bem-sucedidas na política ou no mundo dos negócios. Tudo bem se eles se tornarem grandes jogadores como Michael Jordan, mas por que não ser como os que *pagam* o Michael Jordan?

Depois que retornaram aos jogos do campeonato, os Oilers terminaram a temporada com um recorde. O time perdeu no segundo turno dos desempates distritais. Mesmo depois que a temporada acabou e que ficou claro que o treinador conseguira levar os jogadores a melhorar suas notas e seus hábitos estudantis, alguns pais e administradores de escola continuaram a criticar a decisão dele. Alguns diziam que foi injusto o treinador penalizar o time todo pela falha de alguns.

O treinador respondeu a essas críticas da seguinte forma: "Ganhamos e perdemos em equipe. Alguns dos jovens que estavam se saindo muito bem na escola me diziam: 'Está me punindo, mas eu não fiz nada errado'. Mas eu lhes respondia: 'Bem, você venceu treze jogos de basquete. Fez todos os pontos sozinho?'." Em outras palavras, nem todos os jogadores de um time fazem cestas, mas todos compartilham a emoção da vitória. Se alguns jogadores não cumprem seu contrato, então todos devem compartilhar a dor e o desapontamento dessa falha. Do ponto de vista do trabalho em equipe, foi totalmente justo impedir que os garotos entrassem no ginásio.

Quais foram os resultados dessa atitude de impedir os rapazes de treinar? Damien Carter recebeu uma bolsa de estudo como jogador de basquete no West Point. Outro jogador, Courtney Anderson, passou dois anos em uma universidade e depois ganhou uma bolsa de estudos como jogador de futebol para a Universidade de Nevada, em Las Vegas. Outro rapaz, Wayne Oliver, foi para uma universidade em Coalinga, Califórnia, por dois anos e agora está indo para a Universidade de Cameron, em

Oklahoma, com uma bolsa de estudos como jogador de basquete. E a lista prossegue. Na verdade, todos os jogadores do último ano do ensino médio treinados por Ken Carter foram para uma faculdade ou fizeram um curso técnico de quatro anos.

O treinador Ken Carter quer que seus jogadores sejam bem-sucedidos, não apenas na quadra de basquete, mas também na vida. Quer que sejam líderes. E para liderar precisam edificar sua competência, o que inclui a competência acadêmica.

Ele afirma: "Mostro a esses garotos os fatos e que 50% de todos os garotos das regiões carentes da cidade pensam que são bons jogadores capazes de alcançar um lugar no esporte profissional. Mas em todos os esportes profissionais — do beisebol ao basquetebol — há apenas duas mil e quatrocentas vagas de trabalho à disposição nos Estados Unidos". E ele acrescenta que em todas as organizações e companhias ligadas à Microsoft há quinze mil empregados milionários. Obviamente, se um jovem quer ser bem-sucedido na vida, as chances são muito melhores no mundo dos negócios do que no mundo dos esportes — *se* esse jovem tiver formação acadêmica.

Esse treinador compreende que os líderes têm de ser competentes para liderar. Nós, pais, professores, treinadores, líderes e conselheiros, precisamos fazer o que for preciso para nos certificar de que os jovens estão edificando sua competência para liderar e ser bem-sucedidos no mundo real.

Sacrifício em prol da experiência

Charley Casserly, gerente geral da Houston Texans, aprendeu a ser treinador e líder com alguns dos mais proeminentes líderes do futebol. Charley relata: "Cheguei ao NFL, no Washington Redskins, sob o comando do treinador George Allen, do *Hall da Fama*. Durante a minha carreira, fui aconselhado por Bobby Beathard, um dirigente da NFL, o maior treinador na história da NFL na minha opinião; Jack Kent Cooke, o dono do Redskin, homem extremamente competitivo, e Bob McNair, dono do Texans, que reúne as melhores características de todos esses líderes.

"Em 1977, escrevi aos 28 times da NFL em busca de um trabalho como treinador. Recebi 22 respostas, das quais apenas duas me convidaram para uma entrevista de trabalho. Com essas duas entrevistas, recebi duas ofertas: Washington e Nova Inglaterra foram os dois locais que me ofereceram um internato sem remuneração. Quando encontrei-me com George Allen, disse-lhe que ele não inventara o conceito de trabalho gratuito, pois a Nova Inglaterra tivera a mesma idéia. O acordo que George Allen fez comigo foi de que eu trabalharia gratuitamente por um ano, e se eles gostassem de mim, fariam um contrato em que eu receberia 10 mil dólares (cerca de 21 mil reais) por ano.

"Havia economizado pouco dinheiro. Meu carro era velho, com quase duzentos mil quilômetros rodados. Tinha três peças de mobiliário, uma das quais era uma cama quebrada. Portanto, com tudo isso a meu favor, mudei-me para Washington e comecei meu internato com os Skins. Passei a morar na Associação Cristã de Moços local, pagando 8 dólares (cerca de 16 reais) por dia. Em meu primeiro dia ali, almocei um pote de pasta de amendoim e geléia, daquele tipo em que a pasta de amendoim fica misturada com a geléia. Achei que era o alimento mais barato e mais nutritivo que conseguiria em um só pote.

"Em meu segundo dia nos Skins, abri a geladeira e descobri que o pote de pasta de amendoim havia sumido. Alguém havia roubado minha comida! Eu não só trabalhava de graça, mas também alguém roubava minha comida! Não era um início muito promissor.

"Naquele verão, em meu trabalho como interno, deveria fazer quase tudo. Era minha a tarefa de dizer aos jogadores que haviam sido cortados. Eu trabalhava no escritório de relações públicas. Fazia pequenas tarefas, como ir ao banco e coisas desse tipo. Depois do fim do verão, me enviaram como olheiro para uma universidade, e isso foi o que salvou minha vida. Trabalhar como olheiro nas universidades foi a única forma que encontrei para sobreviver financeiramente, porque o time, enquanto estava em viagem, pagava minhas despesas. Caso contrário, não recebia absolutamente nada.

"Será que cometi uma loucura ao aceitar trabalhar um ano inteiro sem receber nada? Não, apenas cumpria minha obrigação. Em fevereiro do ano seguinte, fui contratado como olheiro por 17 mil dólares por ano (cerca de 37 mil reais), e, desde essa época, o futebol americano passou a ser minha carreira. Quando alguém está começando e realmente quer trabalhar, faz o que for preciso para ganhar o emprego e a experiência necessária".

Infelizmente, muitos jovens de hoje não têm a paciência nem o desejo que Charley Casserly demonstrou quando ainda era jovem, no início de sua carreira no NFL. Alguns jovens saem entusiasmados da universidade, com o diploma nas mãos e prontos para uma entrevista para o cargo de superintendente! Nossa tarefa é ajudar esses jovens a perceber que precisam desacelerar, ser pacientes e esperar algum tempo para que ganhem experiência.

Ganhar experiência é um dos cinco fatores fundamentais para ter competência como líder — e não há atalhos para a experiência. Charley Casserly sacrificou tudo, inclusive seu último pote de pasta de amendoim com geléia, para ganhar a experiência extremamente importante que lhe abriria portas para uma carreira na NFL. Essa é uma lição que todos os jovens líderes precisam aprender.

Ian McCaw, diretor atlético da Universidade de Baylor, recorda como conseguiu a experiência que precisava para tornar-se um líder competente: "Em 1997, fui nomeado diretor atlético da Universidade Northeastern, em Boston. Tinha 24 anos e era um dos mais jovens diretores da NCAA do país. Cheguei a meu trabalho empolgado e entusiasmado com a idéia de assumir a liderança do departamento.

"Em meu primeiro dia de trabalho, fiquei sabendo que alguém assumira o posto do antigo diretor atlético. Fui enviado a uma pequena sala com algumas coisas de uso geral e pouco mobiliário. A temperatura ali era controlada por um termostato, que mantinha o ambiente sempre com cerca de trinta graus.

"Às dez horas da manhã, recebi minha primeira correspondência: uma notificação de que havia um processo contra a Northeastern, que deixara de cumprir com um artigo da Constituição. Depois disso, encontrei-me com cada um dos treinadores principais. Após a usual troca de amabilidades, cada um deles leu para mim sua lista de reclamações, de lamentos e de problemas. Com certeza, eu ganharia muita experiência com o desenrolar do trabalho, e tudo isso deveria ser feito às pressas. Aquele foi um desafio difícil, mas também se tornou uma das experiências de aprendizagem mais valiosas que tive".

Ian McCaw sabe que, para edificar a competência, a experiência obtida de maneira difícil e árdua é a melhor. Embora o conhecimento seja o primeiro passo na competência para liderar, nada é mais valioso que a difícil experiência daquele que arregaçou as mangas e pôs as mãos na massa.

George Barna, presidente do Barna Research Group Ltd., de Ventura, Califórnia, afirma: "Os jovens líderes, acima de tudo, precisam ser encorajados, têm de ser responsabilizados por suas ações, precisam de pessoas que orem por eles e de uma variedade de experiências que os ajudem a determinar suas habilidades e limites. Não há substituto para a experiência; quanto mais oportunidades eles têm de desempenhar os vários aspectos da liderança, melhores líderes se tornam".

Todos iniciam sua jornada na vida com uma série de talentos dada por Deus — material bruto, sem burilar, como um diamante não lapidado. Alguns têm talento para falar, outros para cantar, outros ainda para assumir a responsabilidade em um grupo, outros para jogar e pegar uma bola. Mas o talento bruto é de pouco uso se não for desenvolvido — e é a experiência prática que transforma o talento bruto em habilidade lapidada. Os líderes, para que sejam competentes e habilidosos, têm de ganhar esse bem extremamente importante chamado experiência.

Fortaleça a confiança para edificar a competência

Quando o jovem líder ganha experiência, torna-se mais competente no papel de liderança. Quanto mais competente ele se torna, mais bem-sucedido ele é. A cada novo sucesso, a confiança do jovem líder cresce, e essa confiança leva o jovem líder a tentar maiores desafios e a ganhar maior experiência, ou para expressar isso de forma mais sucinta:

experiência → competência → sucesso → confiança → mais experiência

E o ciclo começa novamente.

Ou ainda de forma mais sucinta, a competência estrutura a confiança, e a confiança aumenta a competência. É a forma de líderes não lapidados, sem experiência e inseguros crescerem e se tornarem líderes adultos maduros, confiantes e competentes. Esse tipo de crescimento não acontece apenas com o passar do tempo, mas sim quando os jovens líderes têm oportunidades e desafios que edificam as habilidades e a fé deles em si mesmos.

Algumas vezes, achamos que tudo o que é necessário para treinar um líder é pôr o jovem em uma sala de aula, encher sua mente de informações e declarar: "Agora você é um tenente", ou: "Agora você é um gerente, siga em frente e lidere". Esquecemos que, embora esse jovem possa ter um monte de conhecimentos, ainda não tem a confiança e a competência para liderar.

Meu filho David, que era fuzileiro naval, contou-me uma história aflitiva sobre a importância, a confiança e a competência na liderança. Ele faz seu relato: "Em 2003, eu estava no Iraque. Nosso tenente encontrava-se no comando de nosso comboio de veículos em uma missão, quando decidiu pegar um atalho. Por fim, nos perdemos e acabamos em uma rua muito suja e estreita com uma berma à esquerda e um canal à direita. Tínhamos vinte veículos e quarenta fuzileiros navais. A rua era tão estreita que não podíamos dar marcha à ré.

"Continuamos seguindo em frente até que chegamos a outro canal. Nesse momento, não conseguíamos ir nem para frente nem para trás, e nosso tenente começou a ter um ataque. Havia iraquianos a nosso redor observando, surpresos, aquela manobra.

"Naquele momento, o primeiro-sargento assumiu o comando. Ele era calmo, organizado e pensava rapidamente. Reuniu uma equipe e ordenou-lhes:

— Cavem a berma para que os veículos possam se movimentar e possamos voltar atrás.

"Ele tinha um plano e conseguiu nos unir e fazer com que trabalhássemos com o mesmo propósito. De alguma maneira, conseguimos sair dali antes que qualquer tropa iraquiana nos descobrisse. Aquele primeiro-sargento era calmo, confiante e competente para lidar com uma crise. Provavelmente salvou nossa vida."

Como fortalecer a confiança de jovens líderes? Ronnie Floyd, Sr., líder da Primeira Igreja Batista de Springdale, Arkansas, contou-me uma história de como seu treinador, na escola de ensino médio, aumentou sua confiança ao encorajá-lo a tomar decisões-chave e a chamar o jogo para si.

Ele relata: "Eu era capitão de um time de futebol americano. Quando tinha cerca de 16 anos, participávamos de um jogo muito difícil. Perto do final do jogo, o treinador me chamou de lado. Achei que ele ia me dar alguma instrução sobre o que deveríamos fazer. Ao contrário, olhou-me nos olhos e perguntou: 'Ronnie, o que devemos fazer agora?'. Estava pedindo meu conselho! Disse-lhe o que achava que deveria ser feito, e minha sugestão deu certo."

Compreenda, o treinador de Ronnie Floyd estava correndo um grande risco ao aceitar a sugestão daquele jogador, pois a jogada era muito difícil de ser realizada. Imagino que o treinador estivesse com o coração na boca por causa de sua aflição, quando disse a Ronnie que poderia seguir em frente com seu plano. Só que o treinador não pensava apenas em marcar pontos, mas também em fortalecer a confiança de um jovem líder.

Ronnie Floyd contou-me sua história: "Continuamos com o jogo, e Giles conseguiu marcar um ponto para ganharmos o jogo. Minha confiança aumentou muito depois do sucesso daquela jogada. Daquele momento em diante, passei a me considerar um líder".

Quando ele me contou aquela história, lembrei-me de minha primeira experiência como zagueiro em nosso time de futebol americano da escola do ensino médio. Eu freqüentava a escola Tower Hill, em Wilmington, Delaware, uma escola particular para crianças de famílias bem-sucedidas da região. (Eu freqüentava essa escola porque meu pai era professor.) Todos os anos, desafiávamos outra escola, uma escola católica para operários.

No primeiro tempo do jogo, o zagueiro Reeves Montague (dois anos na minha frente) pediu uma jogada que foi magnífica e que resultou em um ponto. Observei tudo do banco de reservas e estudei todos os movimentos de Reeves. Por fim, mais tarde naquele jogo, o treinador me pôs para jogar. Fiz a mesma jogada que vira Reeves fazer. Mais uma vez, a jogada foi brilhante e marcamos um ponto!

No fim do jogo, o treinador assistente Baird Brittingham, ex-jogador do Yale, procurou-me e disse:

— Por que você fez aquela jogada?

— Foi a mesma jogada que o Reeves fez — respondi —, e ela deu certo.

— Essa é a resposta que queria ouvir — ele declarou.

Bem, minha confiança subiu às alturas, achei que eu era o melhor articulador de jogadas desde Sammy Baugh. Esse foi o momento crucial no fortalecimento de minha confiança como líder, e ele surgiu com algumas palavras de encorajamento do técnico Brittingham.

Liderança é um desafio amedrontador para jovens líderes. Toda vez que eu passo para o próximo nível de liderança, eu tenho de aceitar desafios mais difíceis e riscos maiores. A cada novo desafio, tenho de transpor outra muralha de medo e de dúvida.

Em 1965, quando me tornei gerente geral do clube de base do Phillies, em Spartanburg, na Carolina do Sul, eu tinha 24 anos, estava cheio de entusiasmo e sonhos... e temores também. Tive de forçar-me a assumir a responsabilidade e de agir como se soubesse o que fazia. Felizmente, o dono do time, sr. R. E. Littlejohn, sabia exatamente o que eu estava passando, mas me aconselhou e me encorajou, o que serviu para fortalecer minha confiança, à medida que crescia no desempenho de minha tarefa.

Quatro anos mais tarde, fui contratado como gerente de negócios do Philadelphia 76ers. Aos 28 anos, eu era responsável pelas operações diárias em um time da liga maior. Embora incomodado por minhas inseguranças, mergulhei no trabalho e combati meus medos, determinado a ganhar aquela batalha. Um ano depois, recebi um convite do Chicago Bulls e tornei-me gerente geral daquele time. Ali, lutei contra todo um novo conjunto de inseguranças enquanto fazia as negociações, examinava os projetos e administrava a prosperidade de um dos times da NBA.

Mais tarde, mudei para o Atlanta Hawks, depois para o Philadelphia 76ers e, por fim, para o Orlando, a fim de estruturar um time a partir do zero. A cada nova fase de minha carreira, tinha mais dúvidas e temores a vencer em meu caminho. Toda vez que assumia mais responsabilidade, fazia uma profunda descoberta: "Oba, eu consigo fazer isso!". Ano após ano, minha confiança crescia. À medida que minha confiança crescia, também crescia minha competência como líder.

Donald T. Phillips é autor, palestrante, consultor em liderança e prefeito de Fairview, no Texas. Dentre suas publicações, temos os seguintes livros: *Lincoln on Leadership* [Lincoln e a liderança], *The Founding Fathers on Leadership* [Os pais fundadores da liderança] e *Run to Win: Vince Lombardi on Coaching and Leadership* [Correr para vencer: Vince Lombardi, treinamento e liderança]. Donald relatou-me sua história: "Pela primeira vez, conquistei confiança em minha habilidade para liderar quando era jogador de beisebol na liga menor. Jogava em uma posição não de muito destaque, mas meus treinadores perceberam que eu tinha um dom natural para a liderança em campo. Disseram-me que eu tinha uma série de características de um bom líder e me encorajaram a utilizá-las.

"Aprendi muito cedo que a confiança é contagiosa. Quando tinha 11 anos de idade, participava de um jogo de campeonato, o último da temporada. Nosso time estava perdendo, e eu era o rebatedor; meus colegas estavam sentados no banco arrasados.

"Peguei meu taco, coloquei meu capacete e disse: 'Vamos vencer este jogo!'. Os outros garotos disseram: 'Até parece que vamos mesmo...'. Retruquei: 'Não estou brincando, eu vou chegar na base, e nós todos vamos chegar na base e vencer o jogo'. O garoto que ia rebater depois de mim disse: 'Tudo bem, se você chegar na base, eu também chego'. Aquilo desencadeou uma reação de entusiasmo em cadeia.

"Assim, tudo aconteceu como havíamos planejado e conseguimos vencer o jogo.

"Meus treinadores estimularam esse tipo de confiança em mim quando me disseram que eu era um líder. Olhei para os meus colegas e espalhei a confiança para todos eles. Foi uma lição sobre fortalecimento da confiança e treinamento em liderança que jamais esqueci".

O honrado Edwin Meese, ex-Procurador Geral da República dos Estados Unidos que atualmente trabalha na Heritage Foundation [Fundação Heritage], especializada em política pública, contou-me: "A primeira vez que percebi que tinha habilidade para liderar foi quando, aos 12 anos, fui eleito representante de classe. Tive outras oportunidades no escotismo, onde fui líder de patrulha, e na escola de ensino médio, onde fui eleito representante de classe. Tive muitos conselheiros em liderança, como o treinador esportivo na escola de ensino médio, o treinador em debates na escola e vários oficiais do Exército, dos quais fui subalterno, e segui por todo esse caminho até chegar ao maior de todos os líderes de nosso tempo, Ronald Reagan. Aprendi muito sobre liderança enquanto trabalhava para ele, tanto quando foi governador da Califórnia como quando se tornou presidente dos Estados Unidos.

"A experiência que estruturou a confiança em mim mesmo como líder aconteceu quando estava na universidade. Arrumei um emprego provisório para o verão como treinador de remo em um departamento de recreação da cidade. Quando me apresentei no trabalho, pediram-me para ocupar uma posição diferente — diretor do Centro Comunitário de Jovens. Eu não tinha a menor idéia de como administrar aquela organização. Não tinha nenhum treinamento formal sobre administração e mal sabia por onde começar. O superintendente de recreação aconselhou-me e ajudou a desenvolver as habilidades organizacionais que precisava. Também minha experiência de liderança na escola de nível médio, na universidade e no Exército foram muito úteis.

"Embora eu fosse apenas um pouco mais velho que os jovens que estavam sob minha responsabilidade, eles respeitavam minha autoridade, e tivemos êxito naquele programa de verão. Meu sucesso naquela posição fez com que minha confiança aumentasse, de forma que consegui assumir desafios cada vez maiores e pude crescer como líder".

Os jovens podem agir de forma calma e confiante, mas não permita que isso o engane. Em seu íntimo, tremem por causa da insegurança e das dúvidas. Anseiam por um tapa nas costas e por uma palavra de encorajamento. Querem saber que as pessoas que respeitam acreditam nele de verdade, mesmo quando cometem erros. Portanto, quando estiver fortalecendo o conhecimento, as habilidades e a competência em jovens líderes, não se esqueça de fortalecer a confiança deles também.

Compromisso com a excelência

Em 1958, Liu Shi-Kun, pianista de 19 anos, recebeu honras na Competição Internacional de Tchaikovsky, ficando atrás apenas de Van Cliburn. Liu retornou à China comunista e recebeu honras de seus conterrâneos e tornou-se um pianista de concerto renomado. Em meados da década de 1960, Mao lançou sua Revolução Cultural em toda a China. Qualquer expressão artística que parecesse inconsistente com a cultura chinesa pura e com o marxismo era implacavelmente eliminada. Artistas e músicos foram presos ou mortos.

Liu foi incluído nessa purificação cultural, pois se considerou a música clássica que ele tocava uma influência ocidental deturpadora. Após ser considerado inimigo do povo, foi preso e apanhou muito. Seu antebraço direito foi fraturado em uma dessas vezes em que apanhou, e ele não recebeu nenhuma assistência médica. Liu, por seis anos, agüentou as piores condições em uma prisão pelo crime de ser um pianista talentoso.

No início da década de 1970, graças ao estreitamento das relações entre a China e os Estados Unidos, a Orquestra da Filadélfia, sob a direção de Eugene Ormandy, visitou a China em uma viagem que serviu para demonstrar a boa disposição dos

Estados Unidos em relação à China. Ormandy, que se lembrava da apresentação de Liu naquela Competição Internacional de Tchaikovsky, pediu permissão para que o pianista tocasse com a orquestra. As autoridades chinesas, embaraçadas com o fato de que aquele grande talento estava apodrecendo na prisão, prometeram que Liu tocaria naquela apresentação, e Mao ordenou que ele fosse solto.

Liu saiu da prisão para aquela apresentação, mas havia um problema. Fazia seis anos que ele não via um piano. E o que era pior: o osso quebrado de seu braço havia se calcificado de forma imprópria, fazendo-o sentir dores toda vez que o mexia. Como Liu poderia tocar com tantas dificuldades?

No entanto, na noite do concerto, ele fez uma brilhante apresentação que seus ouvintes consideram fantástica e incrível. Como aquilo era possível?

Liu Shi-Kun, mais tarde, explicou que durante o período em que esteve preso, ele fazia aquilo que amava — tocava piano. Obviamente, não havia piano em sua cela. Portanto, ele fez o melhor que pôde. Tocou um piano invisível. Seus dedos dançavam no ar horas a fio, e ele escutava as notas apenas no silêncio de sua mente. Quando chegou o dia em que ele finalmente foi solto, foi como se ele jamais tivesse se separado de seu instrumento. Preservou a excelência de seu talento apesar das surras e dos anos de prisão.

Esse é precisamente o tipo de compromisso com a excelência que precisamos instigar nos jovens líderes de hoje. O que impede que busquem a excelência em tudo o que fazem? Com muita freqüência, é a preguiça, a imaturidade ou o simples fato de que jamais foram desafiados ou inspirados a dar o melhor de si mesmos. Nossa tarefa é oferecer essa inspiração a fim de despertar neles a fome e o desejo de sempre dar o melhor de si mesmos, independentemente dos obstáculos que terão de enfrentar.

Lui Shi-Kun não permitiu que a Revolução Cultural, ou a prisão, ou o antebraço quebrado o impedissem de buscar incessantemente a excelência. Se ele pôde buscar a excelência na cela de sua prisão, nossos jovens certamente podem se tornar pessoas de excelência onde quer que estejam, sem levar em consideração os obstáculos que encontram.

Dr. Richard Armstrong, professor emérito do Princeton Teological Seminary, recorda como seu pai o inspirou a ter compromisso com a excelência: "Meu pai era meu modelo, e a pessoa que eu mais admirava, além de ser um grande professor e treinador. Ele sempre me inspirava a dar o melhor de mim. Sendo uma pessoa abnegada, dizia: 'Sempre doe mais do que aquilo que você exige', e ele vivia dessa forma. Observei sua vida e vi que ele sempre doava mais do que exigia e era admirado por todos".

Cathryn Cronin Cranston, editora da revista *Harward Business Review*, como o dr. Armstrong, atribui seu alto padrão de excelência à influência de um pai que é um líder com altíssimo padrão moral. Disse-me: "Sou a filha de James W. Cronin, vencedor do prêmio Nobel de física de 1980, que ganhou com Val L. Fitch. A comunidade de meu pai adotava o sistema meritocrático, em que as conquistas se fundamentavam em contribuições incontestáveis às teorias ou ao conhecimento do mundo físico. O nome da família ou as pessoas que você conhecia não eram levadas em consideração.

"Quando chegou a hora de iniciar minha carreira, eu estava sozinha. Meu pai, de forma consciente ou não, enviou-me para o mundo com dois princípios que sempre me guiaram: 'Mantenha seus padrões elevados e faça as melhores perguntas, pois elas serão sempre mais reveladoras que as respostas'. Esses princípios contribuíram imensamente para meu sucesso e ainda estão em atuação em minha vida, que considero muito interessante."

Para treinar jovens a serem líderes competentes, precisamos inspirá-los a perseguir a excelência em tudo o que fazem. Podemos inspirar o compromisso com a excelência em nossos jovens de quatro formas importantes.

Primeiro, devemos pregar e ensinar excelência diariamente. Dr. Armstrong jamais esqueceu o conselho que seu pai sempre lhe repetia: "Sempre doe mais do que aquilo que você exige". O lendário treinador do time Green Bay Packers, Vince Lombardi, costumava pregar a excelência a seus jogadores ao dizer: "A menos que acreditem em si mesmos e dêem tudo o que têm em suas buscas — a mente, o corpo e dedicação total —, de que vale a pena a vida? A qualidade da vida está em direta proporção com nosso compromisso com a excelência, independentemente de nossa área de atuação". Portanto, a excelência deve ser um tema constante em nossas conversas com jovens líderes.

Segundo, devemos exigir excelência em tudo o que um jovem líder faz. Jamais devemos deixar um jovem líder acomodar-se com o esforço menor. Jamais devemos aceitar os trabalhos de jovens líderes quando forem desempenhados de forma inferior. Se soubermos que a pessoa é capaz de fazer melhor, devemos afirmar: "Tente novamente, você é capaz de fazer muito mais que isso. Fico ansioso para ver o que você conquistará quando realmente enfocar a excelência". Temos de exigir excelência de forma positiva, encorajadora, do tipo: "Sei que você é capaz de fazer isso", mas *temos de* exigir isso.

Terceiro, devemos enfatizar o desejo de realização que acompanha a realização de uma tarefa com excelência. Quando damos o melhor de nós mesmos, sentimos o brilho da grande satisfação em nosso interior. Essa grande satisfação, quando a experimentamos em nossas conquistas, torna-se um vício, e queremos que ela se repita muitas vezes. Não é uma satisfação orgulhosa e arrogante, mas o tipo de satisfação piedosa, como a de Eric Liddell, missionário e atleta olímpico, conforme retrata o filme *Carruagens de fogo*. Ele afirma: "Deus me fez rápido. E quando eu corro, sinto o prazer que Ele sente com isso". Essa satisfação com uma tarefa bem feita é o prazer piedoso que temos quando alcançamos os limites de nossa habilidade.

Quarto, devemos ser exemplo de excelência em nossas vidas. Jamais devemos nos acomodar com algo inferior naquilo que fazemos. Nada fala mais alto para um jovem que o exemplo que damos. Liderança competente inspira liderança competente. Excelência inspira excelência.

Competente para competir

Dr. Richard Armstrong recorda: "Quando garoto, freqüentava uma escola militar. Meu melhor amigo era um garoto chamado Jamie, e ele era meu colega de time em muitas equipes atléticas que formávamos na escola. Mas nos desfiles, entretanto, Jamie e eu éramos competidores. Ele era capitão do batalhão A e eu, do batalhão B, e muitas vezes competíamos um contra o outro para ganhar o prêmio.

"Em um desses desfiles, o batalhão de Jamie saiu primeiro. Eles acidentalmente esqueceram de realizar uma manobra, o que arruinou aquele desfile, que seria brilhante. Ao sair em segundo, tínhamos uma vantagem. Se não cometêssemos o erro que o batalhão de Jamie cometeu, venceríamos, mas eu odiava a idéia de ganhar vantagem com o erro de Jamie. Se fizéssemos a manobra, ficaria claro que Jamie cometera um engano. Antes de sairmos, considerei a idéia de omitir aquela manobra de forma que competíssemos em pé de igualdade.

"A seguir, pensei em todos os jovens do batalhão B que queriam vencer. Como poderia decepcioná-los? Quando começamos a marcha, ainda tinha dúvidas. Estávamos nos saindo bem, e eu decidi fazer a manobra. Os dois batalhões foram premiados, mas o nosso ganhou.

"Mais tarde, falei para Jamie como me sentira angustiado ao ter de tomar aquela decisão. Pedi-lhe desculpas e disse-lhe que senti ter tirado vantagem de seu erro. Mas Jamie disse-me que vencer da forma como venci era correto e honrado, e que ele teria feito a mesma coisa. Afirmou que nós, como líderes, temos responsabilidade perante nossos homens de competir e vencer".

O espírito competitivo é um componente essencial da competência. Na verdade, as palavras competitivo e competência têm a mesma raiz. Todo time ou organização tem de ter um líder competente e competitivo para que possa competir e vencer.

Tami Heim, ex-presidente da cadeia de lojas Borders Books e Music Store, em toda carreira como líder, trabalhou duro para aconselhar mulheres, a fim de ajudá-las a competir de forma bem-sucedida no mundo dos negócios. Graduou-se pela Universidade de Purdue, em 1980, e é uma palestrante muito requisitada e conselheira na Menttium 100, um programa de desenvolvimento de liderança para mulheres.

Ela declara: "No segundo ano da escola de ensino médio, pediram-me para treinar um time de *kickball*, um esporte similar ao beisebol, de uma associação cristã. As crianças desse time tinham entre 10 e 11 anos. Eu gostava muito de trabalhar com crianças e também do jogo, mas aquela era minha experiência como responsável de um grupo de crianças! Nessa faixa etária, elas apenas aprendem os detalhes do jogo, mas como o *kickball* tem uma temporada no outono e outra na primavera, sabia que ficaria com aquele time por quase um ano e seria capaz de ajudá-lo a melhorar a habilidade que tinha.

"Quando participei de meu primeiro encontro com os outros treinadores, meu pai teve de me levar de carro, pois era muito jovem e não tinha carteira de motorista. Na verdade, eu era a pessoa mais jovem naquele recinto, dando um significado totalmente novo ao termo 'treinador iniciante'. Fiquei intimidada, mas permaneci ali e anotei cuidadosamente tudo o que foi dito sobre as regras básicas e os prazos críticos.

"A seguir, comecei meu primeiro treino. A seleção da equipe era simples: se as crianças apareciam no treino, elas faziam parte do time. Se comparecessem constantemente, ficavam no time. Minha maior surpresa foi descobrir que elas não sabiam quase nada sobre o jogo. Tive muitas vezes de ocupar a posição delas no campo. Uma garotinha perguntou-me: 'Aonde devo jogar?'. Respondi-lhe: 'Kim, por que você não joga na segunda base?'. Ela deu uma olhada em volta e fez-me uma nova pergunta: 'Qual é a segunda base?'.

"Portanto, passei muito tempo ensinando os fundamentos do jogo. As crianças eram todas menores do que era exigido para crianças da idade delas, portanto, mesmo quando sabiam o que fazer, era difícil, fisicamente falando, para elas executarem a ação. A temporada de outono começou, e sofremos uma grande derrota: não ganhamos um único jogo.

"Eu queria ajudá-las a desenvolver uma mente mais competitiva. Portanto, quando ficavam tristes depois de perder um jogo, não permitia que ficassem com esse sentimento por muito tempo. Conversava com elas, mostrando o que elas fizeram certo durante o jogo e como poderiam melhorar em jogos futuros. Estava determinada a mantê-las com garra e otimismo em relação à temporada da primavera.

"Começamos o treinamento para a primavera muito antes do início da temporada, com vários treinos por semana depois do horário da escola — algumas vezes o campo estava até salpicado de neve! Os treinos antes do início da temporada permitiram que eu soubesse quem estava comprometido e disposto a trabalhar arduamente para melhorar. Alguns pais achavam que eu era um pouco excêntrica, e parte dessa ira paterna recaiu sobre mim, mas as crianças ficaram comigo. Tentei fazer com que os treinos fossem divertidos e competitivos. Nem sempre era fácil para mim ficar animada e motivada, mas eu sabia que tinha de demonstrar entusiasmo para que elas também o tivessem.

"No primeiro jogo, elas estavam prontas para jogar e acreditavam que poderiam *vencer*! Foram para o campo e se divertiram muito com as habilidades que haviam desenvolvido. Quando a poeira baixou, haviam ganhado o primeiro jogo. O surpreendente é que nem se deram conta de que haviam vencido até depois do término do jogo... eu tive de contar para elas! Demorou alguns seguntos para que eu visse o registro daquela conquista estampada no rosto daquelas meninas. A reação tardia das garotas foi inesquecível e inestimável. Vencer era uma nova experiência para elas.

"Aquele time que perdera todos os jogos no outono, vencera todos os jogos na primavera. Em meio a esse sucesso, o mais difícil para mim foi manter uma perspectiva equilibrada: queria que elas tivessem uma atitude consistente, quer ganhassem, quer perdessem. Não queria que pensassem que competir é sempre ter vitória. Eu dizia que a competição tinha a ver com o trabalho árduo, dar o melhor de si, depender uma da outra e desfrutar das vitórias que colhessem. Salientava para elas que, quando trabalhávamos como time, podíamos fazer com que as coisas acontecessem.

"Aquele foi meu único ano como treinadora daquele time. Depois disso, comecei meu primeiro trabalho como vendedora e tive muitas dificuldades, principalmente quanto ao horário que me impedia de continuar como treinadora. Mas acompanhei aquelas meninas pelo resto da vida escolar delas. Todas as garotas daquele grupo compromissado tornaram-se líderes em tudo o que faziam. Fico grata por ter feito parte da vida delas, como também agradeço as lições que elas me ensinaram, as quais transferi para minha vida no mundo dos negócios".

Tami Heim continua profundamente envolvida no encorajamento de jovens na área esportiva, especialmente para atletas femininas talentosas. Em 1998, ela e o marido fundaram juntos uma organização, Ann Arbor Gold Fastpitch Softball Organization, para *softball*, beisebol feminino, que iniciou com apenas quatro times, mas já tem onze. Ela forma líderes competentes ao edificar a auto-estima e a motivação dos que competem em esportes e na vida.

Mike Martin é treinador de beisebol na Universidade da Flórida há 25 anos. Contou-me uma história do início de sua carreira, no time Seminoles: "Estávamos em 1982, e meu primeiro jogo como treinador da Universidade da Flórida foi horrível. A Universidade de Miami arrasou com nosso time. No segundo jogo perdemos por causa de um erro infantil.

"Depois disso, ganhamos o terceiro jogo, e me senti muito bem com essa vitória. Entramos no ônibus e estávamos saindo do *campus* da Universidade de Miami, quando vimos o treinador deles punindo-os, fazendo-os treinar após a partida. Meu assistente, Jim Morris, hoje treinador na Universidade de Miami, virou-se para mim e perguntou: 'Será que somos tão ruins assim? Nós ganhamos um jogo dos três que jogamos com eles, mas o treinador deles os está punindo!'.

"Bem, aquele exercício extra servia para ensinar o time a ser competitivo e reforçou uma lição para mim também. Os líderes não ficam contentes com duas vitórias em três jogos. Grandes treinadores são grandes competidores e querem vencer todas as partidas".

A competição é parte de toda arena de liderança. Líderes militares têm de competir para ser promovidos em sua organização, como também têm de competir com êxito contra os oponentes no campo de batalha. Líderes políticos têm de competir por votos. Líderes na área de negócios têm de competir no mercado de trabalho. Os líderes esportivos têm de tornar seus times competitivos tanto na área esportiva quanto na área financeira. Até mesmo líderes religiosos enfrentam competição: a mensagem deles sobre Deus, a moral e a vida espiritual tem de competir contra muitas mensagens em nossa sociedade — mensagens que promovem o egoísmo, o ateísmo, o hedonismo e, até mesmo, o ocultismo e o satanismo.

O mais cedo que pudermos, devemos ensinar os jovens líderes a ser competitivos. Quando estão dispostos a competir e desejosos de enfrentar a competição, devemos ser cuidadosos para jamais suprimir esse impulso competitivo. John Merrill, da Secretaria de Educação de Tuscaloosa, contou-me: "Quando tinha 11 anos, estava começando a jogar como zagueiro no time de futebol americano White Owls, no Heflin Park. Éramos um time que ainda não tinha derrotas e enfrentaríamos o Fruithurst Devils, o pior time da liga. Don Pierce, meu treinador, estava preocupado em não permitir que nosso time derrotasse fragorosamente esse adversário a ponto de deixar os jogadores embaraçados. Mas meus colegas de time e eu não conseguíamos entender a razão pela qual não poderíamos fazer todos os pontos possíveis. O treinador sabia quanto eu era competitivo e gostava de fazer pontos. Portanto, só me deixou jogar parte do primeiro período antes de me pôr no banco.

"Por fim, no início do terceiro período, deixou-me voltar para o jogo e, depois de organizar uma série de jogadas com meus colegas, um deles retrucou: 'Essa não é a forma correta de jogar!', embora concordasse, disse-lhe que era exatamente essa jogada arriscada que faríamos. Depois de marcar outro ponto, quando passava pelo banco do treinador, disse-lhe que sabia que aquela não era a jogada que ele queria que eu fizesse, mas que temia que me tirasse do jogo antes que pudesse fazer aquela jogada.

"Ele olhou-me e disse: 'Agora que você já marcou um ponto, não há muito que posso fazer. Eu sou o treinador e espero que você faça o que eu lhe digo. Entendido?'. Disse-lhe que compreendia e comecei a caminhar de cabeça baixa, pois me senti rejeitado. Mas, quando estava saindo, ele acrescentou: 'Boa jogada'. Aquilo me animou. Ele encontrou o equilíbrio correto para me fazer lembrar de sua autoridade e para, ao mesmo tempo, estimular meu espírito competitivo. O White Owls venceu o campeonato e jamais desobedeci novamente a ele ou a qualquer outro treinador".

A responsabilidade da competência

Estes são os cinco componentes da competência: conhecimento, experiência, confiança, compromisso com a excelência e competitividade. Talvez você imagine que eu devesse adicionar um sexto componente a essa lista: talento. Bem, certamente o talento é um fator para tornar um líder competente, mas o talento está além do nosso controle. Por definição, talento é um dom — uma habilidade não lapidada, ainda não treinada, à espera de ser desenvolvida e posta em uso. Embora o talento seja um dom de Deus, os outros cinco componentes são fatores que os jovens líderes podem estruturar a fim de melhorá-los.

Podemos ajudar os jovens a ganhar conhecimento por meio da educação. Podemos encorajá-los a aceitar as oportunidades de ganhar experiência que melhorarão seu desempenho em determinada área. Podemos estimulá-los e fazer com que acreditem em si mesmos, o que fará com que a confiança deles aumente. Podemos ensiná-los a ter um compromisso com a excelência por meio das palavras e do exemplo. E podemos também dar-lhes muitas oportunidades para que testem seu espírito competitivo. Mas não há nada que se possa fazer para tornar alguém mais talentoso.

Ainda há algo a dizer sobre o talento: uma pessoa talentosa tem a responsabilidade de desenvolver e de usar seus talentos. Pessoas com talento para liderança têm a responsabilidade de dar um passo a frente e liderar.

Algumas vezes, as pessoas talentosas ficam relutantes em liderar. Com freqüência, não reconhecem seus talentos, a menos que os pais, os professores, os treinadores e os conselheiros salientem esses aspectos para elas. Algumas vezes, não sabem que têm talento para liderar até a responsabilidade da liderança lhes ser concedida.

Joe Torre, dirigente do New York Yankees, recebeu o apelido de "O Poderoso Chefão" graças ao seu estilo intenso e calado. Quer seu time esteja vencendo, quer perdendo, sua expressão impenetrável nunca muda. Ele é verdadeiramente um profissional do beisebol, e esse profissionalismo ajudou a levar os Yankees a quatro finais de campeonato em cinco anos.

Perguntei ao Joe quando foi que passou a se considerar um líder. E ele respondeu-me: "Certamente, não sou um líder nato.

"A verdade é que eu fui bastante irresponsável quando estava na casa dos 20 anos. Quando penso nas coisas que fiz na minha juventude até estremeço. Quando os Braves me venderam para o St. Louis, comecei a ganhar mais maturidade e a crescer como líder. Quando passei a ser capitão do time, fiquei chocado. Jamais me vira nessa posição antes. Outras pessoas viram qualidades de liderança em mim muito antes que eu as visse".

A competência qualifica um líder para liderar. Líderes competentes produzem times vencedores, e essa é a razão pela qual a competência é a quinta chave para a liderança eficaz.

A seguir, examinaremos a sexta dimensão crucial para uma fantástica liderança: ousadia!

Capítulo 10

Sexta chave: ser ousado!

Reggie White, treinador de futebol americano em escola do ensino médio, disse que era "um garoto grandalhão e bacana da escola dominical que nunca quis machucar ninguém". Quando parou de jogar, já havia se tornado uma lenda na NFL. Jogar para o Philadelphia Eagles, Green Bay Packers e Carolina Panthers fez com que se tornasse o grande líder de todos os tempos desse esporte profissional. Com os Päckers, ele estabeleceu recordes nas disputas das finais do campeonato.

Jim Denney, meu parceiro de escrita, entrevistou Reggie em sua casa em Knoxville, Tennesee. Reggie contou ao Jim a história de como o treinador Robert Pulliam, de Chattanooga, transformou "um garoto grandalhão e bacana da escola dominical" em um líder ousado dentro e fora do campo. O treinador viu que uma dos pontos fracos de Reggie como jogador era não ser ousado nem agressivo o suficiente. Assim, esse treinador utilizou uma estratégia dupla para inspirar e instigar a ousadia de Reggie.

A primeira foi o estímulo. O treinador puxou Reggie de lado e disse-lhe:

— Vejo grandeza em você. Percebo que pode ter uma carreira sensacional como jogador de futebol americano se você for um pouco mais ousado em campo.

A segunda foi a punição física. Reggie recorda: "Desde o dia em que ele me disse que via grandes possibilidades em mim, o treinador Pulliam começou a empurrar-me, pressionar-me e atormentar-me no campo e nos treinos. Aquilo foi surpreendente para mim, principalmente porque aquele tratamento duro realmente se intensificou após ele me puxar de lado e dizer que eu poderia me tornar um grande jogador. E se ele achava que eu era tão fantástico, por que estava me tratando daquela maneira?

"Ele e outros treinadores costumavam me deixar frustrados a ponto de eu chorar, para depois rirem de mim e chamarem-me de 'bebê chorão'! Odiava aquilo, porque eu era sossegadão e não queria ser envergonhado na frente de meus amigos. Contudo, ao olhar em retrospectiva, percebo que essa experiência endureceu-me para suportar a pressão do grupo de garotos e das opiniões dos outros. Aquilo fez com que eu não me preocupasse tanto com a opinião dos outros. O treinador Pulliam me tratou daquela maneira por dois anos consecutivos. Aquilo me deixava perplexo, pois eu sabia que os treinadores gostavam de mim e acreditavam em mim, mas eles realmente tinham uma maneira muito engraçada de demonstrar isso!

"Certo dia, nós, alunos, jogávamos basquete contra alguns dos treinadores, em um jogo de brincadeira. Estávamos jogando com marcação homem a homem, e o treinador Pulliam me marcava. Ele ficou me atormentando e brincando comigo durante o jogo todo. Por fim, quando fiz um movimento para encestar a bola, ele me deu uma cotovelada muito forte. Eu senti muita dor! Pensei: *É isso aí. Ele me atormenta, me bate, me faz chorar já estou cheio disso.* Bati a bola no chão e saí da quadra.

"Fui para o vestiário, sentei-me no banco e chorei. Estava furioso e ferido. Um pouco mais tarde, vi o treinador Pulliam vindo em minha direção. Pensei: *Finalmente, ele vai dizer que sente muito.* Na verdade, descobri anos mais tarde que os outros treinadores lhe disseram que ele deveria pedir desculpas. Mas ele se ajoelhou na minha frente, agarrou a minha camiseta, e disse: 'Se você acha que eu vou pedir desculpas, você pode voltar para a quadra e preparar-se para outra surra. Até você começar a me enfrentar, eu vou continuar te maltratando'. A seguir ele ficou de pé e foi embora.

"Continuei sentado e pensei: *Que droga, ele não vai me deixar em paz!* Então, aceitei o desafio dele e comecei a enfrentá-lo. Daquele momento em diante, sempre que estávamos na quadra de basquete, e ele me dava uma cotovelada, eu lhe devolvia outra cotovelada ainda mais forte. Comecei a jogar de forma ousada, agressiva e com energia física.

"Anos mais tarde, entendi o que o treinador Pulliam estava fazendo comigo: fortalecendo minha confiança e coragem. Ele sabia que meu objetivo na vida era jogar futebol americano profissionalmente e sabia que eu precisava ser mais ousado e durão a fim de conquistar uma vaga nos times profissionais. Ele me bateu para que eu endurecesse, e isso funcionou. Fiquei muito orgulhoso em poder bater nele e apoiei-me nesse orgulho e autoconfiança por um bom tempo.

"Alguns anos mais tarde, telefonei para o técnico Pulliam. Eu não falava com ele havia anos e queria que soubesse o quanto apreciava a ousadia e firmeza que ele me dera. Disse-lhe: 'Demorou um tempo para eu descobrir a razão de ser tão duro comigo. Você queria que eu me tornasse um homem mais agressivo e confiante, e, realmente, tenho de admitir que fez um grande trabalho. Na verdade, seu trabalho foi tão bem-feito que achei que você me mataria!'.

"Ele riu e contou-me isto: 'Sabe do que mais, Reggie? Chamei os pais de todos aqueles garotos e perguntei a eles se eu poderia fazer o que fiz com você. Sua mãe foi a única que deu permissão".

"Eu fiquei perplexo. Todos aqueles anos jamais soube que minha mãe concordara com que o técnico fez comigo. Ela teve sabedoria para ver que eu precisava dar um passo a frente para ficar mais confiante e firme. Portanto, deu permissão para que o treinador me tratasse daquela forma, e quando ele me contou aquele fato, só pude dizer: 'Obrigado, Deus, pela mãe que o Senhor me deu!'."

Reggie White passou maus bocados com seu treinador, mas hoje ele agradece a Deus por aquele treinador que teve a ousadia de ajudá-lo daquela maneira e por sua mãe que permitiu que ele fizesse isso. Embora tenha se aposentado do esporte muitos anos atrás, ainda é um líder corajoso e ousado, ministro cristão, palestrante de muito destaque na luta contra a injustiça racial e econômica.

Reggie, em sua longa carreira, confiou muitas vezes nas lições duras sobre ousadia que seu primeiro treinador lhe deu. Muitas vezes, foi envolvido em controvérsias e atacado pela mídia, que se mostrava bastante hostil. Na Filadélfia, suas batalhas com os proprietários do Eagles foram lendárias. Em 1992, Reggie teve que agüentar a tristeza após a morte de seu amigo e companheiro de equipe, Jerome Brown, morte em um acidente de carro aos 26 anos.

O desafio mais duro para Reggie aconteceu em 8 de janeiro de 1996, quando a igreja na área carente da cidade, da qual Reggie era um dos pastores, foi totalmente destruída pelo fogo. Frases racistas foram pichadas na porta. A estrela do futebol americano recebeu ameaças anônimas contra ele e sua família. Ele reagiu com ousadia ao se pronunciar contra os racistas e os que têm ódio em seu coração a ponto de destruir sua igreja e muitas outras igrejas afro-americanas em todo o Sul do país.

Talvez Reggie se tornasse um líder ousado e dinâmico mesmo sem aquela cotovelada dolorosa que recebeu do técnico Pulliam, mas ele não acha isso. Dá o crédito a Deus, ao técnico Pulliam e a sua mãe que lhe deram uma lição dolorosa e dura, aquela que ele precisava para se tornar um jogador de futebol americano famoso e um líder ousado na luta por justiça humana.

Compreenda bem, certamente não estou defendendo a punição física para desenvolver jovens líderes. No caso de Reggie, essa provavelmente foi uma das melhores coisas que já aconteceu para ele, mas ele é um caso único. O ponto em minha história é este: todos os líderes precisam ter ousadia. Se não for ousado, não é um líder. Portanto, precisamos dar aos jovens oportunidades e desafios que fortaleçam a confiança e aumentem a coragem deles. Precisamos motivá-los a assumir riscos e a defender suas convicções e princípios de forma ousada. Precisamos ser exemplos de liderança ousada servindo de modelo que os inspire para que se lembrem desse modelo e o copiem quando enfrentarem as próprias batalhas como líderes.

A sexta chave para se tornar um líder eficaz é simples: seja ousado.

Ousadia para falar francamente

Algumas vezes, a liderança exige que a pessoa seja fisicamente ousada e corajosa. Isso certamente era verdade no caso de Reggie White e de todos os outros líderes no campo de futebol. Mas a coragem física era algo que William Donohue, presidente da Liga Católica para os Direitos Civis e Religiosos, também precisava. Ele me contou: "Jamais percebi que tinha habilidade para liderar até servir na Força Aérea dos Estados Unidos. Era contador e fui rapidamente promovido. Isso, aos 19 anos, foi algo que me deu o tipo de confiança que não tinha até aquele momento.

"Alguns anos mais tarde, fui honrosamente dispensado e iniciei minha carreira como professor de espanhol no Spanish Harlem, em Nova York. Para ser um bom professor é importante ser um bom líder, especialmente quando ensina jovens. Mas em meu caso em particular, era também importante defender meus alunos de perigos em potencial.

"Por exemplo, sempre que uma pessoa não autorizada (sempre um homem) entrasse na escola, eu era a pessoa que o procurava em toda a escola até encontrá-lo, enquanto todos os outros professores trancavam as portas de suas salas de aula. O Spanish Harlem era, e ainda é, uma área muito violenta, e como eu era um dos poucos professores homens, além de ter quase 1,90 metro de altura e de pesar 100 quilos, era o ponto de apoio do qual todos dependiam para sua segurança. Esse tipo de responsabilidade certamente estimulou quaisquer outras qualidades de liderança que eu tivesse."

Portanto, algumas vezes a liderança ousada de que precisamos não passa de coragem física — coragem para lidar com situações potencialmente violentas e que podem causar danos físicos. Mas, mais comumente, a coragem ousada que se exige dos líderes é a ousadia de defender francamente seus princípios.

John Schuerholz, dirigente geral do Altanta Braves, descreve sua experiência: "Meu pai ensinou-me a ser honesto, a prestar contas dos meus atos, a ser gentil e compromissado com meus princípios. Comecei minha carreira como dirigente esportivo sobre o comando de Lou Gorman, do Baltimore Orioles e do Kansas City Royals. Lou confiava em minhas habilidades e instintos, e ele me deu responsabilidade de liderança no departamento de desenvolvimento de jogadores. No meu primeiro ano com os Royals, eu tinha de me reportar ao Lou e ao Charlie Metro, responsável pelos olheiros.

"Certa vez, quando Charlie estava viajando, criei um programa de procedimentos de prestação de contas para os jogadores recém-contratados. Quando Charlie retornou, examinou o plano que eu havia concebido, mas não gostou dele. Defendi minha linha de pensamento.

"Charlie perguntou-me: 'Você já usou uniforme profissional?'.

"Respondi-lhe: 'Desde quando isso se iguala a intelecto e senso comum?'.

"Bem, Charlie não gostou muito do meu comentário. Sem mais nem menos, ele me despediu como assistente de olheiro.

Acho que Lou gostou da minha ousadia quando defendi minhas idéias, pois ele me nomeou seu assistente, e alguns dias mais tarde, Charlie me contratou novamente".

John Eldred, fundador do Programa de Negócios Familiares, na Universidade da Pensilvânia, compartilhou comigo o momento em que descobriu a ousadia para falar com franqueza: "Tinha 19 anos e trabalhava em uma pequena firma de produtos manufaturados. Havíamos introduzido um novo produto com um grande potencial inovador. Depois de alguns meses, percebi que nossas margens de lucro estavam caindo, e isso coincidia com a apresentação desse produto.

"Comecei a pesar os produtos antes de embarcá-los, pois nossos cálculos de preço eram baseados no peso. Nosso engenheiro de produto — um figurão que estava me treinando em questões de engenharia (eu apenas iniciara meu curso universitário na Wharton) — determinara os preços utilizando fórmulas matemáticas. Por algumas semanas, após estar pesando o produto final diariamente, percebi que o peso real estava em contradição com aquelas fórmulas, e o produto pesava cerca de 30% mais do que deveria! Isso, obviamente, explicava a ausência de lucros.

"O momento crucial ocorreu quando pedi para ter uma reunião com o proprietário, Mike, e o engenheiro. Tive alguma precaução ao mostrar meus resultados, pois tinha certeza de que o figurão não ia receber bem essa idéia. Minhas apreensões eram fundamentadas. Quando apontei aquele aparente engano, o engenheiro ficou estranho e me atacou verbalmente acusando-me de ser um 'garoto' (o que, na verdade, eu era, pois era um adolescente) e de não ser engenheiro (e ele novamente estava correto, mas isso era totalmente irrelevante, se meus resultados estivessem corretos). Eu disse:
— Porque não pesamos o produto e descobrimos a verdade?

"Eles foram até o fundo da fábrica para pesar os produtos. Os resultados da pesagem foram três: primeiro, descobrimos que eu estava certo. O produto pesava mais que os cálculos do engenheiro previam. Nós ajustamos os preços, e voltamos a ter margem de lucro.

"Segundo, aprendi várias lições que me serviram bem na vida: mesmo se você for jovem, inexperiente e duvidar de si mesmo, é melhor falar de forma ousada o que tem a dizer do que deixar as coisas ficarem como estão. O fato de ser jovem e inexperiente não faz com que esteja automaticamente errado, nem o fato de ser um engenheiro importante o torna automaticamente correto. É sempre melhor falar de forma ousada e perceber os problemas antes que seja tarde demais do que esperar pela data perfeita ou até ter confiança absoluta nos fatos; se você estiver errado, pode simplesmente admitir isso mais tarde.

"Terceiro, aquele engenheiro se tornou um inimigo para a vida toda. Ele considerou minha ação como um movimento intencional para derrubá-lo. Com o decorrer do tempo, perdeu seu posto logo depois daquele incidente, e seis meses depois já não trabalhava mais na companhia. Desde aquele momento, percebi que eu poderia ter descoberto uma forma de lidar com aquele erro sem causar embaraços para o engenheiro. Naquela época, achava que a única questão em jogo era descobrir quem estava certo e quem estava errado. Agora eu sei que é possível estar certo e lidar com a situação de forma errada, e é possível consertar uma situação errada sem que ninguém seja considerado incompetente. Essa também foi uma lição que carreguei comigo ao longo de minha carreira.

"Mas a lição mais importante dessa experiência é que jovens líderes devem ser encorajados a falar ousada e francamente para defender aquilo em que acreditam ser certo e verdadeiro. Não devem ser intimidados por idade, ou experiência, ou autoridade. Os outros podem não escutá-los ou ficar muito zangados; é possível haver até mesmo conseqüências e um preço a ser pago por ter a coragem de defender seus pontos de vista. Mas se está prestes a ser um líder, tem de falar francamente. Precisa ser ousado".

Ousadia para defender sozinho um ponto de vista

Um líder, para ser ousado, deve ter a coragem de defender sozinho um ponto de vista contrário ao da maioria. Dave Hart, diretor atlético da Universidade da Flórida, contou-me sobre o momento em que teve de aprender essa lição. Ele relata: "Meus pais me deram os valores essenciais, e meus professores e treinadores ensinaram-me a importância da liderança e da necessidade de assumir uma posição para defender meus valores essenciais.

"Certa vez, na escola de ensino fundamental, dei uma resposta em classe, e o professor abriu aquele ponto para debate: a resposta que eu dera era correta ou não? Alguns de meus colegas concordaram com minha resposta, outros não. E à medida que a discussão progredia, o professor sugeria alguns argumentos contra minha resposta. Quanto mais falava, mais influenciava a classe contra minha resposta. Quando alguns alunos se levantavam para defender minha idéia, ele sutilmente sugeria que aqueles estudantes talvez devessem pensar um pouco mais sobre o assunto.

"Gradualmente, todos os que me apoiaram foram persuadidos da posição oposta. Já não havia mais ninguém na classe que concordava comigo. Eu estava sozinho para defender minha resposta.

Naquele momento, o professor virou-se para mim e perguntou: — Dave, você gostaria de mudar sua resposta?

Lembro-me de que fiquei tentado a responder afirmativamente, de que estava pronto a abandonar minha resposta, mas não fiz isso. Apenas declarei: 'De forma alguma, não vou mudar minha resposta'. Ele perguntou: 'Por que não? Todos na classe acham que você está errado'. Respondi-lhe: 'Mas eu ainda acho que estou certo'.

"A seguir, o professor virou-se para a classe e disse: 'Classe, o Dave está certo. Ele defendeu firmemente sua resposta mesmo quando a maioria defendia a resposta errada'. E ele prosseguiu dando uma lição com aquele exercício. Ele nos disse que é mais importante estar certo do que estar com a maioria. O mundo precisa de pessoas dispostas a defender aquilo que acreditam, mesmo que o mundo diga que estão erradas. Aquela foi uma lição sobre liderança que jamais esquecerei.

"Acho que uma das coisas mais importantes que podemos fazer no treinamento de jovens líderes é elogiá-los sempre que tiverem coragem de tomar decisões difíceis, demonstrando a firmeza de não seguir a maioria. Devemos encorajar os jovens a descobrir seus valores essenciais e estabelecer as convicções que têm para que sejam capazes de defendê-los de forma ousada. Isso é o que os líderes fazem".

Um líder, independentemente de sua idade, tem de aprender a caminhar com o conflito, a controvérsia e a crítica. Estar na liderança é o mesmo que estar no olho do furacão. Como Max Lucado afirmou: "O homem que quer liderar a orquestra tem de dar as costas para a multidão". Isso é verdade. Um líder tem de aprender a ficar sozinho contra a multidão, contra a opinião popular e proclamar de forma ousada suas convicções e princípios a um mundo que, via de regra, não se importa com esses princípios e convicções, e muitas vezes é extremamente hostil a eles.

A liderança é uma tarefa solitária.

Ousadia estratégica

Outra forma de ousadia que os líderes precisam ter é a *ousadia estratégica* — a disposição de assumir estratégias ousadas e arriscadas a fim de alcançar um objetivo que valha a pena. John C. Maxwell observa: "Líderes assumem riscos. Isso não quer dizer que sejam imprudentes, porque os bons líderes não são. Contudo, nem sempre tomam o caminho mais seguro. Raramente, uma pessoa pode, ao mesmo tempo, conquistar terreno e sentir-se plenamente segura. Muitas vezes, os líderes têm de levar os outros para terrenos desconhecidos e inexplorados".

Jovens líderes devem ser encorajados a calcular os riscos sem fazer apostas estúpidas. Nossa mensagem deve ser: "Tenha grandes sonhos! Procure alcançar seus sonhos e assuma os riscos para que se realizem! Deixe de lado seus medos e aja de forma ousada, mas deixe pouco espaço para o acaso".

Dr. Vincent Munford, da Universidade da Flórida Central, disse-me: "O sr. Steele era meu professor de ciência da computação, de matemática e treinador de basquete na escola de ensino médio. Na época, ele ainda era bastante jovem e sabia como se relacionar com os jovens. Era um homem grandalhão, com um sorriso amplo e grande senso de humor. Eu e ele sempre discutíamos sobre nossos jogadores favoritos de basquete: eu era fã do dr. J, e ele gostava de Larry Bird. Jamais perdia uma oportunidade para dizer que seu time liquidaria o meu.

"Ele, como treinador de basquetebol, utilizava um artifício para fortalecer a minha confiança na quadra. Gostava de surpreender os oponentes a cada partida. Em um jogo de basquete, faltando dois segundos para o término, pediu tempo e estipulou que eu fizesse uma jogada para o último arremesso. Sabia que não era o melhor arremessador do time, mas era exatamente esse o ponto. Sua estratégia foi usar nosso melhor arremessador como isca. Enquanto todos do outro time o marcavam, eu ficaria totalmente livre para fazer o arremesso.

"Lembro-me de entrar na quadra e ver a bola vindo em minha direção. Não me lembro de fazer o arremesso, mas acho que acertei, pois o que aconteceu em seguida foi que meus colegas de time pularam sobre mim gritando que eu fizera uma cesta maravilhosa!

"Aquilo era arriscado, pôr o jogo nas mãos de um jogador não tão qualificado. Mas o risco valeu a pena. Aquela experiência ensinou-me muito sobre liderança. Quando tudo parece perdido, às vezes, um líder verdadeiro assume o risco para salvar o jogo".

Outra forma de assumir riscos envolve a ousadia de tentar um desafio quando tudo parece contra você. Mark Rutland, diretor atlético na faculdade Southeastern, contou-me sobre uma atitude arriscada que teve quando estava na escola de ensino médio: "Quando disputava a eleição para ser presidente da União dos Estudantes, eu era um aluno razoavelmente novo na escola. Não era muito conhecido, e meu oponente era muito popular. Decidi utilizar a organização extremada para derrotar a popularidade local.

"Recrutei um representante de campanha em cada sala de aula da escola. Encontrei-me com todos aqueles representantes uma vez por semana durante a campanha, que durou seis semanas.

Pedi que cada um deles recrutasse dois assistentes para distribuir meu material e pendurar cartazes. Como cada sala de aula tinha trinta alunos ou menos, eu já tinha 10% dos votos de que precisava apenas com os que trabalhavam em minha campanha.

"No dia da eleição, venci com a maioria esmagadora dos votos, embora fosse praticamente um aluno desconhecido da comunidade. Participar daquela campanha foi um risco, pois eu era o azarão, mas utilizei o trabalho árduo e a organização extremada para compensar as desvantagens e derrotar o favorito."

As experiências do dr. Mumford e Mark Rutland oferecem percepções em relação à maneira de encorajar os jovens líderes a pensar de forma estratégica e ousada. Ao preparar jovens líderes para liderar, precisamos encorajá-los a tomar decisões ousadas, conceber estratégias ousadas e assumir riscos ousados. Contudo, ao mesmo tempo, devemos ensiná-los a fazer com que as desvantagens revertam em sucesso. Devemos mostrar-lhes como fazer o seguinte:

1. *Fazer a lição de casa.* Conhecimento é poder, portanto pesquise a situação. Os líderes devem fazer com que as desvantagens revertam a seu favor por meio da informação. Não espere reunir 100% da informação que você quer antes de tomar uma decisão: esteja preparado para aceitar 75% ou até mesmo 50% da informação. Procure ter a melhor noção possível da situação, ouça sua intuição e seu instinto e depois haja de forma decisiva.
2. *Planejar.* Mark Rutland sabia que era desconhecido, portanto, melhorou sua desvantagem ao criar uma organização bem planejada. Planejamento estratégico

cuidadoso foi a chave para a vitória na eleição em que era azarão. Os jovens são muitas vezes impacientes, e precisamos ensinar-lhes o planejamento sábio e cuidadoso.

3. *Seja ousadamente decidido.* Protelar uma decisão é geralmente mais perigoso que tomar uma decisão ousada fundamentada em informações parciais. O marechal de campo Willian Joseph Slim, comandante britânico que fez com que os japoneses recuassem no terreno da Índia e da Burma que invadiram na Segunda Guerra Mundial, explica isso desta maneira: "Quando você não consegue decidir entre dois rumos de ação igualmente equilibrados, escolha sempre o mais ousado". Outro grande líder militar concorda com isso. O general George S. Patton, observou: "A determinação de uma ação é a chave para o sucesso. A indecisão, na verdade, é a decisão de não fazer nada".
4. *Seja otimista.* Aqueles que assumem risco de maneira bem-sucedida são otimistas. Acreditam em Deus, em si mesmos, nas idéias que têm e em um futuro melhor. O otimismo inspira e fortalece. O otimismo é também contagiante, pois se espalha rapidamente do líder para seus seguidores. O espírito de otimismo pode levantar um time todo ou uma organização.
5. *Seja original.* Líderes ousados não seguem caminhos já trilhados, mas caminham através de terrenos desconhecidos seguindo sua bússola. Encoraje jovens líderes a seguir o conselho do capitão Kirk, do filme Jornada nas Estrelas: caminhe de forma ousada por

lugares em que nenhum jovem líder jamais esteve antes! Sam Walton, fundador da cadeia de lojas Wal-Mart, afirmou: "Nade contra a corrente. Siga na direção contrária. Ignore a sabedoria convencional. Se todos estiverem fazendo isso de uma maneira, há boas possibilidades de você descobrir seu espaço ao seguir o caminho exatamente oposto, mas esteja preparado para as muitas pessoas que o desestimularão e que lhe dirão que você está seguindo o caminho errado".

6. *Aceite as perdas com um sorriso.* Há um aspecto negativo toda vez que assume um risco: algumas vezes você perde. Então, o que fazer? Simples: se perder, não reclame. Apenas aprenda as lições com seus erros e tente novamente. Walt Disney disse certa vez: "Acho importante ter insucessos difíceis quando jovem". Ele sabia disso, pois tivera muitos insucessos antes de seu primeiro grande sucesso: *Branca de Neve e os sete anões.* Jovens líderes devem assumir o risco de falhar. Eles sobreviverão, aprenderão com isso e crescerão... e certamente não cometerão o mesmo erro duas vezes.

Dr. John MacArthur, líder da Comunidade da Graça, em Sun Valley, Califórnia, disse-me: "Grandes líderes tomam grandes decisões na segunda vez. Podem fazer uma decisão ruim na primeira, mas aprendem com seus erros e obtêm melhores resultados na vez seguinte".

Os líderes tomam decisões. Tomar decisão é só os que os líderes têm que fazer. Toda vez que o líder toma uma decisão, há um risco a correr. A decisão pode ser errada ou até desastrosa, mas essa é a razão por que as equipes e organizações têm líderes. Uma equipe precisa de ter um indivíduo ousado no leme, uma pessoa disposta a dar um passo a frente, ser decisivo e aceitar a honra pelas decisões brilhantes, ou a assumir a responsabilidade quando as coisas saem erradas.

Nenhuma equipe jamais abalou o mundo assumindo poucos riscos. Algumas vezes, é preciso juntar coragem e sair para o campo de batalha. Essa é uma mensagem que nossos jovens líderes precisam escutar sempre que não aceitam um desafio ou deixam de tomar uma decisão arriscada. Diga-lhes: "Você tem de assumir riscos se quiser ser líder. Sem risco, não há aventura".

Jerry MacMorris, dirigente e superintendente do Colorado Rockies, disse-me: "Iniciei minha carreira na vida dos negócios ao 18 anos de idade. Isso começou no dia em que voltei para casa depois da temporada de verão em que trabalhei em uma determinada companhia e contei a meu pai todas as coisas erradas que aconteciam naquele lugar.

"Meu pai disse-me: — Jerry, você deve iniciar seu próprio negócio. — Concordei com ele. Assim, saí em busca e achei um pequeno negócio de caminhões que comprei por 10% do preço que pediram. Meu pai me aconselhou durante esse processo."

Aquele pequeno negócio de caminhão, por fim, tornou-se a grande companhia Nations Way Tranport Sevice Inc., por muitos anos a maior companhia de frete da nação, com cerca de seis mil empregados (essa companhia parou de operar em 1999). O sucesso dessa companhia possibilitou que Jerry reunisse um grupo de proprietários que compraram o Colorado Rockies, em setembro de 1992.

E tudo isso começou quando o pai de Jerry o encorajou a assumir o risco de iniciar o próprio negócio aos 18 anos. Seu pai lhe disse: "Jerry, você deve iniciar seu próprio negócio", e o resto é história.

A ousadia do pioneiro

Stephanie Flamini, treinadora do time de basquete feminino na faculdade de Guilford Colege, na Carolina do Norte, contou-me: "A primeira vez que percebi que tinha potencial para liderança foi quando tinha 8 anos. Esse foi o momento em que comecei a praticar esportes em um time organizado. Aos 8 anos de idade, fui a primeira menina na Pensilvânia a participar da liga menor de beisebol dos meninos. Continuei a praticar vários outros esportes e sempre me saí muito bem, portanto recebia cada vez mais oportunidades para me tornar uma líder.

"Mais tarde, eu me tornei a primeira menina a jogar no time de basquete dos meninos em meu estado. Aquilo não foi fácil, e muitos meninos me ofendiam enquanto participava daquela liga. Havia sempre jornalistas nos jogos do qual participava, eles me entrevistavam e escreviam artigos. Naquela época, eu não percebia que estava pavimentando o caminho da igualdade. Apenas fazia algo de que eu gostava muito.

"Precisamos de crianças capazes de dar um passo a frente, com coragem para liderar. Precisamos de jovens líderes que indiquem formas de melhorar o mundo. É importante apoiar e encorajar jovens líderes, porque estão assumindo um risco ao dar um passo a frente. A liderança é uma grande qualidade, e devemos nutri-la sempre que a encontrarmos".

Stephanie Flamini é uma pioneira. Uma líder ousada que abriu portas para que outras garotas pudessem se envolver com esportes considerados práticas só para os meninos. Naquela época, não achava que o que tinha feito era algo tão grandioso; afinal, só estava praticando o esporte de que gostava. No entanto, agüentou as vaias e os insultos, a pressão e o escrutínio da mídia.

Aos 8 anos, era uma menina que assumia riscos, bem como era uma líder ousada.

Meu amigo Wayne Embry é outro pioneiro ousado. Foi o primeiro afro-americano a ocupar um cargo executivo no esporte profissional — posição que ocupou quando o Milwaukee Bucks o contratou, em 1972. Permaneceu nesse cargo até 1977, quando se tornou vice-presidente e consultor. Mais tarde, tornou-se executivo do Cleveland Cavaliers, chegando ao posto de presidente e superintendente do time até se aposentar.

Wayne cresceu em Springfield, Ohio, em uma família pobre cujos laços afetivos eram bastante fortes. Seus pais lhe ensinaram uma ética de trabalho bastante firme. Conforme ele me contou: "Sempre que minha família escolhia fazer algo, estabelecíamos os objetivos e ficávamos orgulhosos quando os alcançávamos".

Ele cresceu nas décadas de 1940 e 1950 e, portanto, teve de lidar com o preconceito racial constantemente. Ele conta sua experiência: "A pessoa acaba sendo contaminada e aceitando a baixa auto-estima quando lhe dizem: 'Você é incapaz de fazer isso e de fazer aquilo'. É preciso agarrar todas essas coisas que lhe dizem e usá-las como inspiração para conseguir trabalhar de forma mais árdua e obter sucesso.

"Meu avô, meu pai e minha mãe ajudaram-me a fortalecer minha autoconfiança. Meu avô foi quem mais exerceu influência sobre mim; foi meu exemplo real e verdadeiro. Transpôs grandes barreiras raciais para se tornar contramestre em uma fábrica de Springfield nos idos da década de 1930. O que ele teve de enfrentar e o que conquistou serviram de inspiração para mim.

"À medida que ganhava confiança em mim mesmo, tornei-me um aluno que recebeu honras e um atleta excepcional. Foi desse modo que percebi que tinha habilidade para liderar. Assim que percebi isso fui capaz de liderar meu time e de causar impacto no corpo discente, sendo eleito vice-representante de minha sala de aula.

"Tornar-me um líder estudantil, um representante afro-americano dos alunos em um ambiente em que os brancos predominavam totalmente foi um grande desafio e uma conquista bastante incomum para a década de 1950. Tive de suportar muita pressão e muitos apelidos que meus colegas de classe me davam. A pressão foi tamanha que eu realmente cheguei a abandonar a escola, mas só por um dia. Quando anunciei para minha classe que não retornaria mais, meus colegas me encorajaram a perseverar em minha decisão, enquanto me xingavam e insultavam. Portanto, retornei à escola e permaneci em meu cargo".

Wayne Embry tornou-se uma estrela do time da Universidade de Miami, em Ohio, onde se graduou em Pedagogia e fez especialização em Administração. Prosseguiu sua carreira na NBA, em que jogou por onze anos para os times Cincinnati Royales, Boston Celtics e Milwaukee Bucks.

Quando trocou a quadra de basquete pelo escritório, passou a ser seguido de perto pela mídia, que examinava todos seus passos, embora ele nem sempre se sentisse confortável com isso. Não se considera um pioneiro nem um símbolo do progresso afro-americano. Era apenas um homem que tentava jogar e desempenhar sua tarefa.

Certa vez ele disse: "Como eu sou afro-americano, desde a mais tenra infância sempre fui maltratado, mas escolhi não permitir que isso impedisse meu progresso. Se eu me permitisse ficar amargo, deixando aquelas feridas sempre abertas, aquilo teria barrado meu desenvolvimento".

Ele simboliza a liderança ousada. Quando era um jovem líder em sua escola, perseverou apesar dos insultos racistas e tornou-se representante de classe em uma escola de brancos. Quando adulto, rompeu as barreiras raciais e tornou-se dirigente da NBA. Ele é um pioneiro que abriu portas para que outros pudessem seguir seu caminho.

Sempre que educar, ensinar, treinar e aconselhar um jovem líder, certifique-se de que o prepara para a realidade nua e crua. A liderança é solitária e árdua. Ser líder é o mesmo que ser o alvo dos outros. Haverá críticos que mal podem esperar para atirar em você. Faz parte do pacote.

Não se esqueça de dizer aos jovens que a liderança é também uma aventura. E a vida deve ser vivida como uma aventura, em que vivemos de forma ousada e corajosa! Conforme Helen Keller disse certa vez: "A vida é uma aventura ousada ou não é nada". Diga àquele jovem que treme de medo com o que está prestes a enfrentar: "Seja ousado e seja um líder!".

A seguir, examinaremos a sétima chave crucial da grande liderança: ser servo.

Capítulo 11

Sétima chave: ser servo

De acordo com o colunista esportivo Mike Burke, do *Time-News* de Cumberland (Maryland), Bill "Speedy" Morris é reverenciado nas escolas em que foi treinador da mesma forma que Ara Parseghian é reverenciado pelos jogadores de Notre Dame. "Speedy" é atualmente treinador de basquete em uma escola preparatória, uma escola jesuíta de ensino médio, na Filadélfia. Quando começou sua função de treinador, era um cadete bastante hesitante.

Ele me contou: "No último ano da escola de nível médio, participei do time de basquete, mas não joguei muito. Na preparação para a temporada, fiquei doente e perdi algumas semanas.

O padre da minha paróquia perguntou se eu gostaria de treinar nosso time mirim de basquete. O problema era que se eu assumisse o cargo de treinador desse time, teria de abandonar minha posição como jogador do outro time. Embora eu não estivesse jogando muito, eu amava o basquetebol e não queria sair do time.

"Perguntei a meu treinador de basquete qual era a opinião dele, e ele disse: 'Billy, a profissão de treinador é muito boa, e você tem a oportunidade de fazer a diferença na vida de muitos jovens. Sei o quanto você gosta de jogar, mas se estiver disposto a deixar seu desejo de ser jogador, acho que estaria fazendo uma grande coisa na vida daqueles meninos. Seria uma grande atitude de serviço ao próximo'.

"Depois dessa conversa, tomei a decisão de treinar os jovens da minha paróquia, e sou treinador desde essa época. Jamais me arrependi dessa decisão. Depois dos pais de um jovem atleta, poucas pessoas exercem impacto maior, a longo prazo, na vida do jovem atleta que o treinador".

"Speedy" Morris não é apenas um líder. Ele é um servo. Começou a treinar para servir um time mirim de jogadores de basquete. Hoje, ele continua ainda a servir jogadores da escola de ensino médio. É motivado não apenas pelo amor pelo jogo, mas também pelo amor por jovens e o desejo de influenciar a vida deles.

Quando perguntei a Morris o nome dos líderes que mais impacto causaram em sua vida, ele respondeu: "Meu treinador na escola de ensino médio foi meu primeiro modelo de um bom treinador. Ele era justo e sempre controlado, e a gente podia falar com ele sobre qualquer coisa, sobre a vida, não apenas sobre basquetebol".

A seguir, menciona um nome que eu conhecia muito bem, dr. Jack Ramsay, o homem que me deu meu primeiro trabalho na NBA. O treinador Morris continua: "Quando treinei o time de basquete mirim, eles faziam três partidas consecutivas em nosso ginásio. O filho de Jack Ramsay estava em um dos times, e ele disse que assistiria aos jogos. O time de seu filho não era assim tão bom, nem seu filho jogava tão bem, mas Jack era extremamente encorajador e humilde, sempre cortês.

"John Wooden foi outro grande mentor para mim. Jamais conheci ser humano melhor. Tive a oportunidade de conversar com o sábio de Westwood em três ocasiões diferentes, e ele é um dos mais sábios, mais bem informado, mais humilde de todos os seres humanos que já encontrei. Ele sempre me chamava de 'treinador Morris' e dizia que o prazer de encontrar-me era todo dele. Aquilo me surpreendia, uma vez que, mais que todos os outros, ele era o que merecia receber o título de 'treinador' e o privilégio era todo meu!".

Percebi a freqüência com que a palavra *humilde* fez parte da conversa que tive com "Speedy" Morris. Claramente, a humildade é uma qualidade de caráter que observa e valoriza nas pessoas que encontra. E isso não é surpresa para ninguém que o conhece, pois o treinador Morris é um líder humilde e retraído.

Mas "Speedy" Morris pode ser considerado um homem humilde em sua carreira de treinador porque passou por situações humilhantes com bastante freqüência. Não quero dizer que tenha sido humilhado pelos times oponentes. Seus registros de vitória falam por si mesmo. A maioria das experiências de humilhação vividas pelo treinador Morris aconteceram fora da quadra, conforme ele mesmo explica.

"Em meu segundo ano como treinador, tirei meu casaco e o joguei atrás do banco, mas o joguei com um pouco de força demais. Nosso ginásio ficava no terceiro andar, e a porta de incêndio estava aberta. Meu casaco passou pela porta de incêndio e caiu três andares em cima de uma caçamba. Era um casaco novinho em folha, que minha esposa acabara de comprar para mim. Quando o gerente retirou meu casaco de lá, ele estava todo sujo e o cheiro era horrível! Todos riram, meus jogadores acharam aquilo engraçadíssimo; até eu ri à beça. Entretanto, minha esposa não achou a menor graça.

"Alguns anos mais tarde, em meu primeiro ano como treinador do time LaSalle, da Universidade da Pensilvânia, jogávamos contra o Villanova, e todos os ingressos já haviam sido vendidos. Durante um dos tempos que pedi, abaixei-me para falar com meu time, e minhas calças se rasgaram. No intervalo, minha esposa entrou no vestiário e costurou minhas calças. Enquanto ela costurava, eu conversava com meu time de cuecas. Minha esposa não tinha muita linha, portanto usou um alfinete de segurança para fechar a costura de minhas calças.

"No início do segundo tempo, eu pulei e, a seguir, escutei um som de tecido se rasgando, senti a brisa e algo me espetando. Minha calça havia se rasgado novamente. E o alfinete de segurança abriu-se e estava me espetando. O rasgo era imenso, e os torcedores do Villanova começaram a cantar: 'Speedy rasgou as calças!'. Aquilo foi muito embaraçoso, mas engraçado, e os videoteipes constrangedores ainda são exibidos".

Perguntei ao treinador Morris se ele achava que os líderes eram natos ou produzidos. Ele respondeu-me: "O único líder nato foi Jesus. Todos os outros são produzidos por meio dos bons exemplos e do apoio dos pais, dos parentes, dos treinadores ou dos professores. Os melhores líderes são aqueles que lideram por meio do exemplo".

Percebi a mesma atitude de liderança por meio do servir em minha entrevista com Mel Martinez, ex-secretário de desenvolvimento urbano e de habitação, agora candidato ao Senado dos Estados Unidos pela Flórida. Ele me contou como descobriu que tinha habilidade para ser líder assim que chegou nos Estados Unidos vindo de Cuba. Disse-me: "Percebi que as pessoas me viam como líder, quando os jogadores de meu time de beisebol e de basquetebol na escola de ensino médio me elegeram capitão. Consegui dominar a língua inglesa um ano e tanto depois de me mudar para os Estados Unidos, no entanto, meus colegas de equipe reconheciam algo em mim que permitia que tivessem confiança o suficiente para escolher-me como capitão do time.

"Tinha muitas coisas para aprender sobre liderança, e é por essa razão que sou grato a meus conselheiros — as pessoas que me treinavam, me encorajavam e me davam oportunidades de liderar. Meu pai ensinou-me a crer em mim mesmo e me disse que eu tinha a responsabilidade de dar minha contribuição como líder. Na arena pública, Bill Frederick e Glenda Hood, dois ex-prefeitos de Orlando, deram-me importantes oportunidades para servir minha comunidade em posições de responsabilidade.

"A parte mais importante do ser líder é ser servo. Meu próprio comprometimento para servir por meio da liderança é proveniente de minha fé em Jesus Cristo. Ele foi o grande exemplo de liderança por meio do servir, e creio que Ele nos chama para ser líderes por meio do servir".

Fiquei impressionado com o fato de que tanto "Speedy" Morris e Mel Martinez citaram Jesus como o modelo supremo de liderança. Esses dois líderes, provenientes de duas esferas de influência totalmente diferentes, o esporte e o governo, descreveram percepções praticamente idênticas do que significa ser líder. Os dois consideram a liderança como uma forma de servir conforme o padrão apresentado por Jesus Cristo.

Em uma das cartas do Novo Testamento, o apóstolo Paulo descreve pela primeira vez sua visão de liderança por meio do servir. Ele escreveu:

> Nada façam por ambição egoísta ou por vaidade, mas humildemente considerem os outros superiores a si mesmos. Cada um cuide, não somente dos seus interesses, mas também dos interesses dos outros.
>
> Seja a atitude de vocês a mesma de Cristo Jesus, que, embora sendo Deus, não considerou que o ser igual a Deus, era algo a que devia apegar-se; mas esvaziou-se a si mesmo, vindo a ser servo, tornando-se semelhante aos homens. E, sendo encontrado em forma humana, humilhou-se a si mesmo e foi obediente até a morte, e morte de cruz!
>
> Filipenses 2.3-8

Liderança autêntica não diz respeito a ser "o chefe", mas a ser o servo. A maioria dos especialistas em liderança concorda com isso. Frank F. Warren, ex-presidente da faculdade Whitworth College, afirma: "Se quiser ser líder ficará frustrado, pois poucas pessoas querem ser lideradas. Se quiser ser servo, jamais se frustrará". Hans Finzel, especialista em liderança cristã e autor de *Change Is Like a Slinky* [*A mudança é graciosa*], afirma simplesmente: "A liderança é uma jornada de abnegação do ego". Peter

Drucker, professor e autor de liderança, observa: "Nenhum líder é digno de seu trabalho se não arregaçar as mangas".

Dr. Dan Gerdes é autor de *Through the Storm* [Através da tempestade] e *Coaching for Character* [Treinamento do caráter] e também é ministro cristão de pessoas que enfrentam a adversidade, a crise ou a dor. Ele relata: "Liderar é uma boa coisa, pois liderar é servir. Quando um jovem tem habilidade de liderança em uma dada situação, tem a obrigação de usar essa habilidade para servir os outros, não para gratificar nem satisfazer a si mesmo, mas apenas para servir ao próximo. Se um jovem tem a oportunidade de servir os outros por meio da liderança, seria errado ou trágico se continuasse a ser um seguidor.

"Muitas vezes, ter confiança em si mesmo em relação à liderança é desvirtuado em atitudes do tipo 'seguir o próprio nariz'. Essa é uma concepção falsa. Uma pessoa pode ser confiante em sua liderança, mas humilde em seu caráter. E é exatamente disso que precisamos: mais líderes humildes que utilizem sua habilidade de liderança para ajudar os outros. Ninguém se beneficia se alguém, qualificado para ser líder, se retrai para que uma pessoa desqualificada assuma a posição. Se uma pessoa for qualificada, permita que sirva por meio da liderança, e ela deve efetuar seu serviço de forma confiante, mas também humilde.

"Nós, professores e treinadores, precisamos estimular em nossos jovens a imagem da liderança como forma de servir ao semelhante. Na universidade, quando jogava basquete, isto era o que os meus treinadores me diziam: 'Liderança é sinônimo de sacrifício'. Quer dizer que devo dedicar-me em benefício de meus colegas de time e dos objetivos que queremos alcançar. Liderança não é apenas ter um título, como o de capitão. Não tem nada que ver com receber atenção e glória. Liderança é também trabalhar arduamente para fazer o que os outros não fazem ou não conseguem fazer. Implica fazer todo o tipo de coisa que ninguém vê, ninguém percebe e ninguém agradece por isso. Para ser líder é preciso ser servo.

"Sou treinador e tento seguir o padrão do Inventor do treinamento, meu Salvador, Jesus Cristo. A estratégia de viver centrado em Cristo resume-se a dois mandamentos: (1) amar a Deus e (2) amar o próximo como a si mesmo. Todos os outros valores importantes para a liderança e para o serviço ao semelhante são provenientes desses dois mandamentos: ética no trabalho, sacrifício, abnegação, autodisciplina, confiança e humildade."

Quando os jovens encaram a liderança como uma forma de servir, não como uma forma de gabar-se do poder e da posição, atitudes que inflam o ego, toda a visão que têm da vida e da posição que ocupam no mundo se transforma. Em vez de centralizar a atenção no que os outros podem fazer para contribuir com sua carreira, perguntarão: "O que posso fazer pelos outros?". Em vez de enfocar o que podem ganhar, perguntam a si mesmos: "O que posso dar?".

Apenas líderes que servem os outros servem para ser líderes

O termo *líder para servir* foi forjado pela primeira vez por um executivo aposentado da AT&T, Robert Greenleaf, em um ensaio de 1970, posteriormente publicado como livro, intitulado *The Servant as Leader* [*O servo como líder*] (Robert K. Greenleaf Center, edição publicada em 1982). Esse ensaio foi inspirado pelo romance de Hermann Hesse, de 1932, *Viagem ao Oriente* [Editora Record, 1959].

O romance de Hermann Hesse é sobre a jornada de uma trupe de místicos, artistas e poetas. Leo, o servo que carrega a bagagem, os acompanha nessa jornada. Em algum momento da viagem, Leo desaparece. A trupe, quando o servo do grupo não se encontra mais, fica um caos, totalmente dividida pelas discussões. Ao que parece, Leo era o elemento que mantinha a trupe unida. Sem a presença quieta e quase invisível do servo, o grupo não podia existir. No final da história, Leo é encontrado, mas não é mais o servo que carrega as bagagens do grupo, e sim o líder da trupe, vestido com um manto real ornado em ouro.

Greenleaf, em seu ensaio, diz que todos os grandes líderes são como Leo. Nós o encontramos pela primeira vez como servos, pessoas que têm o desejo humilde de ajudar e de servir a outros. Essa qualidade de servir o semelhante os habilita para a liderança, pois a verdadeira liderança consiste em servir os outros.

Em anos recentes, muitas autoridades em liderança expandiram o conceito de Greenleaf sobre liderança para servir. Numerosos livros sobre o assunto foram escrito por autores como James Autry, Warren Bennis, Stephen Covey, Max De Pree, M. Scott Peck, Peter Senge e até mesmo Pat Williams (veja meu livro *The Paradox of Power* [*O paradoxo do poder*], Warner Books, 2000). O ponto essencial que todos esses livros têm em comum é este: a liderança para servir é a forma que os líderes devem escolher para liderar no século XXI. O antigo modelo piramidal, em que o chefe fica no topo da hierarquia, é a relíquia de uma organização de outra época.

Obviamente, o modelo do líder que serve os outros não se originou com Robert K. Greenleaf, em 1970, nem com Hermann Hesse, em 1932. Teve origem com Jesus de Nazaré. O modelo de liderança do futuro é, na verdade, o modelo mais antigo de todos.

Depois de dois mil anos em que chefes chefiavam as pessoas, percebemos finalmente um dos princípios mais antigos da ciência da liderança: apenas líderes que servem os outros servem para ser líderes.

Neste mundo, há dois tipos de líderes: os chefes e os servos. Os chefes ganham poder, dão ordens e esperam ser servidos. Os servos dão poder às pessoas, delegam autoridade e servem os outros. Os chefes engrandecem a si mesmos. Os servos engrandecem os outros.

Dr. Paige Patterson, presidente do seminário Southeastern Baptist Theological Seminary, recorda como aprendeu a ser um líder que serve os outros quando ainda era adolescente: "Meus pais me educaram para ser líder. Minha mãe sempre me disse que eu fui uma resposta de oração, e que Deus não teria me dado à família Patterson se Ele não tivesse algo estrategicamente importante para eu fazer nesta vida. Meu pai sempre me disse que acreditava em mim e me pediu para buscar a forma mais elevada possível de servir a Jesus Cristo e aos outros.

"Quando tinha 16 anos, meu pai me levou para viajar pelo mundo. Tive o privilégio de pregar em igrejas de treze países distintos, até na Coréia. Isso foi um pouco depois da Guerra da Coréia. A situação dos órfãos coreanos era aflitiva para qualquer pessoa que visitasse o país naquele momento. Meus pais foram instrumentos facilitadores da adoção de muitas crianças coreanas por estadunidenses.

"Certa noite, eu pregava na Primeira Igreja Bastista de Baytown, no Texas. Fiz um apelo ardente em favor das crianças coreanas. Um engenheiro que trabalhava em uma famosa refinaria veio até mim e perguntou-me como ele e sua esposa poderiam adotar uma daquelas crianças. Dei-lhes a informação necessária, e eles adotaram um garotinho. Fiquei surpreso ao saber, mais tarde, que eles deram meu nome ao garoto.

"Aquela foi uma experiência profunda para um adolescente de 16 anos, a experiência de ser usado por Deus para causar impacto na vida das pessoas deste mundo. Gostaria que milhares de jovens tivessem esse tipo de experiência e impacto — servir a Deus e servir aos outros não para obter benefícios ou recompensas pessoais, mas apenas pela alegria duradoura que acompanha as atitudes de servir ao próximo. Jesus afirma isso de uma melhor forma, quando diz: 'Quem quiser tornar-se importante entre vocês deverá ser servo'. Quem quiser ser líder deve começar servindo".

John Eldred, do Family Business Program [Programa Familiar de Negócios], da Wharton School, disse-me: "Sempre que encontrar pessoas que realmente entendam o que é liderança, verá um líder que serve aos outros. Isso é verdade, por exemplo, em relação aos militares que contam com o maior programa de treinamento em liderança de todos. À primeira vista, a liderança militar aparenta tratar-se apenas de posição e hierarquia, em que os oficiais superiores chefiam as tropas. Mas em um exame mais detalhado, vê-se que se trata realmente da liderança para servir. Para os militares, cuidar de seus subalternos é uma função crítica da liderança. Os militares enfatizam a seus jovens oficiais que se cuidarem de seus seguidores, seus seguidores cuidarão deles.

"Hoje, não percebemos muito essa abordagem da liderança para servir os outros no mundo dos negócios. Há muitos chefes e poucos líderes prontos a servir os outros. Creio que a tarefa fundamental da liderança é estruturar um senso de comunidade em que todos digam: 'Estamos juntos neste barco'. Do meu ponto de vista, o líder que, de forma egoísta, põe as próprias necessidades acima de seus seguidores falha. Os líderes devem sempre ser servos".

Sete observações para os líderes que servem a outros

Como, portanto, encorajar jovens líderes a se tornarem líderes que servem a outros? Organizei uma lista com sete observações que podemos compartilhar com jovens líderes nas experiências de ensino e aconselhamento que temos com eles. Essas sete observações são o fundamento de um estilo de vida referente à liderança para servir aos semelhantes:

1. *Abandone a necessidade de controle.* Servos não controlam as pessoas nem as circunstâncias. Servos servem, e ponto final. Herb Kelleher, ex-presidente e superintendente da companhia de aviação Southwest Airlines, foi considerado o melhor superintendente dos Estados Unidos pela revista *Fortune*. Ele observa: "Um analista financeiro perguntou-me, certa vez, se eu temia perder o controle de nossa organização. Disse-lhe que nunca tivera controle nem jamais o desejara. Se criar um ambiente em que as pessoas verdadeiramente participam, não precisa ter controle. Elas sabem o que precisa ser feito e desempenham suas tarefas. Quanto mais as pessoas se dedicam voluntariamente a sua causa, menos precisa de hierarquia e de mecanismos de controle... Sempre acreditei que o melhor líder é aquele que melhor serve. Quem é servo, por definição, não controla".
2. *Considere o ser servo como um fim, não como um meio para um fim.* Em outras palavras, o jovem líder não deve servir os outros como forma de manipular as pessoas a fim de que façam o que ele quer e da forma que quer. Servir não é uma técnica, mas um estilo de

vida. Algumas pessoas parecem pensar: *Eu quero o poder e usarei o servir aos outros para obtê-lo. Se eu servir as pessoas, elas ficarão gratas e me seguirão, e isso me dará poder e controle.* Esse tipo de pseudo-servo pode tornar-se um chantagista emocional: "Servi a você, agora você me deve favores".

A mente de um servo busca servir sem esperar qualquer retribuição. O servo não quer poder nem controle. O servo apenas quer servir, e ponto final. Se ninguém lhe agradecer e se ninguém o seguir ou mesmo se ninguém reconhecer sua liderança, ainda serve, pois servir é o que o servo faz.

Em uma de minhas visitas ao sul da Califórnia, visitei o treinador John Wooden em seu apartamento, em Encino. Quando entrei no apartamento, senti-me no *Hall da Fama* — um museu de fotos, placas, livros autografados e recordações do esporte. Aquilo foi fascinante e surpreendente. O mais interessante de tudo era uma área que prestava tributo a duas pessoas. O lado esquerdo do *hall* era dedicado Abraham Lincoln, e o lado direito era um santuário destinado a Madre Teresa de Calcutá.

Pedi-lhe: "Treinador, conte-me sobre isso. Por que o senhor dedicou essa porção de sua casa a Abraham Lincoln e a Madre Teresa de Calcutá?".

Ele respondeu-me: "Eles são meus heróis. Admiro-os pelas magníficas qualidades de caráter que possuem: coragem, abnegação, humildade, sacrifício, integridade e dedicação ao servir a outros. Será que consegue imaginar dois heróis melhores que Abraham Lincoln e Madre Teresa de Calcutá?". De fato, não consegui pensar em ninguém mais. Que líderes foram essas duas pessoas... e que servos!

3. *Examine e purifique seus motivos para querer ser líder.* Um jovem líder não deve ser sequioso por poder. Se a liderança diz respeito a servir, então o jovem líder deve ter compaixão pelas pessoas e profundo senso de convicção, não a ambição de controlar o outro. A. W. Tozer, professor de Bíblia e escritor, explica isso desta forma: "Creio que se pode aceitar como regra prática que o homem que tem a ambição de liderar não é qualificado para ser líder. O verdadeiro líder não tem desejo de mandar na herança de Deus, pois é humilde, gentil, bem como está sempre disposto a sacrificar a si mesmo e pronto tanto a seguir quanto a liderar".

   John Mackovic, ex-treinador de futebol universitário, que conheci em 1961, quando estudávamos juntos em Wake Forest, disse-me: "Nem todos querem ser líder. Alguns hesitam, e essa hesitação pode ser um bom sinal. Demonstra que o jovem não foi arrebatado pela ambição pessoal de tornar-se líder. Os jovens devem saber que a liderança é difícil e dolorosa, além de estar sempre acompanhada de sacrifício. Deve-se aproximar da liderança com os motivos corretos. Deve-se lidar com certa cautela com aqueles jovens que anseiam pela atenção e admiração que geralmente acompanham a liderança. Eles precisam ser lembrados da necessidade de humildade. Precisam aprender que a recompensa real da liderança não é um ego inflado, mas a satisfação da realização da equipe".

4. *Tenha um estilo de vida que demonstre amor e cuidado.* Não se consegue amar e cuidar das pessoas mandando nelas. Os chefes não servem, eles controlam e intimidam. Apenas um líder preparado para servir os outros é capaz de liderar por meio do amor e do cuidado. Os chefes dizem: "Essas pessoas trabalham *para mim*. Eu sou o chefe delas". Os líderes que servem aos outros afirmam: "Essas pessoas trabalham *comigo*. Somos uma equipe".

Meu amigo e parceiro em publicações, Jerry Jenkins (co-autor da série Deixados para trás, Editora United Press), recorda: "Sempre tive grandes modelos de liderança em meus professores, treinadores e pais. Meu pai foi o melhor exemplo de todos — um líder verdadeiramente humilde e abnegado. As pessoas adoram trabalhar para ele. Ficava muitas vezes impressionado pela forma como papai falava sobre as pessoas que estavam sob sua liderança. Jamais dizia que esse ou aquele indivíduo trabalhava para ele. Sempre que apresentava algum de seus empregados, dizia que a pessoa trabalhava com ele ou que trabalhavam juntos.

"Papai era oficial da polícia, e todos os que estavam sob seu comando eram contratados para se tornarem chefes. Nada lhe dava mais satisfação do que ver as pessoas por quem era responsável serem promovidas de posição. Acreditava no princípio da liderança para servir a outros, considerada antiética de acordo com a visão que a sociedade tem de liderança. Todos os dias ele se certificava de que seus subalternos tinham tudo de que precisavam para desempenhar bem suas tarefas.

Como sabiam que se preocupava com eles, eles, por sua vez, faziam dele um bom oficial, pois se sentiam motivados a desempenhar bem sua função.

"Em 1983, quando era o mais jovem vice-presidente do Instituto Bíblico Mood, trabalhei sob o comando de um líder que era campeão em assumir a responsabilidade pelas falhas de seus empregados e sempre compartilhava o crédito com os outros por todas as conquistas positivas. Em muitas ocasiões, experimentei tanto a graça de seu cuidado, quando compartilhava o fardo negativo comigo ou com os outros, quanto o entusiasmo dos benefícios de suas honras públicas. Seu exemplo de líder que serve a outros, motivou-me a me tornar esse tipo de líder também. Não tinha idéia de como esse tipo de liderança é difícil até que a coloquei em prática. Nossa tendência natural é fazer exatamente o oposto: aceitar os aplausos e transferir a culpa.

"Se pudesse dar algum conselho para o treinamento da liderança, seria este: ofereça aos jovens líderes o tipo de modelo que tive líderes que genuinamente se preocupam com aqueles por quem são responsáveis e que realmente servem ao próximo. Esses líderes dizem: 'Nós trabalhamos juntos', recebem todas as críticas e compartilham todas as vitórias. Esse é o tipo de líder que precisamos educar e treinar hoje".

5. *Seja um seguidor obediente.* Nenhum líder merece ser automaticamente seguido. Os seguidores devem ser automaticamente conquistados. Uma forma de o líder ganhar o direito de ser seguido é demonstrando obediência no seguir. Um líder capaz de obedecer é um líder

que andou onde seu povo anda. Um líder que entende o que é seguir e compreende o que é liderança terá a tendência de tratar seus seguidores como parceiros, não como subalternos. Conforme Sólon, estadista ateniense, disse certa vez: "Aprenda a obedecer antes de comandar".

Larry Birkes, executivo do Marriott Vacation Club, contou-me: "Temos de ser bons modelos para os jovens que educamos. Precisamos ser o mundo que queremos ver, isto é, se queremos que o mundo seja um lugar melhor, temos de ser pessoas melhores. Se queremos que nossos filhos obedeçam às regras, temos de ser escrupulosos e obedecer à lei. Para ser um bom líder é preciso ser um bom seguidor. Nossos filhos percebem qualquer duplicidade ou fraude".

6. *Torne a humildade seu objetivo.* O grande pregador Dwight L. Moody afirmou certa vez: "Deus jamais deixa alguém vazio, exceto os que estão cheios de si mesmos". Os chefes estão cheios de si mesmos, mas os líderes que servem a outros estão cheios de humildade. Mannie Jackson, proprietário e diretor do Harlem Globe-trotters, nasceu em um vagão de trem, em Illmo, Missouri, e cresceu em Illinois, em que ganhou o título de "sr. Basquetebol de Illinois", onde jogou pela universidade desse estado antes de se unir aos Globetrotters como jogador. Ele é um homem que também faz parte do *Hall da Fama* do basquete em Illinois. Mannie tornou-se o primeiro afro-americano a ser proprietário de uma grande organização esportiva internacional, quando, em 1993, comprou o fabuloso Globetrotters, mas

que estava em franco declínio e quase na bancarrota. Ele também foi uma dos doze pessoas indicadas para o prêmio Arcebispo Desmond Tutu por sua luta pelos direitos humanos, em reconhecimento por seu trabalho em favor da justiça social na África do Sul.

Mannie orquestrou uma das viradas mais dramáticas na história do esporte e dos negócios estadunidenses quando, sob sua liderança, o Harlem Globetrotters aumentou em cinco vezes sua arrecadação e reconquistou fãs de forma inacreditável, algo que não se viu antes. Mannie estruturou uma lista de corporações para os financiarem e levou os Globetrotters a 117 países, em que fizeram apresentações para mais de dois milhões de pessoas por ano. Apesar de todas essas conquistas, continua um líder humilde e gracioso, sempre pronto a servir ao semelhante. Provavelmente, isso se deve, em grande parte, a um incidente que ocorreu quando jogava basquete na escola de ensino médio.

Mannie contou-me sua história: "Jamais chegaria aonde cheguei sem o apoio e o encorajamento de meus pais e de Joe Lucco, meu treinador do time de basquete na escola de ensino médio. Esse treinador levou-me a dar o melhor de mim, tanto dentro como fora da quadra. A disciplina e a atitude que aprendi com ele fizeram de mim um executivo mais bem-sucedido, algo que contribuiu para o retorno do Harlem Globetrotters ao sucesso. Quando comprei o time, em 1993, ele estava prestes a fechar as portas. Reproduzi o modelo do treinador Lucco em ação — um modelo de disciplina, de encorajamento positivo e de altas expectativas —, e a organização rapidamente superou todas as expectativas.

"O treinador Lucco era um conselheiro muito rígido no que dizia respeito à aparência pessoal. Ele queria que trabalhássemos juntos e que fôssemos um time, não uma coleção de estrelas individuais. Aquilo foi muito duro para mim na época, pois eu era o capitão e o principal cestinha do time e gostava de me vestir de forma extravagante conforme a moda da época. Um de meus itens de vestuário era um chapéu extravagante. Assim que o comprei, passei a usá-lo em todos os lugares.

"Certo dia, entrei no ônibus de nosso time para uma viagem até outra escola, onde disputaríamos um jogo. Vestia roupas extravagantes, até meu chapéu. O treinador Lucco, quando me viu, mandou-me para casa trocar de roupa. Fiquei surpreso, mas fiz o que ele pediu. Quando voltei para o pátio da escola, o ônibus já havia saído".

"Chamei um táxi e fui até a outra escola. Naquela época, trabalhava meio-período e não tinha dinheiro para a corrida de táxi. Assim que cheguei na outra escola, fui até o treinador e disse-lhe: 'Treinador, paguei 9 dólares [cerca de 20 reais] de táxi para chegar aqui'. Ele me olhou duramente e disse: 'Faremos um acordo. Se você marcar trinta pontos e vencermos esse jogo, pagarei a quantia que você gastou com o táxi'.

"Naquela noite, marquei mais de trinta pontos no terceiro período, e vencemos o jogo. Ele me deu a quantia que pagara no táxi. Aquilo serviu para ensinar-me uma importante lição: independentemente do quanto você se considere importante, quando faz parte de um time, deve respeitar as regras e as outras pessoas da equipe. Ninguém é maior que a organização ou as regras; e todos, independentemente de suas habilidades e sucessos pessoais, são apenas peças nesse grande quebra-cabeça. Jamais usei meu chapéu novamente no ônibus de nosso time".

7. *Sirva de apoio a outros.* Sei que isso soa um pouco estranho para um jovem líder, mas é um dos conselhos mais importantes que se pode oferecer. Meu amigo e colega na Wake Forest, Gil MacGregor, assessor de imprensa do New Orleans Hornets, ensinou-me esse princípio de dar apoio aos outros. Gil salientou que os líderes que servem a outros sempre têm os "ombros sujos", figurativamente falando, pois emprestam os ombros para dar apoio aos outros. Por que os ombros sujos? Porque os líderes que servem a outros sempre levantam as pessoas permitindo que fiquem de pé sobre seus ombros. Os líderes que servem a outros não se importam com quem recebe a glória ou o reconhecimento; apenas querem dar apoio aos outros.

   No modelo de liderança piramidal, em que o chefe fica no topo, o líder diz: "Meus subalternos existem para me exaltar e me tornarem bem-sucedido". Mas no modelo de liderança para servir os outros, o líder afirma: "Eu existo para engradecer as pessoas que trabalham comigo e para torná-las bem-sucedidas". O sucesso dessas pessoas torna-se o sucesso do líder, mas o enfoque não é esse. O líder não engrandece as outras pessoas como um meio de alcançar prestígio, mas sim para que sejam beneficiadas. Os líderes que servem os outros ficam com os ombros sujos e não esperam nada em troca. Isso é o que os servos fazem.

Gil McGregor fala com freqüência a jovens líderes em eventos acadêmicos, em formaturas e celebrações similares. Sempre aconselha os jovens com estas palavras: "Jamais esqueça os que tornaram possível sua liderança e que o ajudaram a ser bem-sucedido. São os que lhe deram apoio e ficaram com os ombros sujos, porque permitiram que ficasse em pé sobre eles. Lembrem-se de seus pais e avós, de seus professores e treinadores e dos líderes das comunidades de igreja que o apoiaram e o levantaram nos ombros.

"Portanto vá em frente e faça a diferença. Jamais perca de vista o que é importante. Ame o semelhante; sirva ao próximo; seja gentil com as pessoas que o rodeiam. Quando sair de casa para prosseguir com sua vida na universidade, lembre-se de três coisas: primeiro, enfoque seus estudos; segundo, encontre uma boa igreja e participe do culto todos os domingos; e terceiro, não se esqueça de telefonar para seus pais. E quando fizer esse telefonema, agradeça seus pais por terem apoiado você".

Servir vem em primeiro lugar

Michael S. Dukakis, filho de imigrantes gregos, nasceu em Massachusetts. Foi eleito governador de Massachusetts em 1974, quando herdou *deficit* e taxa de desemprego nunca vistos. Ele é reconhecido como aquele que tirou o Estado de Massachusetts de uma das piores crises econômicas de sua história. Elegeu-se novamente em 1982 e 1986 com grande margem de vantagem. E em 1986, os outros governadores que participam da Associação Nacional de Governadores o elegeram o administrador mais eficiente da nação. Dukakis foi nomeado para presidente pelo Partido Democrata, em 1988, mas foi derrotado por George H. W. Bush. Desde que abandonou a vida pública, tem feito palestras, além de ser professor visitante em várias instituições educacionais, desde a Universidade do Hawaii até a John F. Kennedy School of Government, na Universidade de Harvard, e também na Universidade da Flórida, entre outras.

Pedi ao governador Dukakis para dizer-me como se interessou, da primeira vez, por liderança. Eis aqui seu relato: "Concorri para representante de classe aos 8 anos de idade. Não me pergunte a razão, sei que queria participar da eleição a fim de exercer liderança, embora ainda fosse muito jovem. À medida que cresci, recebi encorajamento de meus professores, especialmente da minha professora de francês na escola de ensino médio, Kate O'Brien, e de meu treinador de basquete, John Grinnell. Eles mantiveram contato comigo e me encorajaram em toda minha carreira política.

"Hoje, fico bastante preocupado com nossa habilidade de atrair jovens para o serviço público. Preocupa-me a atmosfera de nosso país que sempre retrata da pior forma o serviço público. Essa é a razão pela qual ensino em tempo integral, de costa a costa nos Estados Unidos, e gasto muito tempo dando palestras sobre o serviço público e a vida política em universidades".

Depois, perguntei ao governador Dukakis, na opinião dele, qual era a melhor forma de atrair os jovens para a liderança cívica ou para qualquer outra arena.

Ele respondeu: "Os jovens querem que sua vida valha para alguma coisa. Querem fazer a diferença. Se pudermos alcançar aquela fagulha dentro deles, aquela parte de todo ser humano que anseia tornar o mundo um lugar melhor, seremos capazes de motivar esses jovens a dedicar suas vidas a servir os outros. De fato, liderar é servir, e eu espero que possamos esperar uma geração de jovens líderes idealistas que queiram servir ao próximo e ao mundo.

"Não há nada mais realizador do que estar em uma posição em que é possível causar impacto verdadeiro na vida dos conterrâneos, e isso é o que a liderança política — o servir a outros por meio da política — possibilita".

Dr. Peter Kikins, presidente da Universidade do Arizona, contou-me que o enfoque de seu exercício como reitor de uma universidade é encorajar os jovens a devotar-se a uma vida de serviço aos outros. Ele relata: "Já vi muitos jovens líderes que experimentaram a emoção de ganhar uma eleição, uma competição ou um evento atlético, e é possível observar no semblante deles que a vitória é uma experiência empolgante. Ela traz uma recompensa emocional maravilhosa, mas essa recompensa é transitória. Não se deve encarar uma experiência empolgante como uma satisfação a longo prazo. À medida que os jovens amadurecem, geralmente descobrem que liderar não se refere tanto a vitórias, mas a servir o próximo — e isso traz uma satisfação muito mais profunda e duradoura que a vitória. Assim, à medida que treinamos e aconselhamos os jovens líderes, devemos nos certificar de que não só são competidores e vencedores, mas também verdadeiros servos".

A próxima vez que um jovem líder lhe perguntar: "O que devo fazer para me tornar um jovem líder?" Eis aqui algumas coisas que você pode lhe dizer:

"Descubra algumas janelas que precisam de limpeza e limpe-as. Procure algum lixo espalhado pelo gramado e recolha-o. Procure um gramado que precisa ser cortado e faça essa tarefa. Limpe o chão debaixo de sua cama; ponha a mesa e lave o carro da família. Recolha as coisas espalhadas pela casa, mesmo que não seja o responsável por essa bagunça. Seja amigo e visite um vizinho idoso. Plante flores e retire as ervas daninhas. Sirva uma refeição em um abrigo para sem-tetos. Asse alguns biscoitos e leve para alguém que não tenha família nem amigos. Leia uma história para uma criança. Compartilhe sua fé com alguém. Retire a neve da calçada após uma nevasca. Deixe que alguém passe a sua frente em uma fila. Seja servo".

Devemos ensinar os jovens líderes a ser líderes que servem o semelhante, e ser servo sempre vem antes de tudo o mais.

Parte III

Como ser mentor e motivador

Capítulo 12

Como ser um herói

Carroll Dawson, gerente geral do Houston Rockets, contou-me sobre seu primeiro herói. Disse-me: "Meu pai, Dewey, não ganhava mais do que 3.700 dólares por ano (cerca de 8 mil reais) e sustentava sete pessoas com esse salário. Tinha um posto de gasolina no Texas e contratou Percy Tate para trabalhar para ele.

"Certo dia, quando tinha 10 anos, meu pai disse-me: 'Venha, vamos ajudar o Percy a trocar um pneu furado'. Com toda a sabedoria de meus 10 anos de idade, fiz este comentário: 'Deixe-o fazer isso sozinho, afinal é para isso que você o paga'. Meu pai explicou-me: 'Veja bem, toda vez que você tiver um trabalho como superior de alguém, saiba que essa pessoa fará apenas o suficiente para manter o emprego; além disso, ela espera que fracasse como chefe dela. Mas se respeitar um homem e mostrar-lhe que é igual a ele, então ele fará mais do que você espera e certamente desejará que você seja bem-sucedido.

"Aquele incidente ajudou minha formação como líder e ensinou-me muito sobre valores e a forma de tratar as pessoas. Meu pai ensinou-me muitas lições como essa, e é por isso que, para mim, ele foi meu herói e meu mentor".

Carroll Dawson foi homenageado como jogador de basquetebol pelo Baylor em uma conferência, All-Southwest Conference. Em 1963, ele passou a ser assistente de treinador sob o comando de Bill Menefee; dez anos mais tarde, passou a ocupar o cargo de Menefee. Em 1980, uniu-se ao corpo de treinadores do Houston Rockets, que ganhou dois campeonatos da NBA durante seu mandato.

Em 1989, Carroll Dawson foi atingido por um raio em um campo de golfe. Aquele acidente lhe custou uma vista e danificou a visão do outro olho. As conseqüências daquele acidente, por fim, o forçaram a abandonar o treinamento e a assumir um cargo administrativo naquela equipe. Em 2000, ele se casou com uma ex-colega do Baylor, Sharon Strickland Dawson, que reencontrou casualmente em um jogo de futebol americano do Baylor.

Carroll Dawson acredita que jovens líderes precisam de heróis. Precisam de mentores. Precisam, em sua vida, de pessoas mais velhas, mais sérias, com mais experiência. Pessoas que os ajudem a modelar a vida, que os ensinem valores e que os ajudem a alcançar seus alvos e objetivos na vida. Portanto, durante toda sua carreira como treinador e dirigente, foi esse tipo de mentor e herói para centenas de jogadores. Ele relata: "Os jogadores do

Baylor ainda me telefonam pedindo conselhos, o que faz com que me sinta muito bem. Minha esposa diz o tempo todo: 'Fico maravilhada em ver como os jogadores que você já treinou há muito tempo ainda telefonam para você'. Bem, talvez isso se deva ao fato de que o que eu lhes disse há muitos anos foi comprovado pela experiência deles. Tudo o que lhes disse, conforme ficou provado, era verdade. Se não lhes tivesse dito a verdade, eles não me telefonariam".

Carroll Dawson continua a ser mentor, pois um conselheiro fala a verdade e modela a verdade para jovens líderes em treinamento. Ele está seguindo os passos de seu maior herói e mentor, seu pai.

O modelo do mentor

Um mentor é mais que apenas um professor, ou conselheiro, ou treinador. O mentor é a pessoa que investe na vida de outra pessoa de forma profunda e pessoal. A palavra mentor origina-se de um personagem da *Odisséia*, de Homero. Nesse clássico da literatura, o rei Odisseu, nome grego que corresponde a Ulisses em latim, de Ítaca, ia para a guerra, portanto ele confiou seu único filho, Telêmaco, a um sábio amigo, Mentor. O personagem de Homero, Mentor, demonstrava todos os ingredientes que um jovem líder em treinamento precisa encontrar em um mentor hoje em dia: sabedoria, bom caráter, altruísmo, compaixão e compromisso para treinar a geração seguinte.

A função de um mentor não é meramente descarregar conhecimento nos jovens, embora haja um componente educacional na função do mentor. A função do mentor não é meramente ensinar habilidades, embora haja também um componente de treinamento nessa função. Antes, o processo de mentorear enfoca, basicamente, o fortalecimento do caráter, da integridade, da maturidade e do julgamento firme de um jovem líder em treinamento. O mentor é mais um modelo que instrutor. O processo de mentorear diz mais respeito àquilo que se percebe do que àquilo que se ensina.

O reverendo Theodore Hesburgh, presidente emérito da Universidade de Notre Dame, disse-me que mentorear é a melhor forma — talvez a única forma verdadeiramente eficaz — de transmitir as qualidades de liderança de uma geração para outra: aprendi muito do que sei sobre liderança com o padre John Cavanaugh, meu mentor e predecessor no cargo de presidente. Acredito que é possível descobrir jovens líderes quando identificamos jovens promissores e lhes damos tarefas ou os pomos em situações nas quais aprendam com os outros, em especial com algum mentor. Creio que uma pessoa só aprende liderança com bons líderes. Essa é a razão pela qual mentorear é tão importante".

John Maxwell explicou o processo de mentorear desta forma: "Primeiro, os bons mentores são bons exemplos. Qualquer criança pode se tornar um líder, mas os jovens precisam de modelos e de influência positiva. Os mentores devem ser o bom exemplo que desejarão seguir.

"Segundo, bons mentores estimulam e encorajam. Ajudam a fortalecer a confiança das crianças ao elogiá-las naquilo em que se saem bem: 'Acredito em você'. Os mentores elogiam os jovens na frente dos outros e em particular. Um mentor deve descobrir quais são as características mais salientes de uma pessoa, as atividades em que se sai bem e as conquistas já alcançadas, a fim de encorajá-la a alcançar o máximo nessas áreas.

"Terceiro, bons mentores buscam oportunidades para estimular as qualidades de líderes nos jovens. Essas qualidades de liderança incluem caráter, carisma, compromisso, comunicação, competência, coragem, discernimento, enfoque, generosidade, iniciativa, habilidade de escutar, paixão, atitude positiva, resolução de problemas, relacionamentos, responsabilidade, segurança, autodisciplina, servir ao outro, flexibilidade para aprender e visão. A melhor forma de estimular essas qualidades nos outros é por meio do modelo, ao apresentá-las na própria vida. Ensinamos o que sabemos, mas reproduzimos o que somos".

Obviamente, o maior mentor de todos os tempos foi Jesus de Nazaré. Ele gastou três anos deixando sua vida fluir para doze homens. Pregou às massas, mas investiu em alguns indivíduos. Mentoreou doze homens e, por meio deles, mudou o mundo.

Jesus é o modelo supremo. Quando quis ensinar os doze discípulos sobre a oração, não disse: "Ei, camaradas, vocês devem se ajoelhar e dizer isso e aquilo". Na verdade, Ele os levou para o monte das Oliveiras e orou com eles a noite toda. Quando quis ensinar os doze discípulos sobre o servir ao próximo, Ele não disse: "Sirvam uns aos outros". Ajoelhou-se, pegou uma bacia e uma toalha e lavou os pés deles.

Jesus não mentoreou os doze apenas com palavras, mas com ações. Ele não disse: "Ouçam-me". Ele afirmou: "Sigam-me". Se quisermos fazer com que os jovens se tornem líderes, precisamos nos tornar mentores. Precisamos deixar fluir nossa vida, nosso conhecimento, nossas habilidades, nossa experiência, nosso caráter, nossos valores na vida desses jovens líderes. O processo de mentorear funciona desta forma:

Passo 1. O mentor diz: "Eu trabalho, você observa".

Passo 2. O mentor diz: "Vamos trabalhar juntos".

Passo 3. O mentor diz: "Você trabalha, eu observo".

Passo 4. O mentor diz: "Reúna tudo o que você aprendeu e seja mentor de outras pessoas".

Buzzie Bavasi, ex-dirigente dos Dodgers, disse-me que seu herói e mentor foi Branch Rickey, o executivo inovador no beisebol que criou o sistema moderno de times de base e que foi dirigente do St. Louis Cardinales, Brooklyn Dodgers e Pittsburgh Pirates. Ele afirma: "Decidi muito cedo que queria imitar o sr. Rickey. E decidi que queria ganhar tantos campeonatos quanto ele. E consegui, principalmente graças às lições que aprendi ao observar a vida dele.

"Meu conselho para os jovens é que escolham uma pessoa que respeitem, alguém de quem queiram seguir os passos. Depois, sempre que tiverem de tomar uma decisão importante, perguntem a si mesmos o que aquele herói, aquele mentor, faria naquela situação".

Este é o modelo para mentorear: uma pessoa com habilidades, experiência, sabedoria, integridade e maturidade investe na vida de um jovem aprendiz ansioso por receber esse exemplo. Não há forma melhor de investir no futuro que investir a própria vida no treinamento de jovens líderes.

A atividade dos mentores

Jerry West lendário jogador do Lakers, recebeu o apelido de "sr. Controle" por causa de sua forma tranqüila e reservada de reagir em situações estressantes. Líder quieto e humilde, dá crédito por sua fantástica carreira a seu mentor. Jerry contou-me: "Cresci em Cabin Creek, West Virginia, e amava pescar. Minha família não tinha carro, então um homem gentil, Francis Hoyt, levava-me sempre para pescar. Ele me pegava de carro, se eu precisasse, e conversávamos sobre a vida. O sr. Hoyt deu-me muito apoio e encorajamento quando eu era jovem.

"Roy Willians, meu treinador de basquetebol na escola de ensino médio, também desempenhou um papel muito importante em minha vida. Eu era extremamente tímido, mas amava competir. Quando, repentinamente, recebi muitas ofertas de bolsas de estudo para jogar basquete em várias escolas do país, esse técnico me ajudou a encontrar um norte em toda aquela confusão. Sempre busquei o conselho de pessoas mais sábias que poderiam me beneficiar com sua experiência e percepção. Consegui chegar até a posição que alcancei, porque tive mentores e treinadores que me mostraram como chegar lá".

Ao decidir tornar-se mentor e investir na vida de jovens, não se sabe aonde isso levará. A pessoa que você põe debaixo de sua asa pode se tornar uma estrela da NBA, presidente, médico, cientista, pregador, professor ou a primeira pessoa a pôr os pés em Marte. Se quisermos produzir uma nova geração de líderes, precisamos nos tornar uma geração de mentores.

Do que consiste a atividade dos mentores? Eis aqui minha descrição dessa tarefa para que você seja um mentor eficiente:

1. *Mentores exemplificam o bom caráter e os princípios morais.* Dick Batchelor, fundador do Dick Batchelor Management Group, Inc., uma firma de consultoria em políticas públicas, afirma: "No reino político, fui muito influenciado pelo ex-governador da Flórida, Leroy Collins. Embora eu fosse muito jovem para servir com ele, cheguei a conhecê-lo enquanto servia

e gostava de ouvi-lo recontar histórias pessoais sobre liderança política e sacrifício.

"O governador Collins, certa vez, aceitou o chamado do presidente Johnson para que se unisse a Martin Luther King Jr. na passeata entre Selma e Montgomery. Sua presença ajudou a prevenir qualquer ataque à passeata e, até hoje, fico impressionado com a coragem daquele governador. Além de correr o risco de ser ferido fisicamente, sabia que seria punido politicamente por ter se unido àquela passeata. Mas ele fez o que era certo".

2. *Mentores fortalecem a confiança e estimulam o senso de valor próprio no jovem.* Robert Shafer, diretor da escola Avalon, em Orlando, uma escola particular para alunos com necessidades especiais que abriga desde crianças com dificuldades de aprendizagem até crianças superdotadas que aprendem melhor em um ambiente individual, contou-me: "Meu pai foi meu mentor e modelo de liderança. E uma das qualidades mais importantes que aprendi com ele foi o senso de confiança e a firmeza interior. Não é possível ser líder sem confiança.

   "Outra pessoa que também foi mentor para mim, embora eu só tenha conversado com ele uma vez, foi o técnico do Miami Dolphins, Don Shula. Na época, eu tinha 17 anos e era assistente de treinador do time de futebol americano da ACM, Associação Cristã de Moços. Todos os jogadores tinham 10 anos de idade. Nós ainda não havíamos sofrido nenhuma derrota e tínhamos de fazer uma partida pelo campeonato, em Miami. Depois de derrotarmos o time da casa, fui a uma festa do Miami Dolphins. Don Shula estava lá e assistira a maior parte do jogo. Ele veio até mim e disse-me: 'Você foi implacável!'. Sorri e recebi aquele elogio. Receber esse tipo de elogio do único homem que treinou um time da NFL que não perdeu nenhum jogo na temporada toda representou uma grande inspiração para mim e serviu para aumentar minha confiança".

3. *Mentores encurtam o processo de aprendizagem para os jovens aprendizes.* Jacqueline Whitmore, fundadora e diretora da Protocol School, em Palm Beach, contou-me: "Nós, adultos, temos de nos tornar treinadores, mentores, exemplos e bons ouvintes. Meus mentores em minha jornada de liderança foram minha mãe e o diretor de música da escola e da igreja. Ao longo do caminho, busquei o auxílio de quem pudesse me ajudar a tornar-me líder, pessoas maduras e sábias, capazes de compartilhar suas experiências comigo e de encurtar meu processo de aprendizagem".

   Hubie Brown, treinador do Memphis Grizzlies, contou-me como um de seus mentores encurtou seu processo de aprendizagem: "Depois de meu pai, Al LoBalbo, meu treinador na escola de ensino médio, foi o mentor mais importante em minha vida. Tinha tudo que é necessário para um líder: carisma, habilidade de organização e disciplina. Quando consegui meu primeiro trabalho como treinador no St. Mary´s, em Little Falls, Nova Iorque, procurei o treinador LoBalbo para que me aconselhasse. Ele disse-me:

   — Hubie, independentemente do que você faça, jamais use um apito, faça com que os jogadores respondam ao comando de sua voz, não ao apito. Faça-os se moverem para cá e para lá por meio do poder da sua voz.

"Aquele conselho dizia respeito à forma de um líder se comunicar, como ele consegue que seus jogadores ocupem a posição correta no campo e como é capaz de obter o respeito de seus jogadores. Parece simples, mas aquele conselho mudou minha forma de treinar meus jogadores e provavelmente economizou muitos anos de aprendizagem por meio de tentativas e erros".

4. *Mentores ajudam os jovens líderes a tomar decisões de longo prazo.* Susan Cox, vice-presidente da Holt International Children's Services, de Eugene, Oregon, a agência que nos ajudou a adotar oito de nossos filhos, lembra-se de como seu mentor em um programa de intercâmbio, o agente de extensão, a ajudou a tomar decisões com conseqüências benéficas a longo prazo em sua vida. Ela afirma: "Lembro-me de participar de um evento estadual e fui designada para um dormitório em que não conhecia ninguém. Minhas amigas chegaram juntas e ficaram juntas a maior parte do tempo. Pedi para meu agente de extensão para que me mudasse para junto de minhas amigas. Ele se recusou, e eu fiquei furiosa! Mas ele não arredou o pé, pois sabia o que era melhor para mim. Ele me disse:

— Susan, sei que ficou chateada comigo, mas algum dia vai me agradecer por isso. No fim desta semana, suas amigas terão passado a maior parte do tempo umas com as outras. Certamente, vão se divertir, mas, no fim da semana, você terá conhecido muita gente nova e feito novos amigos. Vai se divertir muito mais graças a essas novas amizades.

"Bem, ele estava totalmente certo. Aquele foi o início de muitas experiências maravilhosas. Aprendi a sair de minha zona de conforto para ir além do círculo de amigos íntimos. Agradeci muitas vezes a ele por sua sabedoria e percepção e usei aquele exemplo quando passei a treinar e mentorear jovens que queriam ficar em seus grupos fechados de amigos".

5. *Mentores asseguram sua sucessão e o prosseguimento do trabalho que desenvolveram.* Michael Markarian é presidente do Fund for Animals [Fundo para os Animais], uma das mais influentes associações de proteção de animais do mundo. Essa organização foi fundada, em 1967, por Cleveland Amory, escritor que descreve a si mesmo como "ranheta". Michael contou-me: "Comecei a trabalhar para essa organização aos 19 anos, e o fundador e presidente da organização, Cleveland Amory, foi um mentor muito importante para mim.

"Trabalhar próximo desse homem por cinco anos ensinou-me muitas coisas sobre como alcançar as pessoas com uma mensagem de compaixão, como infundir senso de humor em uma área de trabalho normalmente bastante sombria, como aprimorar minha escrita, minha fala e minhas habilidades de comunicação, dentre outras coisas. Ele era um homem abnegado que trabalhou por 31 anos, em tempo integral, para uma organização sem receber qualquer pagamento por isso. Seu exemplo ensinou-me muito sobre como administrar uma organização sem fins lucrativos e como usar as doações de forma sábia. Morreu em 1998, e sinto-me honrado por dar continuidade a seu trabalho".

6. *Mentores preenchem o vazio existente na vida de crianças sem pai.* O aumento do número de divórcios e a destruição da família estadunidense resultou em muitas crianças que vivem sem o pai. De acordo com o Departamento de Saúde e Serviços Humanos dos Estados Unidos, as crianças que não têm pai são mais propensas a desenvolver problemas na área sexual e emocional, a ter problemas psiquiátricos, a envolver-se com o uso abusivo de drogas e álcool, a entrar na criminalidade e a não se sair bem na escola, bem como são também mais propensas ao suicídio. De acordo com Family Law Quartely, verão de 1986, crianças de lar sem pai têm 20% menos chances de chegar à universidade que as de lares não desfeitos.

   Os mentores desempenham um papel especialmente importante na vida das crianças sem pais. Fornecem aquilo que as crianças não têm quando os pais não estão em casa: um modelo positivo, valores firmes, apoio, encorajamento e estruturação do caráter.

   Nathan Baker, treinador de voleibol na Universidade de Campbell, na Carolina do Norte, explica: "Cresci em uma pequena cidade do interior que tinha apenas um semáforo. O local se chama Phil Campbell, Alabama, meu irmão mais moço e eu fomos criados em uma casa sem pai. Minha mãe trabalhava arduamente para prover tudo de que precisávamos, mas como ela não tinha nem diploma de ensino médio, era difícil encontrar um bom trabalho. Quando fiz 12 anos, conheci o treinador

Gary Williams. Era o treinador de basquete da escola de ensino médio e pai de minha primeira namorada.

"Esse treinador, nos três anos seguintes, tornou-se meu amigo e mentor, praticamente um substituto de meu pai. Ele e sua família me levavam para passear em lugares que eu jamais teria dinheiro para conhecer e também me convidavam para ir à igreja. Quando tinha entre 15 e 16 anos eu já era bastante alto, tinha quase 2 metros de altura, e passei a jogar para o time do treinador Williams.

"Naquele verão, participei de reuniões de reavivamento na igreja deles e senti que Deus trabalhava em minha vida, vocacionando-me para uma consagração especial a Ele. Em uma das reuniões, não fui até à frente do altar da igreja me consagrar a Deus. Ao contrário, saí, dirigi pela cidade e finalmente parei na casa do treinador Williams. Quando entrei, ele soube de imediato que eu enfrentava alguma batalha interna. Conversamos sobre isso, eu chorei e, a seguir, aconteceu o fato *mais importante* de minha vida. Entreguei minha vida a Jesus Cristo e, desde aquela época, eu amo e sirvo a Deus.

"Aquela decisão de seguir a Jesus foi a mais profunda e importante que já tomei. Lembro-me daquele dia e imagino: e se o treinador Williams não fizesse parte de minha vida? E se ele não fosse meu amigo e mentor, alguém em quem eu pudesse confiar e conversar sobre a batalha espiritual que enfrentava? Ter o treinador Williams como meu mentor e amigo fez toda a diferença em minha vida. Ele também me inspirou a tornar-me treinador e a utilizar as habilidades para a liderança que Deus me deu a fim de trabalhar com jovens atletas.

"Depois da graduação, fui para a Universidade Metodista do Tennessee, pois havia recebido uma bolsa para jogar basquete por essa instituição. Ali, conheci Rose Magers-Powell, uma senhora muito especial que participou do time de voleibol que jogou nas Olimpíadas de 1984, uma grande mentora para mim. Ela me ajudou a construir minha carreira para que me tornasse um líder e treinador bastante firme. Contudo, a primeira pessoa que Deus de fato usou para direcionar minha vida no caminho a seguir foi o treinador Williams. Fundamentado em minha experiência pessoal, posso afirmar: crianças sem pai precisam de um treinador como Gary Williams".

Como se tornar um bom mentor

Examinamos alguns papéis que os mentores desempenham na vida de jovens líderes em treinamento. Agora, veremos alguns princípios que podemos praticar e que nos capacitam a ser mentores mais eficientes e um exemplo melhor para os jovens líderes.

1. *Permita que os jovens líderes tomem as próprias decisões.* Jean-Jacques Weiler, presidente dos Jovens para Cristo Internacional, disse-me: "Os jovens precisam aprender a tomar as decisões por si mesmos, pois isso é o que significa ser líder. Portanto, precisam de mentores que lhes dêem a liberdade de tomar suas decisões e de aprender

com seus erros. Um bom mentor dirá: 'Estabeleça seu padrão e determine seu futuro. Se precisar de minha ajuda, estou a seu lado para ajudá-lo e para discutir qualquer assunto com você. Mas, no fim do dia, precisa tomar a decisão final e estabelecer o caminho que escolheu'.

"Com freqüência, um jovem com firmes habilidades para liderança tem pontos fracos que precisam ser compensados. Essa é a razão pela qual é importante que os mentores — pessoas experientes com maturidade espiritual e bom caráter — caminhem com o líder em desenvolvimento e estejam ao lado deles quando cometem enganos. O mentor não deve *impedir* esses jovens de cometer enganos — afinal, como aprenderão se não puderem cometer erros? Os mentores devem estar presentes para ajudar os aprendizes a *processar* esses erros, a aprender lições com eles e a reconquistar a confiança para levantar e tentar de novo. O mentor deve dizer:

— Tudo bem cometer enganos. Você aprende com eles, e eu tenho certeza de que se tornará um líder eficiente".

Edwin Meese, ex-procurador-geral dos Estados Unidos, disse-me: "Os jovens, para realizar o potencial de liderança que têm, precisam de mentores que lhes dêem responsabilidade e que os deixem liderar. Isso significa que cometerão enganos. Deve-se esperar por isso, pois faz parte do processo de aprendizagem. Os mentores adultos devem ser comedidos na hora de dizer aos jovens o que fazer, mas também estar disponíveis para oferecer conselhos sempre que isso lhes for pedido. O adulto mentor só deve interferir se o jovem estiver prestes a fazer algo que terá repercussões sérias — uma atitude que ameace sua vida, cause danos à pessoa ou a alguma propriedade ou ainda algo que venha a ferir a reputação da organização. Para certificar-se de que os jovens aprendem e crescem com seus erros, os mentores devem conversar com eles sobre as ações e decisões, analisando tanto os erros quanto os sucessos e identificando as habilidades que podem ser melhoradas".

2. *Fale de igual para igual com os jovens líderes, não de cima para baixo.* Dr. William Flores, presidente da Universidade Estadual do Novo México, disse-me: "No segundo ano da faculdade, passei a atuar em uma organização da comunidade que buscava dar apoio a trabalhadores rurais que haviam migrado para a região. Embora jamais tivesse me visto como líder, muitos alunos me procuraram para que eu fosse, primeiro, o vice-presidente dessa organização e, subseqüentemente, seu presidente. Por meio desse esforço, tornei-me muito ativo na política local na área de Los Angeles e, rapidamente, passei a ocupar cargos de liderança na base de campanha.

   "Minha tia, Francisca Flores, editora da Revista *Regeneración,* de Los Angeles, foi minha mentora. Ela me levava a participar de vários esforços para fortalecer a comunidade, dentre os quais estava a Comissão de Direitos Educacionais, da região Leste de Los Angeles, da qual ela participava. Essas atividades e muitas discussões com ela e com outros líderes políticos estimularam meu interesse pela educação e pela política. Lembro-me de, quando adolescente, ter discussões regulares com ela e com outros estadunidenses de origem mexicana da comunidade, líderes trabalhistas, e todos me tratavam como igual e me encorajavam a participar de suas discussões.

"Aprendi com minha experiência pessoal, ao ser mentoreado e ao mentorear outras pessoas, estes princípios importantes para o mentor: nunca fale de cima para baixo com os jovens. Trate-os como adultos".

3. *Observe o que você diz.* Jamie Brown é assistente especial do presidente, responsável pelos assuntos legislativos da Casa Branca. Ela dá o seguinte conselho aos mentores: "Adultos precisam lembrar que os jovens são muito suscetíveis. Um comentário casual sobre o potencial de um jovem pode limitá-lo permanentemente. Portanto, seja cuidadoso com o que diz! Quando conversarmos com jovens, nossa mensagem deve sempre ser: 'Acredito em você! Acredito que conseguirá fazer isso! Estou orgulhoso de você!'."
4. *Elogie em público e corrija em particular.* Se você corrigir um jovem em frente de seus colegas, ele se sentirá humilhado, constrangido e envergonhado. No entanto, se estimulá-lo em frente a seus colegas, fortalece a confiança e a auto-estima desse jovem. Portanto, o elogio é mais bem administrado em público, e a correção deve ser sempre em particular.

   Dr. Tony Zeiss, presidente da Faculdade Central Piedmont Community, afirma: "Elogie os jovens em frente de seus colegas. Estabeleça altas expectativas, elogios quando lideram bem, e eles o surpreenderão". O dr. Richard Armstrong, professor emérito do Seminário Princeton Theological, concorda: "Os jovens são mais bem motivados por elogios e aprovação. Estimule-os quando fazem a coisa certa e repreenda-os gentilmente e em particular quando não o fazem".

O almirante James M. Loy, administrador da Transportation Safety Administration, disse-me: "Quando jovem oficial, em uma de minhas primeiras patrulhas, estava no Atlântico Norte em meio a uma enorme tempestade. Os navios, com freqüência, diminuem a velocidade para enfrentar grandes ondas. Nesse momento, é preciso muita perícia, pois os navios ficam em posição extremamente perigosa.

"Eu observava o oficial no tombadilho, o homem responsável pela execução daquela manobra. Estava totalmente escuro, era por volta da meia-noite. O capitão encontrava-se na ponte, onde permanecera durante os dois dias em que enfrentamos a tempestade. Eu me preparava para assumir o controle. Dei uma ordem e estava pronto para acelerar o motor que nos ajudaria naquela manobra.

"Naquele instante, uma mão se posicionou sobre a minha e ajustou o motor da forma correta. O capitão não disse uma palavra, enquanto gentilmente se certificava de que eu não poria o navio em risco. Jamais me senti envergonhado ou repreendido. Ninguém mais percebeu aquele incidente. Aprendi muito sobre liderança naquela noite".

Crianças precisam de heróis

Jeb Bush, governador da Flórida, nasceu em Midland, Texas. Ele é sete anos mais jovem que seu irmão, George W. Bush, presidente dos Estados Unidos. Quando garoto, Jeb se saía bem na escola e nos esportes e se preparava para um futuro bem-sucedido. Conheceu sua esposa, Columba, na Universidade do Texas. Eles se casaram em 1974. Jeb graduou-se no ano seguinte, diplomando-se em estudos latino-americanos. A evidência de sua determinação e propósito firme foi ter completado um curso de quatro anos em menos de três.

Depois, ele começou a trabalhar na divisão internacional de um banco, o Texas Commerce Bank, e foi subindo de posto até começar o programa de treinamento para executivos. Sua habilidade para escrever possibilitou que ganhasse o posto de assistente administrativo do conselho, chefiado por Ben Love. A regra pessoal de Jeb Bush era esta: "Chegue antes do chefe e fique até depois que ele sair". Ben Love tornou esse lema bastante difícil para Jeb Bush, pois ele tinha de trabalhar longas horas.

Ben Love percebeu que Jeb Bush tinha grandes qualidades de liderança. E aquelas qualidades, com a facilidade que este tinha para falar espanhol, convenceram Love de que deveria enviar o jovem para Caracas, Venezuela, para abrir um novo banco que se especializaria em empréstimos para companhias estrangeiras de petróleo. Isso aconteceu em 1977.

O governador Bush contou-me: "Tinha 24 anos quando fui enviado para Caracas. Teria de abrir um escritório de representação. Eu era dez anos mais moço que o outro jovem representante do banco. Aquele desafio foi muito difícil, pois nossos dois filhos tinham 18 meses e 3 meses, e havia escassez de todo tipo. Nosso banco ia bem, e esse foi o momento em que soube que seria capaz de fazer mais do que achava que conseguiria. O medo do desconhecido diminuiu!".

Dois anos mais tarde, Jeb trouxe sua família de volta para os Estados Unidos. Seu pai, George H. W. Bush, decidira concorrer à eleição para presidente depois de dois mandados no Congresso e após ocupar uma série de posições políticas importantes (inclusive a de diretor da CIA e de embaixador nas Nações Unidas). Portanto, Jeb começou a trabalhar para o pai sem receber qualquer pagamento. A campanha para presidente fez com que Jeb visitasse 45 estados, e ele teve de assumir muita responsabilidade. Provou ser capaz de lidar com todas elas. Desde que tinha cerca de 25 anos, já era um líder.

Ele relata: "Em 1979, pedi licença em meu trabalho para participar da campanha do meu pai. O primeiro discurso que fui chamado a fazer foi para duas mil pessoas, em San Juan, Porto Rico, e tive de falar em espanhol. Estava extremamente nervoso, mas consegui discursar; descobri, mais uma vez, que era capaz de suplantar o medo e a ansiedade bem como de me comunicar com sinceridade e do fundo do coração. Aquela foi uma lição que me serviu ao longo dos anos".

Jeb Bush, em 1994, foi candidato a governador da Flórida, mas não venceu a eleição. Voltou a concorrer e ganhou a eleição em 1998. Ele explica: "Há uma razão, e apenas uma razão, pela qual estou envolvido com a liderança hoje: meu pai, George H. W. Bush, é meu mentor e o melhor modelo que tive. Ele é meu herói. Observar a forma como ele vive me inspirou para alcançar o sucesso. Gostaria que todo jovem pudesse ter um pai como o meu. Toda criança precisa de um herói, e me considero um felizardo, pois meu herói morava na mesma casa que eu".

O governador Bush está correto. As crianças precisam de heróis. Anseiam por modelos. Buscam constantemente pessoas mais velhas como exemplos. A pessoa que uma criança escolhe como herói pode ser um pai, um professor, um treinador, um ministro, um bombeiro, um policial, um astronauta, um presidente, um grande esportista — ou um *rapper* ou um chefe de gangue ou uma estrela do *rock* que parece Satanás e arranca a cabeça de ratos vivos no palco. De uma coisa se pode ter certeza: toda criança vai ter um herói, quer você o aprove, quer não.

Então, por que não ser o herói dessa criança? Por que não ser o exemplo de maior influência em sua vida? Talvez, você pense: "Sou apenas uma pessoa comum, não um herói". Mas eu lhe digo que *é* um herói *se* separar um tempo para se envolver com uma criança para fazer a diferença, de modo positivo, na vida dela. Eis o que tem de fazer:

Estabeleça um bom exemplo. Viva de acordo com padrões morais e demonstre integridade. Projete uma atitude positiva, otimista e realista em relação à vida. Passe tempo com essa jovem vida para conhecê-la melhor. Converse sobre valores, objetivos, fé e questões importantes da vida. Estimule-a e expresse a confiança que você deposita nela. Descreva a visão que tem para ela:

— Sabe, vejo algumas qualidades incríveis em você. Se, algum dia, você se tornasse um grande líder, eu não ficaria nada surpreso. Talvez se torne um líder nos negócios, na igreja, na vida militar ou no governo. — E não se esqueça de dizer constantemente:
— Tenho orgulho de você.

Percy Luney é deão da Faculdade de Direito da Universidade A & M da Flórida, em Orlando, Flórida. Ele descreveu como seus heróis, em particular os afro-americanos, moldaram sua vida. Contou-me: "Percebi que poderia liderar quando freqüentava a escola pública de ensino médio, em Washington D.C. Quando tinha 15 anos, entrei em um programa obrigatório para as escolas de ensino médio, o ROTC (Reserve Officers' Training Corps [Treinamento do Corpo de Oficiais de Reserva]), e formei-me como o cadete número um do sistema de escolas públicas de Washington D.C. No ROTC, aprendi sobre a responsabilidade da liderança. Fui nomeado capitão das equipes de rifle, golfe e futebol.

"Como era um ávido leitor da história do mundo e da militar, fiquei fascinado com a Segunda Guerra Mundial, porque meu pai foi membro da famosa Divisão Buffalo. Eu admirava os generais George Patton e Douglas MacArthur. Lembro-me vividamente dos filmes que descreviam os heróis de guerra, como o sargento York e Audie Murphy. Eu queria saber o que motivava as pessoas a ter atitudes heróicas. Admirava as pessoas que lideravam por meio do exemplo.

"Comecei a estudar e a pesquisar a vida dos heróis afro-americanos. Fiquei fascinado com o esquadrão Tuskgeen Airmen, o primeiro esquadrão da Força Aérea formado apenas por negros. Ao mesmo tempo, tomava conhecimento do sucesso obtido por grandes homens, como Paul Robeson, Jackis Robinson, Thurgood Marshall, W. E. B. Du Bois, Booker T. Washington, Frederick Douglas e Charles Hamilton Houston. Malcolm X e Martin Luther King Jr., que fizeram parte da história que eu vivi.

"Acima de tudo, tinha heróis em casa. Deus me abençoou com pais excelentes, uma influência positiva em minha vida. Eles estabeleceram o fundamento de meu caráter, especialmente minha crença moral e ética de trabalho. Meus pais certificaram-se de que eu participasse da escola dominical e de atividades da igreja até eu me graduar na escola de ensino médio e ir para a universidade.

"No fim da década de 1960, como aluno universitário, tive a oportunidade maravilhosa de ser aluno de Alex Haley, autor de *Raízes* [Editora Livros do Brasil], meu amigo e mentor (ele também escreveu *Autobiografia de Malcolm X* [Editora Record]). Com Alex, fui capaz de discutir os processos decisórios de muitos líderes dos direitos civis e tentava analisar os diversos eventos que davam forma à história daquela época.

"As percepções que ganhei por meio de minha amizade com Alex Haley e os firmes fundamentos que recebi em minha educação familiar ajudaram-me a lidar com a realidade da vida do *campus* durante a turbulência da década de 1960. Como presidente da Organização de Alunos Negros de meu *campus*, liderei a negociação com a administração da faculdade para que implementassem um bom número de mudanças no *campus*. Fomos muito bem-sucedidos, e três alunos de graduação que trabalhavam comigo nessas negociações, assim como eu, também foram para a Faculdade de Direito de Harward. Além disso, conseguimos evitar manifestações de ocupação de prédios e confrontações barulhentas entre alunos e administração, muito comuns em outras universidades.

"Jovens líderes precisam de mentores que lhes sirvam de exemplo, a começar pelos próprios pais. Como mentores, precisamos alimentar o caráter e o senso de responsabilidade e fazer com que Deus e a comunidade da igreja sejam parte vital da vida cotidiana das crianças. Depois, precisamos criar oportunidades de liderança para elas. Acima de tudo, temos de nos certificar de que nossas crianças saibam ler e escrever, para que a maioria delas, como eu, possa descobrir a vida de grandes heróis e grandes exemplos nas páginas dos livros".

Todos nós somos isso

Os jovens precisam de heróis. Você não quer ser o herói de seus filhos, de alunos ou das crianças que você treina, aconselha ou mentoreia? Eu quero. Portanto, reuni algumas sugestões e observações de como ser um herói para os jovens líderes que você treina:

1. *Mantenha as linhas de comunicação abertas.* Separe um tempo para conversar com os jovens e também para escutá-los. Faça perguntas e certifique-se de que exijam reflexão, não apenas resposta afirmativa ou negativa. A única forma de conhecer e compreender os sentimentos e necessidades de um jovem é por meio da comunicação e do ouvir. Isso significa um compromisso sério e intencional de dedicar tempo a eles.
2. *Aproveite todo momento passível de ensino.* Ao passar tempo com as crianças, com freqüência, você se depara com momentos relevantes para o ensino de lições fundamentais. As notícias, os programas de TV e os filmes fornecem material para conversas instrutivas sobre a fé, a honestidade e outras questões relativas ao caráter. Quando lê com uma criança ou a ajuda a fazer a lição de casa, pense sobre lições de caráter e de atitude que pode reforçar por meio dessa experiência. Aproveite cada momento passível de ensino nesse tempo que gasta com cada criança.
3. *Expresse amor incondicional, aceitação e perdão.* Certifique-se de que as crianças que mentoreia sabem que está ao lado delas, não atrás delas. Quando falharem

ou o decepcionarem, corrija-as, mas essa correção deve acontecer em um contexto de total aceitação e perdão. Sempre apresente a correção com palavras de estímulo e apoio.

4. *Seja consistente e confiável.* Cumpra suas promessas. Discipline de forma consistente e previsível. As crianças precisam saber que podem contar com você. Poucas coisas ameaçam tanto a segurança de uma jovem vida quanto um pai ou mentor temperamental, inconsistente e imprevisível.
5. *Admita quando estiver errado.* Use seus erros como lições com as quais as crianças podem aprender. Pais e mentores não são perfeitos, portanto não finja ser o que não é. Seja real. As crianças têm uma surpreendente capacidade de perdoar. Perceber que você é uma pessoa íntegra a ponto de confessar seu erro pode ser uma importante lição sobre liderança para essa criança.
6. *Jamais esqueça que está sob a lente de um microscópio.* As crianças o observam o tempo todo, mesmo quando não se dá conta disso. Você é o modelo delas. Estão aprendendo o que significa ser líder ao observar as decisões que toma, o comportamento que demonstra, o caráter que apresenta. Percebem se há qualquer inconsistência entre o que você vive e as palavras que diz. Portanto, seja uma pessoa íntegra, especialmente quando acha que ninguém o está observando (pois as crianças geralmente o observam, quer você perceba isso, quer não!).
7. *Tenha cuidado com suas palavras.* Não fale apenas sobre o profano, embora deva observar isso também! As palavras são poderosas e podem ferir mais profundamente

que qualquer faca. As palavras que hoje você diz aos jovens, muitas vezes, ressoam por toda a vida deles. Portanto, antes de dizer qualquer coisa a uma criança certifique-se de que suas palavras edificarão aquela vida, em vez de inferiorizá-la.

8. *Desenvolva um relacionamento vital com Deus.* Estabeleça o hábito de conversar com Deus e de ler a Bíblia. Cultue a Deus regularmente. Enfoque o que realmente é importante — não o dinheiro, a fama, a posição social ou o poder, mas o relacionamento com o Criador do universo. Fortaleça sua fé e, depois, transmita essa fé firme às crianças que mentoreia.
9. *Fale sobre caráter, atitudes e virtudes.* Separe um tempo para ter conversas profundas e importantes com o jovem líder que você treina. Ele deve ouvir a respeito de princípios que você considera extremamente importantes relacionados a questões como autocontrole, ética do trabalho e integridade. Faça do treinamento do caráter um acontecimento diário.
10. *Fale sobre seus heróis.* Conte às crianças quem são seus heróis e a razão pela qual você os admira. Pergunte-lhes quem são os heróis favoritos delas. Se não forem o tipo de modelo que você gostaria que tivessem, apresente-lhes pessoas com traços de caráter mais admiráveis. Mostre-lhes como verdadeiros heróis influenciam a vida dos semelhantes de forma positiva e como demonstram qualidades genuínas de caráter. Mostre-lhes o que um verdadeiro herói faz.
11. *Permita que as crianças vejam você suar.* Os jovens líderes em treinamento precisam aprender a importância do

trabalho árduo. Mostre-lhes o que o trabalho árduo significa e, enquanto faz isso, mostre-lhes *como é* o trabalho árduo: faça com que trabalhem com você. As crianças gostam de participar de ambientes de trabalho em equipe dos quais os pais e outros adultos participam. Hás poucas formas melhores de ser um mentor e herói do que entrar nas trincheiras com os jovens e botar a mão na massa com eles.

12. *Elogie um bom esforço, mesmo se o resultado for um fracasso.* Não demonstre seu desapontamento se a criança não corresponder ao que você espera. Diga apenas: "Estou orgulhoso de você! Você trabalhou bastante mesmo! Realmente competiu. Bom trabalho!". Elogie o caráter, a atitude e o esforço mais que os resultados. Se elogiar apenas os resultados, levará a criança à tentação de eliminar o comportamento ético para obter seu elogio —, mas você quer estruturar um líder com caráter, não apenas um líder vencedor.
13. *Estabeleça limites firmes.* Um líder eficiente alcança o caráter por meio de disciplina e de bons hábitos. Isso significa que as crianças devem ter períodos e horários estabelecidos para fazer a lição de casa, ir para a cama, assistir à televisão e jogar no computador. Certifique-se de que as crianças fazem a lição de casa, e de que fazem isso de acordo com o que lhes foi proposto, sem atalhos (como ler o resumo de um livro que deveriam ler inteiro ou copiar uma pesquisa de algum *site* da Internet). Estabeleça regras, apresente as conseqüências e certifique-se de que as crianças compreendam que há uma relação de causa e efeito entre más escolhas e resultados desagradáveis.

14. *Envolva-se com a escola da criança.* Procure estar ciente do desempenho escolar da criança e na sala de aula. Converse com os professores e os treinadores. Aplique valores e crenças da família às realidades cotidianas da escola. Seja voluntário e procure ajudar o professor, dedicando tempo ou comprando artigos necessários. Seja um encorajador do professor da criança e o apóie.
15. *Divirtam-se juntos!* Aprender deve ser divertido e empolgante. Descubra coisas divertidas para fazer com a criança sob sua responsabilidade, quer como pai, quer como mentor. Compartilhe situações engraçadas, aventuras e descobertas empolgantes. Faça com que o aprendizado seja uma diversão. Viaje com as crianças. Vá a lugares divertidos com elas — ao zoológico, ao aquário ou ao parque de diversões. Utilize um passeio na montanha-russa para ensinar à criança sobre aventura, sobre assumir riscos e sobre o fortalecimento da confiança. Certifique-se de que os processos de mentorear e de aprendizado sejam divertidos para que a criança sempre volte em busca de mais convivência com você.

Ao praticar essas idéias com uma criança, você educa, ensina, treina, aconselha e mentoreia. E garanto que, inevitavelmente, essa jovem vida considerará você não apenas um mentor, mas um herói sensacional. Reba McEntire, atriz e estrela da música *country*, certa vez expressou isso desta forma: "Nossas crianças precisam de heróis. Nossas crianças precisam de alguém em quem se espelhar. E é isso o que todos nós somos".

Ela está totalmente certa. A sua volta, há crianças buscando por heróis e modelos, pessoas de caráter e de integridade. Pessoas nas quais podem espelhar a vida, que lhes mostrem como *liderar*.

Essas crianças precisam de heróis e de mentores.

E é isso o que todos nós somos.

Capítulo 13

Como motivar os jovens a liderar

Meu filho Bob está vivendo seu sonho. Desde que saiu da faculdade, aos 22 anos, treina o time de base do Cincinnati Reds. No fim da temporada de 2003, que ele passou com um clube novato, em Sarasota, Flórida, a organização Reds o enviou para o Billings Mustangs, time de base formado em Montana que faz parte da liga menor, para ajudá-los a terminar a temporada. No final de agosto, o dirigente teve de viajar por causa de um funeral. Portanto, Bob recebeu o aviso de que dirigiria o clube em três jogos durante o fim de semana.

Sexta à noite foi seu jogo de estréia como dirigente. Ele tinha um jovem lançador no campo, um garoto muito talentoso. Os dirigentes do

Reds queriam que esse garoto fizesse determinado número de arremessos para, depois, ser substituído.

O garoto, apesar dos dois erros que cometeu, ainda estava lançando bem. O treinador do Mustangs virou-se para Bob e disse-lhe:

— Esse garoto já completou o número de lançamentos previsto. Ele tem de sair.

Portanto, Bob foi até onde ele estava no campo para tirá-lo do jogo.

Quando Bob lhe disse que tinha que sair, o garoto disse que não sairia.

Bem-vindo ao maravilhoso mundo da liderança, Bobby! Ali estava, em sua noite de estréia, tendo de enfrentar uma decisão que não previra: um lançador insubordinado. Bob teve de pensar rapidamente: *Bem, o que faço agora? Será que eu me atraco com esse garoto bem aqui no meio do campo?*

Após alguns segundos de rápida ponderação, ele disse:

— Tudo bem, mais um lançamento e você sai, independentemente do que acontecer.

O lançador não disse uma palavra e não demonstrou nenhum sinal de que ouvira o que ele dissera: nenhum assentimento com a cabeça, nenhum dar de ombros, nenhum movimento corporal. Será que o garoto sairia depois do próximo lançamento, conforme ele ordenara ou criaria problemas? Bob não sabia. Voltou para o lugar reservado para o treinador e esperou.

E o garoto lançou a bola. Na seqüência, conseguiu tirar do batedor, terminando seu turno e a crise de Bob. O garoto saiu do campo e estava satisfeito.

Não sei o que Bob faria se as coisas não tivessem corrido assim tão bem. Acho que Bob também não sabia o que fazer nesse caso.

Mas certamente teria tomado alguma atitude. Precisaria tomar uma atitude. Era o líder e tinha de confirmar sua autoridade de liderança. Quem é líder tem de liderar.

A liderança é amedrontadora

Dr. Jack Ramsay, meu amigo e mentor, treinou o Philadelphia 76ers de 1968 a 1972, levando-o às eliminatórias em três dos quatro anos que foi treinador do time. Logo depois que começou a treinar na NBA, teve uma conversa por telefone com Eddie Donovan, dirigente do New York Knicks. Jack, mais tarde, disse: "Eddie deu-me o melhor conselho que já recebi desde que comecei a treinar os times profissionais de basquete. Ele disse: 'Seja o chefe!'. Jamais me esqueci desse conselho".

O que significa ser o chefe? Não quer dizer que você tem de ser um déspota, um brigão, um tirano, um ditador, um ignorante ou um senhor de escravos. Você não tem de ser Átila, o Huno, Adolf Hitler, Saddam Hussein nem Leona Helmsley. O conselho que Eddie Donovan deu a Jack foi simplesmente este: "Seja o líder! Assuma o comando! Demonstre autoridade!".

Quando ocupa uma posição de autoridade, as pessoas olham para você para tomar decisões. Esperam que você determine o curso da ação. Essa é a razão pela qual você é um líder. É verdade. Ser líder pode ser assustador, especialmente para os jovens. Ao arriscar sua pele, muitas coisas podem sair errado, e esse jovem será responsável por todas elas!

Mas assim que um jovem líder toma uma decisão e põe toda a equipe e organização em movimento geralmente se dá bem. O jovem líder, com freqüência, reflete: "Bem, acho que o resultado foi melhor do que eu esperava! Ninguém ficou furioso comigo. Os habitantes do vilarejo não saíram correndo atrás de mim com tochas e forcados... Na verdade, todos gostaram de ter um líder posicionado para tomar decisões. Acho que *gostarei* de ser líder!".

Denny Crum recebeu o apelido de *Cool Hand Luke* [N. do T.: nome de um filme cujo protagonista era um líder rebelde e melancólico, mas carismático; esse filme passou no Brasil com o título de *O presidiário,* que não traduz a personalidade do protagonista nem de Denny Crum], graças a sua personalidade discreta em sua atuação como motivador e líder. Na UCLA, John Wooder o mentoreou enquanto era jogador e assistente de treinador. Mas, depois, Denny prosseguiu sua carreira como treinador por três décadas na Universidade de Louisville, em que liderou os Cardinals em seis finais do campeonato da NCAA. Em 2001, aposentou-se com excelentes resultados.

Denny contou-me: "Não tinha a menor noção de ter habilidade para liderar até que meu treinador, na escola de ensino médio, me pediu para servir como treinador de nosso time para a liga do verão. Na época, eu tinha 15 anos.

"No primeiro jogo desse torneio, pedi para o pivô descansar; eu poria um defensor em seu lugar. Ele me disse:

— Não quero me sentar, e por que deveria fazer isso?

— Porque eu sou o treinador — disse-lhe. — Ele foi se sentar".

Naquele momento, Denny Crum descobriu o que significava "ser o chefe".

Red Auerbach é um líder que sabe o que quer dizer "ser o chefe". Ele é o treinador da franquia mais poderosa do esporte profissional, o Boston Celtics, que ganhou oito campeonatos seguidos da NBA, de 1959 a 1966. Sentei-me com Red, recentemente, e ele me contou a história de sua jornada como líder.

Ele relata: "Cresci no Brooklyn. No basquetebol, jogava como armador, uma posição de liderança. Fui para a Universidade de George Washington e depois prossegui meus estudos para conseguir o título de mestre. Sempre consegui os melhores empregos depois de sair da universidade, e eis aqui a razão: trabalhava com clubes de crianças e na Associação Cristã de Moços, e a experiência que ganhei nesses lugares era um ponto favorável quando procurava trabalho. No último ano da universidade, trabalhei em uma escola especial do governo, na qual ganhava 25 dólares (cerca de 55 reais) por mês. Aquelas crianças eram difíceis, e tinha de demonstrar liderança para que me respeitassem.

"No final da década de 1940, quando treinei o time Washington Capitols, treinei Matt Zunic, que jogara comigo na Universidade de George Washington. Certa noite, durante um jogo, eu o tirei da partida; ele atirou a jaqueta no chão e berrou: 'Por que você me tirou do jogo?'. Disse-lhe para se sentar. Alguns minutos mais tarde, fui até ele e disse-lhe: 'Escute bem, ou eu tenho sucesso nessa tarefa ou perco este trabalho. Se quer extravasar suas emoções quando eu o tiro de um jogo, pegue suas malas e saia daqui. Jamais me questione novamente. Se eu for despedido, serei despedido, mas não porque você deu um *show* à parte'. Eu realmente fui duro com ele, mas jamais tive problemas com ele ou com qualquer outro de meus jogadores. Aquele foi um momento chave no início de minha carreira.

"Alguns dias mais tarde, estava treinando o Tri-Cities Blackhawks. Certa noite, um jogador, Warren Perkins, estragou uma jogada que eu pedi para o time fazer, e eu fui muito rude com ele. Ele me disse: 'Não pode falar comigo dessa forma!'.

Mandei-o para o chuveiro.

"No dia seguinte, no treino, chamei-o de lado e lhe disse: 'Warren, o que aconteceu na noite passada?'. Ele explicou-me: 'Treinador, eu estava doente no dia anterior à partida e não compareci ao treino, portanto não conhecia aquele jogada'. Expliquei-lhe: 'Bem, estamos em um time profissional, e as pessoas berrarão com você algumas vezes, precisa agüentar isso'. Aquele foi outro momento decisivo para mim.

"Respeito é uma qualidade intangível. É difícil de conquistar, mas fácil de perder. Um aspecto importante para ganhar o respeito de jovens líderes é ensiná-los a respeitar a si mesmos. Conheci Joe DiMaggie e Phil Rizzuto quando estavam no Yankees. Os Yankees sempre tinham um código de vestimenta quando viajavam. Aquilo me impressionava, portanto, certo dia perguntei ao gerente Joe McCarthy sobre esse aspecto. Ele me explicou: 'Quem se veste como um campeão e age como um campeão, jogará como um campeão'. Jamais me esqueci disso.

"Ganhar o respeito é a parte mais importante da liderança. É irrelevante se as pessoas gostam de você ou não. Nem todos os jogadores gostavam de mim quando eu era o treinador deles, mas, com o tempo, muitos deles passaram a apreciar a sabedoria que compartilhava com eles e os conselhos que lhes dava. Quando completei 75 anos, todos os antigos jogadores vieram para uma grande celebração. Creio que aquela foi a expressão máxima de respeito que já recebi".

Doc Rivers, treinador do Celtics, afirma: "Como líder, gostaria de ser amado, mas não é possível se preocupar com isso. Grandes líderes, como Red Auerbach, Vince Lombardi e John Wooden passaram a ser amados anos mais tarde. Enquanto eram treinadores, embora fossem respeitados, não eram amados". E

Larry Lucchino, presidente do Boston Red Sox, afirmou esse mesmo princípio a respeito de jovens líderes. Ele declara: "O jovem, para ser líder, tem de encontrar conforto íntimo em si mesmo. Não pode esperar que as pessoas sempre gostem dele ou concordem com ele. Precisa aceitar essa situação. A liderança não se fundamenta no charme do líder diante dos seus subalternos. Ela se fundamenta no fato de as pessoas confiarem no líder e estarem dispostas a segui-lo aonde as levar. Nem sempre é possível se preocupar com ser amado pelos subalternos".

Hubie Brown, técnico do Memphis Grizzlies, aprendeu a ser chefe enquanto jogava basquete no time da escola de ensino médio. Ele relata: "Em 1951, estávamos a meio caminho de vencer o Campeonato Estadual, em Nova Jersey. Entretanto, tivemos um problema, pois nosso melhor jogador fazia muitos arremessos. Os outros jogadores me procuraram e disseram:

— Hubie, você tem de dizer a ele para parar de ser tão egoísta e fominha.

"Entenda que aquele jogador era do meu grupo, um atleta completo e grande cestinha. Antes de um jogo, puxei-o de lado e lhe disse:

— Se você não começar a passar a bola, jamais passarei a bola para você nos contra-ataques. — Encarávamos um ao outro, muito próximos, e não sabia se ele me daria um murro ou não. Contudo, ele disse:

— Tudo bem, eu passo a bola".

"Eu realmente consegui passar a mensagem para aquele rapaz. Foi um momento decisivo para mim como jovem líder. Por fim, ganhamos o título estadual".

Não é fácil motivar os jovens a ser líderes. Poucos querem a chatice, o trabalho árduo e a responsabilidade de ser um exemplo para os outros, a essência da atividade de direcionar os outros. A maioria dos jovens, até mesmo os com muito potencial de liderança, prefere seguir em vez de liderar. Ser líder é duro e, algumas vezes, põe o jovem em uma situação difícil.

Jay Carty jogou basquete no Estado do Oregon e, por três anos, fez parte da equipe de treinadores de John Wooden, quando este estava na UCLA. Também jogou pelo Los Angeles Lakers. Hoje, ele é escritor cristão, palestrante e consultor. Descobriu que a liderança pode ser extremamente árdua quando foi representante de classe no último ano do ensino médio. Ele relata: "Nossa tesoureira era uma menina, uma amiga minha. Ela fora eleita para o cargo, mas não estava cumprindo com seus deveres. Eu tinha de tomar uma decisão: continuar com ela ou afastá-la do cargo. Decidi substituí-la. Aquela foi a primeira vez que tomei uma decisão em que o bem da organização ficou na frente dos sentimentos pessoais. Foi a decisão de um líder".

Nas próximas páginas, reuni conselhos sábios de líderes que aprenderam os segredos para motivar jovens a liderar. Eis aqui as histórias e princípios que compartilharam comigo.

1. Apele para o senso de aventura do jovem líder

William Donohue, presidente da Liga Católica de Direitos Civis e Religiosos, disse: "Liderar é uma aventura. Encorajo os jovens a dar um passo a frente e liderar, porque a outra alternativa é sentar-se e ser liderado pelos outros. Nenhum grupo, nem mesmo os menores, existe sem um líder. Se o líder não for você, será outra pessoa. Então, por que não ser o motorista em vez do passageiro? Não é mais divertido ser um jogador do que um espectador? O grau de satisfação que acompanha as posições de liderança é, de muitas formas, importante e altamente recompensador. Certamente, há sempre o risco de falhar, mas como todos nós só temos uma vida para viver, por que não tentar? Quem quer ficar velho e perguntar-se: 'O que poderia ter sido se...?'".

2. Ouça as idéias e os sonhos dos jovens líderes

Jacqueline Whitmore, fundadora e diretora da Protocol School de Palm Beach, uma companhia especializada em etiquetas e instruções protocolares, contou-me: "Como adultos, temos de estar de ouvidos abertos para nossos jovens. Se demonstram disposição para liderar, então precisamos fazer o que for possível para lhes dar essa oportunidade. Podemos fazer com que os jovens se sintam confiantes e dignos ao perguntar-lhes o que querem fazer e qual o caminho que desejam traçar em suas vidas. Devemos ouvir mais, fazer mais perguntas e falar menos".

Harry Rhoads, presidente do Washington Speaks Bureau, concorda: "Os adultos, particularmente os pais, têm de estar dispostos a ouvir os jovens a fim de estruturar os fundamentos da comunicação e da confiança de via dupla. As crianças ouvem melhor quando os adultos prestam atenção no que elas têm a dizer. Assim que esse sentimento de confiança é estabelecido, elas começam a demonstrar qualidades de liderança que podem ser alimentadas e edificadas".

O treinador John Wooden disse-me a mesma coisa: "Ouça os que estão sob sua supervisão e seja paciente com eles. Encoraje, dê apoio e orientação, mas não os empurre nem os manipule".

3. Diga: "Estou orgulhoso de você"

Val Hale, diretor atlético da Universidade Brigham Young, compartilhou uma história comigo que realmente tocou meu coração: "Um time de basquete de certa escola de ensino médio de uma cidadezinha venceu o campeonato estadual de forma dramática. Depois do jogo, vários jogadores se reuniram para celebrar a vitória de forma inapropriada. As notícias sobre o que fizeram se espalharam rapidamente por toda a cidade.

"Um jovem do time, no entanto, não participou dessa celebração. Ele ficou bastante preocupado, pois seu pai era líder na igreja, e sua preocupação fundamentava-se no que seu pai pensaria se participasse daquela farra. Ficou o dia todo preocupado na escola e mal pôde esperar para chegar em casa e dizer ao pai que era inocente.

"Quando o jovem chegou em casa entrou como um rojão para procurar o pai. Quando se encontraram, o filho nem teve chance de falar. O pai, surpreso, disse-lhe:

— Soube o que aconteceu na festa depois do jogo. Gostaria muito que você estivesse lá.

O filho, totalmente surpreso, perguntou:

— Por quê?

O pai respondeu-lhe:

— Porque se você estivesse lá, não teria permitido que os meninos fizessem aquelas coisas".

"Esse é um grande estímulo que um pai pode dar aos filhos. Essa história diz duas coisas sobre aquele pai: primeiro, confiava no filho, tanto que tinha certeza absoluta de que ele não havia tomado parte no evento. O pai nem mesmo teve de perguntar: 'Filho, você participou daquilo?'. Para aquele pai, isso seria inconcebível.

"Segundo, confiava tanto na habilidade de liderança e no caráter do filho que ele tinha certeza de que, se ele estivesse presente, colocaria um fim àquele comportamento inapropriado.

"Creio que uma das formas de aumentar a confiança dos jovens líderes é certificá-los continuamente de que acreditamos neles e de que estamos orgulhosos de seu bom caráter. Quando forem confrontados com escolhas duras, se lembrarão dessa certeza e não nos decepcionarão".

Dick Bennett, treinador do time de basquete do Estado de Washington, disse-me: "Creio que incentivar e elogiar jovens líderes é importante — não um elogio vazio, mas honesto, realista, com comentários positivos sobre tudo o que aconteceu quando demonstraram bom caráter, uma boa atitude e consistência em suas decisões. Ao ver um jovem líder tentando ajudar e encorajar os companheiros de time, diga-lhe que aprecia essa atitude. Os líderes têm a mentalidade de um servo, pois buscam ajudar os outros, e precisamos reforçar isso. Devemos também reconhecer a coragem e a confiança. Um bom líder certamente pode afetar o grupo, e, com apenas algumas palavras bem medidas e faladas na hora certa, é possível fazer muito para aumentar a confiança desse jovem líder e motivá-lo a investir mais esforço em sua liderança.

"Os elogios são importantes para estruturar a confiança de um jovem líder, mas eles devem fundamentar-se na realidade, no caráter, na atitude e no esforço do jovem. Hoje, muitos adultos lançam elogios vazios para estruturar a auto-estima das crianças, e isso nem sempre é produtivo. Ninguém merece automaticamente o elogio, e as crianças não devem ser educadas com a expectativa de ser constantemente elogiadas. No entanto, quando fazem por merecer, devemos observar essa conquista e elogiá-las. Algumas palavras bem colocadas podem dar confiança e motivação para a vida toda."

4. Encoraje os jovens líderes de acordo com a singularidade de cada um

David Self, líder da Primeira Igreja Batista de Houston (uma igreja cuja média de freqüentadores é de seis mil pessoas por semana), disse-me: "Uma das melhores coisas que os pais ou quaisquer outros mentores podem fazer para motivar e inspirar os jovens líderes é o encorajamento. Provérbios 22.6 afirma: 'Instrua a criança segundo os objetivos que você tem para ela, e mesmo com o passar dos anos não se desviará deles'. Pode-se também traduzir esse texto desta forma: 'Treine a criança de acordo com sua inclinação individual e singularidade'. Em outras palavras, nós, pais, professores, treinadores e conselheiros, devemos observar bem as jovens vidas sob nossos cuidados para reconhecer os muitos talentos, dons e paixões que têm e que lhes foram dados por Deus. Depois, devemos encorajá-las para alcançar a excelência por meio do desenvolvimento desses talentos, desses dons e dessas paixões. É triste observar que o encorajamento está algumas vezes confinado ao campo do futebol americano ou ao palco de um recital.

"O reconhecimento do potencial de liderança exige passar tempo com seu filho em vários ambientes para observar o amplo espectro de talentos, de dons e de facetas de caráter que tem. Devemos também encorajar as crianças quando tentam e falham, como também quando competem em áreas novas para elas. Acima de tudo, devemos demonstrar o incentivo e o amor de Deus por meio de nosso apoio, oração e encorajamento incansável".

Como disse em algum outro trecho deste livro, sou "pai" de dezenove crianças. Se há algo que aprendi com o fato de ter tantos pares de sapatos enfileirados na porta da frente e com tantas faces sentadas ao redor da mesa de jantar é isto: não há duas crianças iguais. Cada criança é uma alma humana única. Cada uma delas apresenta um conjunto único de facetas de personalidade, de virtudes, de falhas, de interesses, de gostos, de desprazeres, de ambições e de sonhos. Na verdade, o estilo de educação que se aplica a uma criança é simplesmente intransferível a outra.

Certamente, você ganha sabedoria e reúne novas percepções a cada novo filho que chega a sua casa. Mas, em certo sentido, há ainda um aspecto específico daquela criança em particular que precisa aprender para ser pai dela. Precisa aprender a modelar, guiar, encorajar, disciplinar e amar cada criança de acordo com sua necessidade e tipo de personalidade. Embora jamais deva demonstrar favoritismo, precisa educar cada criança de acordo com sua particularidade.

Todd Shaw, presidente do Ministério On-Track, apresenta uma perspectiva semelhante: "Cada criança é diferente, e toda criança pode ser um líder de acordo com sua singularidade. Não se pode compreender a singularidade do filho sem passar *tempo* com ele, observando em primeira mão quais são seus talentos, seus dons e seus pontos positivos. Quando dedicamos um tempo diário para conversar com nossos filhos e observá-los, à medida que buscam seus interesses e paixões, somos capazes de fortalecer os pontos positivos e de transpor os negativos.

"Como fortalecer os pontos positivos? Por meio do encorajamento e do incentivo, quando fazem algo correto ou se saem bem em alguma tarefa. Em casa fazemos uma grande celebração até mesmo com as menores conquistas. Quando nossos filhos cometem um erro, usamos esse momento para ensiná-los, como uma oportunidade para aprender e crescer.

"Confiança é o fator chave na liderança, e a confiança é muito frágil nos jovens. Certa vez, quando Jason, meu filho mais jovem, fez uma decisão ruim, disse-lhe severamente:

— Jason, você não é um bom menino! — Arrependi-me imediatamente da escolha de palavras. Os ombros de Jason se encolheram em derrota. Percebi instantaneamente que aquilo que dissera era algo destrutivo e rapidamente me corrigi. Disse-lhe:

— Jason, eu disse a coisa errada. Você é um bom menino. Mas fez a decisão errada.

"Aquilo fez toda a diferença. Ele pôde perceber seu erro de uma nova perspectiva. Ao dizer que ele *não* era um bom menino, isso soou como uma palavra de condenação. Corrigi-me e disse que ele era um bom menino, aceito e amado, mas que fizera uma escolha ruim. Como pai tenho de corrigir meus filhos sem desestruturar a confiança deles, sem fazer com que se sintam condenados".

5. Dê aos jovens líderes oportunidades para liderar e para servir

John Eldredm, da Family Business Program [Programa Familiar de Negócios], da Wharton School, disse-me: "Desenvolver as capacidades de liderança é como um banquinho com três pernas. As três pernas são:

"*1. Perceber a si mesmo como líder.* Precisamos ajudar os jovens a ver a si mesmos como líderes. Precisamos incentivá-los para que fortaleçam sua confiança, dizendo-lhes que acreditamos neles. Quando declaramos: 'Sei que você tem a habilidade para liderar', começam a acreditar em si mesmos.

"*2. Ter as habilidades de um líder.* Isso quer dizer que precisamos treiná-los nessas habilidades, como as de organização, a de falar em público e a do trato com as pessoas. Precisamos oferecer-lhes experiências que os capacitem a praticar e refinar essas habilidades.

"3. *Estar atento às oportunidades para liderar*. Isso quer dizer que devemos apontar-lhes as oportunidades que já existem — na escola, na igreja ou em programas de jovens ou de voluntários. Devemos encorajá-los a criar as próprias oportunidades de liderança, como a criação de seu projeto pessoal como voluntário e o recrutamento de outros jovens para participar dessa causa.

"Se esses três fatores trabalham juntos na vida do jovem — se encaram a si mesmos como líderes, aprimoram suas habilidades e buscam ou criam oportunidades —, tudo coopera, e a liderança acontece."

Danny Litwhiler, treinador e ex-jogador de beisebol pela liga principal, contou-me como criou a própria oportunidade para tornar-se líder: "Percebi, pela primeira vez, que tinha habilidade para liderar em 1937. Havia acabado meu terceiro ano na faculdade que formava professores, em Bloomburg State Teachers College, e me apresentei no Charleston Senators, um clube da classe C da Liga do Atlântico Médio. No primeiro dia com o time, fraturei o tornozelo direito. Voltei para minha cidade natal, Ringtown, Pensilvânia, para me recuperar. Minha cidade natal era bastante pequena, com cerca de oitocentos habitantes. As crianças não tinham nada para fazer durante o verão, portanto organizei um pequeno campeonato com quatro times que jogavam duas vezes por semana. Eu treinava os quatro times. Fiquei responsável por eles de junho a agosto, quando tive de voltar para o Charleston".

Alguns anos mais tarde, um dos mentores de Danny, dr. E. H. Nelson, deu-lhe uma oportunidade de liderança que mudaria o curso de sua carreira. Danny relata: "Em 1939, apresentei-me no Toledo Mud Hens, em Arlington, Texas, durante o treinamento da primavera. Fui imediatamente para o campo. No primeiro dia de treinamento, um rebatedor lançou uma bola para mim e, quando pulei para pegá-la, o esforço daquele movimento repentino arrebentou a cartilagem do meu joelho esquerdo. A temporada de 1939 acabara para mim.

"Voltei para minha cidade natal para me recuperar. Recebi um telefonema do dr. E. H. Nelson, meu treinador de beisebol no Bloomsburg State Teachers College. Ele me perguntou se eu poderia ajudá-lo a treinar o time daquela faculdade. Eu o ajudei durante a primavera e o outono, e aquela oportunidade como assistente de treinador levou-me a ter certeza de que aquele era o trabalho que eu procurava".

Contudo, uma carreira bem-sucedida na MLB retardou sua atuação como treinador por alguns anos. Mas no início da década de 1950, Danny Litwhiler começou a treinar e a gerenciar nas ligas menores e depois os times do Estado da Flórida e do Estado de Michingan. Também foi responsável por introduzir um bom número de inovações no jogo, até o uso de um instrumento que media a velocidade do lançamento, um produto que secava os campos molhados de beisebol e um espelho inquebrável que poderia ser usado pelos lançadores para aperfeiçoar seus arremessos.

Jack Gregory, ex-treinador de futebol americano em escolas de ensino médio e em faculdades, contou-me sobre a oportunidade de liderança que lhe foi dada por meu pai, Jim Williams. Ele disse: "Dois líderes comunitários importantes em Wilmington, em Delaware — o sr. Bob Carpenter, dono dos Phillies, de Filadélfia, e o sr. Jim Williams, ex-treinador em escolas de ensino médio — pediram-me para trabalhar em tempo integral como diretor da organização de um jogo beneficente que levantaria fundos para a Fundação Delaware para Crianças Excepcionais. Na época, eu tinha 29 anos, e essa seria a segunda vez que fariam esse jogo beneficente anual. O sr. Carpenter e o sr. Williams sonhavam em utilizar esse evento anual para aumentar a conscientização das pessoas em relação às necessidades de crianças portadoras de deficiência mental e para angariar fundos para pesquisas que pudessem ajudar essas crianças. Pediram-me que coordenasse todos os aspectos desse grande evento.

"Queriam que eu trabalhasse com treinadores de todo o estado para que o sonho de um jogo beneficente anual se tornasse realidade. Naquela época, não achava que eu fosse um líder e jamais tivera um desafio daquele tipo antes, mas acredito que fiz algo certo para ajudar a concretizar o sonho do sr. Carpenter e do sr. Williams, pois ele continua uma realidade bastante vigorosa praticamente cinqüenta anos após o primeiro evento. Esse jogo beneficente acontece todos os anos em benefício da mesma causa, e o formato do evento ainda é o mesmo de quando ele iniciou em 1956.

"O sr. Carpenter e o sr. Williams exerceram grande influência no desenvolvimento das qualidades de liderança que tenho. Eles me deram oportunidade de liderar e ajudaram a lançar os fundamentos de minha carreira de 42 anos como treinador e administrador esportivo".

Lisa Maile, fundadora e proprietária do Lisa Maile Modeling, afirma que as melhores oportunidades de liderança para jovens líderes encontram-se no trabalho voluntário. Ela afirma: "Se quiser dar oportunidades de liderança aos jovens, não há forma melhor que encorajá-los para que sejam voluntários. Jovens são sempre necessários e bem-vindos em várias situações: ensinando e treinando crianças, lendo livros ou ensinando artesanato para elas. Todo mundo precisa se sentir capaz, útil e importante em algo, e o trabalho voluntário pode oferecer esse tipo de experiência para jovens líderes!

"E se quisermos ver nossos filhos trabalhando como voluntários, precisamos dar o exemplo. Os jovens fazem o que eles vêem, não o que lhes dizemos para fazer. Se perceberem que está motivado a ajudar e a servir, também quererão fazer isso".

6. Não deixe ninguém de fora

Todd Shaw lembrou-me de que, algumas vezes, é preciso olhar com atenção para encontrar habilidades de liderança em algumas crianças, mas que essas qualidades estão presentes. Precisamos nos certificar de que nenhuma criança com potencial de liderança fique de fora nem seja passada para trás, ou todo esse potencial será simplesmente desperdiçado.

Todd declara: "Como líder de jovens pergunto aos adolescentes: 'Como você gostaria de liderar? O que gostaria de fazer? O céu é o limite! Nenhum sonho é grande demais. Nenhuma idéia é muito estanha'. Quando usa essa estratégia, as crianças desabrocham. A motivação delas aumenta. Por quê? Porque lhes damos a permissão para sonhar. Damos a elas um lugar em que podem buscar seus interesses e paixões únicos e singulares.

"Havia um garoto em nosso ministério que achávamos que não ficaria ali por muito tempo. Era um pouco diferente e parecia não se ajustar ao grupo. As outras crianças não conseguiam se relacionar com ele, e quando tentava conversar com ele, também não conseguia estabelecer um relacionamento. Era um viciado em computador e fã de ficção científica e até conseguia falar a língua dos vulcanos... Naturalmente, seria o último garoto que eu escolheria como líder. Mesmo assim, ele queria participar de nossa equipe de jovens líderes. Não estava muito certo, mas lhe perguntei:

— O que você gostaria de fazer?

— Computadores — ele respondeu. — Quero fazer algo com computadores.

"Para encurtar a história, nós o tornamos líder na área em que era especialista e pela qual tinha muito interesse. Em pouco tempo, construiu uma página na internet para nosso programa de jovens, algo que eu tentara fazer por muitos anos, mas sem sucesso. Registrava todos os cultos de quarta-feira à noite, convertia as gravações em linguagem de computador e as punha no *site* para que outros as pudessem baixar. Fez pequenos filmes que chamava de *trailers* para promover eventos futuros.

"Logo, aquele garoto que parecia que não se ajustava a nada, tornou-se um verdadeiro líder: até mesmo tinha seus fiéis seguidores! Aquela foi uma transformação surpreendente. Hoje, ele trabalha para muitas igrejas na cidade, produzindo páginas na internet e trabalhos de vídeo.

"O ponto decisivo foi este: certo dia, a mãe desse garoto telefonou para meu escritório para me agradecer pela mudança operada em seu filho. As palavras exatas dela, as quais jamais esquecerei, foram:

— Achei que meu filho jamais encontraria um lugar onde pudesse servir a Deus, e muito menos que pudesse se tornar um líder. Mas olhe para ele agora! Estou tão orgulhosa dele! Obrigada! — disse enquanto lutava para não chorar de alegria.

"A moral da história: você jamais deve partir do pressuposto de que este ou aquele garoto não pode se tornar um líder. Os jovens sempre o surpreenderão! Isso me faz lembrar a história de Davi e de Golias. Ali estava aquele garoto mirradinho, chamado Davi, preparando-se para enfrentar um camarada que faria com que Arnold Schwarzenegger berrasse: 'Mãe!'. Quando Davi estava se aprontando para encontrar aquele homem monstruoso, o rei Saul tentou proteger o garoto com sua armadura grande e pesada. Davi, tirou aquela armadura e disse algo semelhante a isto: 'Enfrentarei este gigante da minha maneira e da maneira de Deus, não da sua', e Davi partiu e matou o gigante, sem usar espada ou armadura, mas com uma funda, isto é, uma atiradeira, e uma pedra.

"Se as crianças tiverem uma chance para mostrar do que são capazes e a liberdade para liderar de acordo com sua singularidade, se as encorajarmos e as apoiarmos, então é melhor que os gigantes se cuidem!".

7. Fortaleça os jovens líderes para que tomem suas decisões

John Eldred relatou: "Houve dois momentos em minha juventude em que realmente percebi que poderia me tornar um líder. O primeiro foi quando eu tinha cerca de 12 anos e era aluno na escola paroquial St. Timothy. Era capitão da patrulha de segurança, e estávamos tendo uma reunião disciplinar por causa de um aluno de 9 anos que correu para a rua ignorando as instruções de um de nossos guardas que auxiliavam na travessia da rua. Em determinado momento da reunião, a freira virou-se para mim e perguntou: 'O que você recomenda, John?'.

"Eu engoli em seco! Afinal, as freiras eram as responsáveis, não é mesmo? Lembro-me de ficar perplexo ao perceber que o assustador poder de liderança, em que se toma uma decisão, era depositado em minhas mãos.

"O segundo momento veio durante o meu treinamento no ROTC, quando fui comandante do batalhão por um dia. Depois de me orientarem, disseram: 'Bem, esse batalhão é todo seu'. E mil homens se viraram para mim; agora eu ocupava a liderança e era responsável pelas tomadas de decisão; estava totalmente no comando.

"Aqueles dois momentos me ajudaram a perceber que eu tinha capacidade para liderar e que recebera a autoridade para assim fazer. Ainda precisava adquirir habilidade e confiança, mas essas coisas viriam com o tempo. O ponto é que nós, a fim de formar jovens líderes, precisamos dar-lhes poder para que genuinamente tomem decisões. Se é para eles serem líderes, devemos permitir que liderem".

Gregg Popovich, treinador do San Antonio Spurs, concorda: "Não podemos dar aos jovens líderes um título sem significado e fingir que os deixamos liderar, enquanto tomamos todas as decisões. Se quisermos motivar jovens líderes a motivar, temos de dar-lhes a habilidade de realmente tomar decisões. Temos de dar-lhes espaço para decidir em que gastarão dinheiro, com que atividades ou projetos se envolverão e como os levarão adiante. Assim que os jovens líderes tomam essas decisões, precisamos evitar interferir ou tentar levá-los a tomar as decisões que nós tomaríamos. Deixe que as decisões deles prevaleçam e veja o que acontece. No fim do processo, sente-se com os jovens líderes e converse sobre a conseqüência daquelas decisões: quais foram os resultados positivos e negativos?

"Acima de tudo, em todos os momentos do processo devemos evitar o julgamento. Se o jovem líder sentir que tem o poder para liderar, que realmente está tomando as decisões e que aquela situação lhe foi confiada para que a lidere de fato, mesmo que cometa um erro ou dois, esse jovem ficará motivado a continuar a fortalecer suas habilidades. Nada aumenta mais a confiança dos jovens do que saber que seus pais e mentores confiam neles e verdadeiramente depositam em suas mãos o poder para liderar."

Steve Sample, presidente da Universidade Southern California, explica isso desta forma: "Quer educar *verdadeiros* líderes? Delegue *verdadeira* autoridade a eles! Não pode esperar que jovens líderes aprendam a liderar se não lhes der a oportunidade de tomar decisões reais com conseqüências reais. Jamais liderarão enquanto algum adulto supervisor pairar sobre eles, conferindo cada um de seus movimentos. Nós, adultos, nos sentimos desconfortáveis ao lhes dar tanta autonomia. Temos medo de confiar muita autoridade a jovens não treinados e ainda não postos à prova. E lembre-se disto: embora possamos delegar autoridade ao jovem, temos de assumir responsabilidade total pelos resultados! Portanto, a educação de jovens líderes é um risco para nós, adultos, mas um risco que vale a pena correr".

Um dos mentores mais importantes em minha vida foi o sr. R. E. Littlejohn, homem de negócios e co-proprietário do Spartanburg, na Carolina do Sul, um time da liga menor de beisebol. Em fevereiro de 1965, cheguei ao clube, aos 24 anos de idade, como gerente geral. O sr. Littlejohn deu-me as rédeas para administrar o time. Trabalhamos juntos por quatro anos maravilhosos, e ele me amava como a um filho. Permitiu que eu dirigisse o clube da maneira que achava melhor. Mesmo quando cometi erros de principiante (e cometi muitos deles), ele quase nunca interferiu.

Fazia promoções caras e escolhia alguns atletas para que comparecessem pessoalmente aos jogos, estrelas como Johnny Unitas e Bart Starr. O sr. Littlejohn sabia que eu jamais recuperaria o dinheiro que investira nessas promoções e que, se eu gastasse demais, isso afetaria os benefícios que receberia no fim do ano. Mas permitiu que eu realizasse essas atividades porque queria que eu aprendesse com a experiência (as lições aprendidas a duras penas nos acompanham para o resto da vida). Compreendeu que a permissão para que jovens líderes tomassem decisões — e cometessem enganos — era necessária. Não poderia desejar um treinador de liderança melhor e mais sábio.

Recordo-me de apenas duas ocasiões em que ele interveio na decisão que eu tomara. A primeira vez foi quando reservei um espaço para propaganda em nosso programa impresso de beisebol. A propaganda era para um bar, e o sr. Littlejohn, diácono na Primeira Igreja Batista, recusou-se a promover bebidas alcoólicas ou bares em seus programas.

A outra vez que ele interveio foi na promoção que envolvia o sorteio de um automóvel. Todos os anos, dávamos um carro novo a um torcedor felizardo e também bastante sortudo. Pensei: *Uau! Seria uma grande idéia sortear dois carros!* O prêmio era sempre dois carros *sedan* estadunidenses, mas decidi que o segundo carro que sortearíamos seria um fusquinha bem barato. Portanto, fiz todos os acordos com a revendedora da Volkswagen sem consultar o sr. Littlejohn.

Quando ele descobriu o que eu fizera, não ficou nada feliz. Não foi o custo da promoção que o incomodou. O que não o agradou foi que ele achava que o fusquinha, por ser um carro tão pequeno, não era seguro. O sr. Littlejohn se preocupava com seus torcedores e temia pôr em risco a vida de um deles!

Era dessa forma que o sr. Littlejohn delimitava espaços quando delegava. Se qualquer uma das minhas decisões violasse seu senso moral e ético ou pusesse em perigo qualquer um dos torcedores, ele me impedia de ir em frente. No entanto, se a questão era apenas de dinheiro, soltava as rédeas e me deixava liderar.

8. Desafie os jovens líderes, mas não os sobrecarregue

Os jovens se sentem motivados e estimulados por um desafio, mas ficam rapidamente desencorajados ou sobrecarregados se descobrem que o desafio é grande demais. Dr. Richard E. Lapchick, diretor do programa de gerenciamento DeVos Sports Business Management Program da Universidade da Flórida, disse-me: "Aconselharia qualquer adulto responsável por jovens — pais, professores, treinadores ou conselheiros — que os incentivem com desafios empolgantes. Devem tratar todos os jovens como líderes em potencial e conversar com eles sobre os problemas que a sociedade enfrenta, pois os jovens terão a oportunidade de encontrar soluções para essas questões. Diga:

— Creio que você tem o potencial para dar uma contribuição.

"Ao mesmo tempo, temos de ser cuidadosos para que o desafio não pareça muito opressivo. Nossa mensagem não deve ser: 'Você tem de mudar o mundo', mas: 'Você pode contribuir'. Não devemos permitir que jovens líderes sintam que têm responsabilidade pessoal de arrumar tudo o que está errado no mundo, mas apenas que nós queremos que saibam que podem contribuir e que podem ajudar a proporcionar boas mudanças. E a forma de fazer isso é tornando-se líderes".

9. Inspire os jovens líderes a buscar satisfação, não riqueza material

A maior motivação para os jovens se tornarem líderes envolve as recompensas da liderança. Não seria de surpreender se um jovem perguntasse: "Se eu escolher ser líder, o que eu ganho com isso?". Essa pergunta não quer dizer que o jovem trata essa questão de forma egoísta ou com atitude mercernária. Não tenha medo de dizer: "Em geral, as maiores recompensas da liderança são intangíveis: o senso de realização, de satisfação e de maior confiança, além de saber que está contribuindo para tornar o mundo um lugar melhor". Na verdade, você se surpreenderia em quantos jovens consideram essa recompensa muito mais atraente que dinheiro ou fama.

Pete Newell, lendário treinador de basquete, ganhou a medalha de ouro como treinador do time olímpico de basquete dos Estados Unidos, em 1960, e foi treinador da Universidade de São Francisco, do Estado de Michigan, e da Universidade da Califórnia. Também foi dirigente do San Diego Rockets e dos Los Angeles Lakers.

Pete afirma: "Para mim, a motivação para ser líder vem com o senso de satisfação, não com dinheiro, prestígio ou recompensas materiais. Quando era adolescente, organizei um torneio rápido, e sempre era o capitão. Gostava de um jogo bom e desafiador, e sempre queria que os dois times tivessem as mesmas oportunidades, portanto, geralmente permitia que o capitão do outro time escolhesse primeiro os jogadores. Ficava muito satisfeito em ganhar, embora fosse prejudicado por não ser o primeiro a escolher os jogadores, e orientava meus companheiros de time a ter um desempenho acima de suas habilidades.

"Quando comecei a treinar profissionalmente, queria ter certeza de que treinava pelas razões certas. Quando aceitei meu primeiro emprego na NCAA, considerei-o um grande desafio. Eu era responsável pelo basquete, pelo beisebol e pelo golfe, embora recebesse um pequeno salário. Jamais tomei uma decisão fundamentada em dinheiro. Fiz tudo aquilo porque amava treinar e ensinar. Quem ama os esportes, ama o desafio da liderança, acalenta a idéia de tornar outras pessoas melhores, não busca alimentar seu ego nem ficar rico, tem a motivação certa para se tornar um líder".

Bill Vogel, superintendente do Seminole Country Public Schools, disse-me: "Um dos aspectos mais satisfatórios da liderança é o senso de pertencer que ela lhe oferece. Líderes trabalham em um ambiente de equipe e fazem com que outros se agrupem. Líderes compartilham a visão e os valores que têm e enfocam os esforços do time todo para alcançar um único objetivo. Isso cria a sensação, compartilhada por todos, de que pertencem a algo maior que apenas os interesses de um indivíduo. Essa sensação de pertencer é, em si mesma, uma recompensa intrínseca. A satisfação de liderar o grupo, de conquistar objetivos, de pertencer a uma causa maior, de influenciar situações e eventos são, todas elas, recompensas intangíveis, mas os jovens se sentem atraídos por esse apelo.

"Não temos de subornar nossos filhos com recompensas tangíveis a fim de motivá-los a liderar. Podemos inspirá-los a buscar as recompensas intangíveis e o senso de satisfação que fazem parte da jornada de liderança. Jovens odeiam o tédio, e a liderança é empolgante, é uma aventura. Dê aos jovens líderes a liberdade de buscar seus interesses e de se envolverem em causas que julgam importantes, e eles estarão motivados a liderar".

10. Mostre aos jovens líderes que liderar é divertido

Mike Anderson tornou-se treinador do time masculino de basquete da Universidade de Alabama, em Birmingham, na primavera de 2002. Na primeira temporada, levou o time dessa universidade, os Blazers, a ter o melhor progresso em uma única temporada na história do basquetebol universitário. Ele me contou: "Acho que algumas vezes esquecemos a melhor motivação de todas para ser líder. Simplesmente esta: liderar é divertido. Não interessa a área em que as pessoas atuam — esportes, negócios, governo, educação ou qualquer outra —, quando se divertem com o que fazem, sempre fazem o melhor que podem.

"Preparávamos-nos para jogar um campeonato contra um time que não havia sofrido derrotas, portanto, não éramos os favoritos. Aproximei-me de meu time com um sorriso confiante e disse:

— Bem, não temos nada a perder. Não era nem para estarmos aqui. Assim, vamos entrar na quadra e nos divertir!

"E foi o que fizemos. Aqueles rapazes se divertiram a valer na quadra, e no fim do segundo período, vencíamos por seis pontos. Por fim, perdemos. Mas jogamos para vencer e competimos dando o melhor de nós, pois estávamos nos divertindo.

"Não há nada que crie mais um espírito positivo que a sensação de diversão. O que é divertido fortalece a confiança. O que é divertido faz agir sem temor. A diversão motiva. Os jovens são nosso futuro, e precisamos encorajá-los a abordar os problemas deste mundo em rápida transformação com uma atitude positiva e com confiança".

Atividades e organizações que formam líderes

Se quer formar jovens líderes, o melhor ponto de partida é o esporte. Por meio dos esportes, as crianças aprendem muitas lições e princípios que contribuem para uma vida de sucesso: fazer parte de uma equipe e oferecer encorajamento mútuo, estabelecer objetivos, conquistar uma ética de trabalho firme; ser autodisciplinado, ter um enfoque; ser dedicado e comprometido; assumir riscos e ser capaz de lidar com situações de pressão; conquistar a autoconfiança e a auto-estima saudável; desenvolver o espírito esportivo e o espírito competitivo; ter hábitos saudáveis, como alimentação saudável, repouso e fazer exercícios; ter uma atitude mental positiva; recuperar-se de perdas e falhas; e sobrepujar a adversidade.

Além dessas lições e desses princípios que todos nós precisamos assimilar para ter uma vida feliz, saudável e bem-sucedida, o esporte ensina às crianças as sete chaves da liderança eficaz que discutimos ao longo deste livro: ter uma visão, ser comunicador, edificar a habilidade no trato com as pessoas, edificar o bom caráter, edificar a competência, ser ousado e ser servo.

Rundy Mobley, presidente da Liga de Beisebol Internacional AAA, afirma: "A primeira evidência da liderança em minha vida ocorreu como resultado da prática esportiva. Eu não era o melhor atleta em nenhum esporte, mas era um bom atleta na maioria das atividades de que participava. Isso fez com que ganhasse visibilidade e que muitos colegas me considerassem um líder. O esporte deu-me a confiança para lidar com outras áreas da liderança, como meu envolvimento na união dos estudantes. Cada sucesso na liderança aumenta a competência e a confiança para que se alcance o próximo degrau. Para mim, tudo começou com o esporte".

Mas e se o jovem líder em treinamento não estiver interessado em esportes? Tudo bem, há muitos outros programas e organizações que treinam jovens líderes, e certamente haverá um que é perfeito para as habilidades e os interesses dos jovens que orientamos. Por exemplo, a National Youth Leadership Network [Rede de Liderança Nacional para os Jovens] tem programas inspiradores e treinam jovens líderes com várias habilidades. O programa 4-H International trabalha basicamente com jovens interessados em atividades agrícolas e animais, mas também supre as necessidades de jovens que se interessam por ciências, esporte de tiro ao alvo, trocas interculturais dentre outras possibilidades. O Rotary encoraja jovens líderes por meio de vários programas.

Rick Goings, superintendente do Tupperware Corporation, mencionou um programa pelo qual tem especial interesse: "Envolvi-me profundamente com liderança na esfera nacional com Boys and Girls Club of America [Clube de Meninos e Meninas dos Estados Unidos] e fui escolhido para ser diretor nacional. É um programa que busca o dom único de cada jovem oferecendo a todos os jovens que participam um ambiente no qual possam expressar sua habilidade de liderança de maneira que satisfaça as paixões e os interesses que têm.

O congressista Mark A. Foley, há cinco mandatos representando o distrito da Flórida, contou-me sobre um programa de liderança de jovens que causou grande impacto em sua vida: "Em meu último ano na escola de ensino médio, concorri ao cargo de Prefeito do Dia, um dia para os jovens organizado pela Legião Americana. Aquela experiência mostrou-me que poderia desempenhar um papel importante em nossa cidade. Queria melhorar a vida dos alunos por intermédio de minha participação no governo da cidade e queria que os adultos vissem que os jovens podem exercer uma força positiva na comunidade".

E quanto aos jovens que gostariam de ser líderes no campo da ciência e da tecnologia? Karen Howe, superintendente da companhia Singinfish, da Internet, afirma: "Um dos melhores programas dos quais já participei como treinadora ou jurada foi a Odisséia da Mente. Vi crianças de todas as idades competirem em equipe de formas extremamente criativas e observei que cada uma demonstra habilidade de liderança de maneiras diversificadas. Fiquei fascinada ao ver o que chamo de 'liderança fluida' acontecer. As crianças passavam o bastão da liderança pelos participantes da equipe, conforme a situação exigia".

Igrejas e instituições religiosas podem e devem dar oportunidades aos jovens para que descubram e exercitem sua habilidade de liderança. Devem ter a responsabilidade de liderar grupos de jovens, estudos bíblicos, retiros e eventos esportivos bem como de participar ativamente em celebrações religiosas, planejar e administrar trabalhos, fazer esforços para ser úteis a outras pessoas e conduzir atividades para angariar fundos, como festas do sorvete e rifas. Muitas vezes, membros remunerados da diretoria ocupam os cargos de liderança, e os jovens ficam apenas em volta deles ou são entretidos por eles. Entretanto, organizações religiosas com idéias mais avançadas buscam com empenho formas de levar jovens a tomar decisões e exercer a liderança.

Assim que os jovens começam a olhar para o futuro, devemos considerar a possibilidade de encorajá-los a pensar sobre o serviço militar como uma forma de estruturar suas habilidades de liderança. Na verdade, diria que o Corpo de Fuzileiros Navais dos Estados Unidos é o maior programa de treinamento destinado a jovens entre 17 e 29 anos. Fred Smith, uma autoridade em liderança e fundador da FedEx, afirma: "Nada prepara melhor os líderes na área de negócios e da sociedade em geral que as lições aprendidas com os fuzileiros navais; lições de disciplina, organização, compromisso e integridade".

Dick Batchelor, fundador da Dick Batchelor Management Group, Inc., relata: "Comecei a perceber-me como líder durante a escola de ensino médio, mas realmente abri os olhos para essa possibilidade quando completava minha atividade no campo de treinamentos, na ilha de Parris, na Carolina do Sul, em 1966. Antes de participar desse grupo, jamais acreditei que seria capaz de correr muitos quilômetros, de memorizar o código da justiça militar, de desmontar e montar armas, de atirar e de ser assistente de comando de um pelotão.

"Dou crédito aos fuzileiros navais por terem possibilitado que eu me visse como líder, por terem me dado a motivação, a confiança e o treinamento que necessitava e por terem me ensinado a tomar decisões e iniciar projetos. Essas lições foram muito úteis em meus oito anos de mandato (para o qual fui eleito aos 26 anos), como também para as minhas responsabilidades cívicas, de negócios e familiares".

Meu filho Peter é um veterano dos fuzileiros navais. Ele afirma: "O treinamento de liderança é muito importante para os fuzileiros navais. Os jovens crescem rapidamente nessa corporação. Deposita-se muita responsabilidade em suas mãos e espera-se que enfrentem o desafio. A maioria é bem-sucedida. Ocasionalmente, percebe-se um rapaz posto na posição de liderança depressa demais; ele consegue uma promoção e tenta agir como líder, embora realmente não seja. Quando as pessoas percebem que ele não é de fato um líder, ninguém quer segui-lo.

“Todos os dias que passei com os fuzileiros navais representaram uma lição de liderança. Creio que toda lição de liderança que aprendi nessa corporação transferiu-se para minha vida civil. Muitos acham que a liderança na corporação consiste em alguns instrutores berrando e rosnando com um bando de recrutas novatos. Mas o treinamento de liderança dos fuzileiros navais é muito mais sofisticado que isso. A corporação espera que seus membros sejam rigorosamente profissionais em tudo o que fazem; que assumam responsabilidades; que prestem contas de suas atividades; que vivam de forma a possibilitar o aprendizado e o progresso contínuo; que demonstrem decisão e bom julgamento; que se comuniquem e trabalhem como equipe e que pratiquem a integridade absoluta em todos os tempos. Se você quer um líder que já comprovou sua eficácia, quer um fuzileiro naval”.

Outro filho, David, está atualmente com os fuzileiros navais e é um veterano da Operação de Libertação do Iraque. Ele me contou que o treinamento de liderança que recebeu nos fuzileiros navais causou impacto duradouro em sua vida. Ele declara: “Há quatorze aspectos da liderança que todos os fuzileiros navais querem ter. Essas características são: força, coragem, decisão, dependência, resistência, entusiasmo, iniciativa, integridade, julgamento, justiça, conhecimento, lealdade, tato e abnegação. A corporação espera que todo fuzileiro seja um exemplo dessas características. Toda pessoa que demonstra essas quatorze características, quer como fuzileiro naval, quer como civil, é, por definição, um líder.

“Os líderes dos fuzileiros navais causaram grande impressão em minha vida. Quando estava no campo de Pendleton, na Califórnia, conheci um fuzileiro naval chamado sargento Miller, um homem honesto e justo. O que o tornava único, era isto: ele não tinha de trabalhar duro, mas trabalhava. Arregaçava as mangas e colocava a mão na massa com a gente. Não nos dizia o que fazer e depois ia embora. Ficava ali conosco o tempo todo. Todos nós sabíamos que ele se importava com nosso sucesso e o respeitávamos por causa disso. Era um líder diferenciado, e eu sempre me lembrarei dele".

Nunca pertenci aos fuzileiros navais, mas eu tive meu "sargento Miller": o nome dele era sargento Enrique Fishbach. Em setembro de 1964, quando a temporada encerrou, estava com o time de beisebol dos Marlins, da liga menor, em Miami. Tinha 24 anos e a organização Phillies me convidara para ir para a Filadélfia, pois queriam que eu ajudasse o time para a final do campeonato de 1964. Bem, com o decorrer dos fatos, o Phillies desestruturou-se no fim da temporada e não chegou à final.

Nesse meio-tempo, o governo dos Estados Unidos me convocou e disse: "Pat, lembra-se quando foi para a reserva há um ano? Lembra-se de que lhe dissemos que haveria alguns treinamentos básicos? Bem, no dia 19 de setembro, você tem que se apresentar no Fort Jackson, perto de Columbia, na Carolina do Sul". Assim, apresentei-me para oito semanas de treinamento básico. Durante essas oito semanas, recebi um treinamento intensivo de liderança.

O sargento responsável pela nossa unidade era um estadunidense de origem cubana, Enrique Fishbach. Imagine um sargento impecável — de postura ereta, com botas tão brilhantes que você poderia usar como espelho retrovisor, olhos impenetráveis e queixo quadrado. Ele proferia suas ordens com voz clara, resoluta e poderosa, e era impossível ignorá-lo ou desobedecer a ele. Ainda consigo retratá-lo em minha mente até hoje: um modelo fascinante de liderança militar, e, devo dizer, que um bando de recrutas amedrontados respondia a ele obedientemente e sem questionamentos.

Havia outro camarada em nossa unidade, um recruta chamado Don Wehde. Era o oposto do sargento Fishbach. Don, com 1,93 metro de altura, era *DJ*, a alma da festa, um camarada agradável que entretinha as pessoas e com muito carisma. Mas logo que chegamos para o treinamento básico, anunciou-se que Don seria o líder de nosso batalhão. A transformação que ocorreu na vida dele foi totalmente surpreendente. De imediato, passou de rapaz que era a alma da festa para senhor militar, um líder ferrenho que vociferava com os outros, fazia-nos marchar e nos massacrava por qualquer pequena infração.

Isso prosseguiu por algumas semanas, até que Don fez algo errado. Não me lembro exatamente o quê, mas me lembro de que Don foi rebaixado de líder do batalhão para recruta como todos nós. Ficou um tanto embaraçado quando foi rebaixado e voltou a conviver conosco. Ainda me lembro dele: acabou na última fila, e sua atitude era do tipo: "Vamos acabar com o resto do treinamento básico para que eu possa sair daqui o mais rápido possível". Jamais me esquecerei das palavras que proferiu quando foi rebaixado: "Bem, estou de volta, para marchar com a tropa".

Invariavelmente, sempre que observo algum evento esportivo para jovens ou uma atividade escolar, encontro algum garoto que me lembra Don. Vejo aquela expressão no rosto que parece dizer: "Bem, aqui estou, marchando com a tropa". Há tantos jovens com muito potencial para liderança, com tantos talentos e habilidades ainda não descobertos. Se os pais, os professores, os treinadores e os conselheiros souberem alcançá-los, motivá-los, dar-lhes algumas oportunidades desafiadoras, esses jovens podem se tornar como o sargento Fishbach: verdadeiros líderes, pessoas que inspiram respeito e admiração, que fazem diferença neste mundo.

Que desperdício — trágico e lamentável — que tantos jovens estejam apenas marchando lá atrás com o batalhão.

Você e eu temos um desafio diante de nós, meu amigo. Precisamos reconhecer esses jovens, retirá-los das fileiras e mostrar-lhes que acreditamos neles. Precisamos segurar um espelho diante deles, a fim de lhes mostrar as possibilidades e o potencial que vemos neles — potencial que nem imaginam.

Devemos manter os olhos bem abertos para jovens com potencial, que estão apenas marchando ao longo da existência e cuja vida pode fazer diferença neste mundo, se lhe dermos uma chance. Aproveite cada oportunidade para ensinar, treinar e motivar. Se você e eu não fizermos isso, quem fará? E se estivermos dispostos a deixar que esses jovens escapem pelos vãos de nossos dedos, perdendo todo esse magnífico e glorioso potencial, que tipo de líderes somos nós?

Depende de nós treinar esses jovens para que se tornem líderes.

Vamos em frente!

Epílogo

Agora é sua vez

Quando estava dando os retoques finais neste livro, deparei-me com uma história em *Sports Illustrated* (10 de fevereiro de 2004) que diz muito sobre o que pode acontecer quando treinamos jovens para ser líderes. A história, escrita por Michael Bamberger, chama-se *Full Nelson* [Nelson completo] e conta a história de Jameer Nelson, provavelmente o melhor jogador de basquete universitário da nação — e ele joga em uma das menores escolas do país, a minúscula Universidade de St. Joseph's, uma escola jesuíta no oeste da Filadélfia.

Jameer é um jovem com todas as qualidades que mencionei neste livro: um garoto que não teve nenhuma vantagem na vida, mas que claramente se tornou um líder no decorrer dela. Ele conquistou a liderança. Ele a compreendeu. Ele lidera.

Jameer sempre procura os jogadores de seu time pensando em formas de envolvê-los mais na atividade, ajudando cada um a contribuir para o objetivo do time. Jameer percebeu um calouro de cabelos ruivos de Allentown, Pensilvânia, que trabalhava duro em prol do time, mas como figurante. Esse calouro, Andrew Koefer, batalhava muito, mas após três treinos, o técnico Phil Martelli, bastante teimoso, decidiu que deveria cortá-lo do time.

Martelli chamou Koefer em seu escritório e começou a conversar com ele, e o discurso era o mesmo que fizera muitas vezes ao longo dos anos. Ele disse:

— Garoto, você está dando duro aqui, mas temos de cortar você do time. Pode tentar novamente no ano que vem.

Martelli mal acabara de passar as más notícias a Koefer quando o telefone tocou. Ele atendeu. Era Jameer Nelson.

— Treinador — Jameer falou —, aquele garoto ruivo está em seu escritório?

Ele nem se lembrava do nome de Koefer, mas conhecia o coração desse garoto quando jogava.

— Está sim — Martelli respondeu.

— Acho que deve mantê-lo no time — Jameer disse-lhe.

Surpreso, o treinador perguntou-lhe: — Por quê?

E o jovem explicou: — O garoto trabalha duro, treinador. E ele nos faz treinar ainda mais puxado.

O treinador perguntou a Jameer se ele achava importante manter o jogador no time, e como a resposta foi afirmativa, decidiu mantê-lo.

Martelli desligou o telefone, olhou para Koefer e disse:

— Decidi manter você no time.

Ele não mencionou que Jameer Nelson telefonara para ele para defender sua permanência na equipe.

Mais tarde naquela temporada, o treinador Martelli colocou Koefer em quadra nos segundos finais de uma partida. Ele desarmou o adversário impedindo-o de fazer uma cesta. Quando Koefer saiu da quadra, Jameer Nelson disse a ele que aquela havia sido uma grande jogada.

Bamberger, mais tarde, perguntou a Jameer Nelson a razão pela qual interveio em favor da permanência de um figurante no time, e este respondeu:

— Muitos sonhos não se realizam na vida. Se puder realizar o sonho de alguém, deve fazê-lo.

Pedi que o treinador Martelli me desse sua opinião sobre Jameer Nelson, e ele declarou: "Ele é o melhor jogador de basquete universitário porque é o melhor líder no basquete universitário. Quando estava no último ano da universidade, exigiu, de forma discreta, que seus colegas de equipe e treinadores buscassem a excelência. E é isso o que estamos fazendo".

Jameer Nelson é líder. É um jovem de visão. É um comunicador com o coração voltado para as pessoas, além de ter um grande caráter. É um jovem líder competente e com um grande futuro na NBA. Demonstrou ter ousadia ao telefonar para seu treinador em benefício de outro jogador, além de ser um servo, pois sempre procura os outros e se preocupa com os sonhos deles. Ele é tudo o que queremos que jovens líderes sejam.

E mais uma coisa: Jameer Nelson é proveniente de uma pequena cidade, Chester, na Pensilvânia. Conheço essa cidade. Fica a cerca de 36 quilômetros de minha cidade natal, Wilmington, Delaware, e eu já passei muitas vezes por ela. Posso lhe dizer algo:

a cidade de Chester não é o tipo de lugar que alguém consideraria um trampolim para o sucesso e a liderança. A situação ali é bastante difícil. A maioria dos jovens nem consegue sair da cidade. Portanto, o fato de Jameer Nelson sair de Chester e tornar-se o tipo de líder que se tornou diz muito a respeito de alguém que desempenhou uma tarefa maravilhosa ao treinar esse jovem para ser líder.

Nossas comunidades precisam de jovens líderes. O futuro da nação e do mundo depende do fato de sermos capazes ou não de educar uma nova geração de líderes para enfrentar os problemas cada vez mais complexos que nos confrontam. Não é uma opção. É uma necessidade.

Em todos os períodos da história, tudo se resume na liderança. Será que somos capazes de produzir o tipo de líder ousado e visionário que nos levará ao futuro? Ou será que a sociedade sucumbirá com o peso da pobreza, do racismo, da destruição ecológica, da divisão política, da corrupção, da falência espiritual e moral, do terrorismo, da economia global, da instabilidade política e outros fatores?

Nossos jovens estão sob ataque implacável. Enfrentam incríveis pressões. Temos de prepará-los para os desafios de hoje e as oportunidades de amanhã. Portanto, aceite os princípios apresentados neste livro, meu amigo. Aprenda-os, aplique-os, ensine-os aos outros.

Neste livro, você ouviu histórias e idéias inspiradoras de alguns dos maiores líderes de nossa época, de todos os setores da vida e de todos os segmentos da sociedade. Bem, deixe-me agora finalizar com uma história inspiradora que uma líder de 24 anos me contou. Ela é aluna da Jay Strack's Student Leadership University [Universidade de Liderança Estudantil de Jay Strack], atualmente trabalha em seu mestrado na Universidade George Washington. Seu nome é Nikki Finch.

Ela me contou: "Nos últimos oito anos, viajei para 26 estados e três países fazendo palestras sobre questões de saúde e segurança que afetam minha faixa etária. Já dei mais de quarenta entrevistas coletivas para a Casa Branca, no prédio do Capitólio dos Estados Unidos. Já apareci nos mais variados programas de televisão, como no *Today Show* e na CNN. Já encontrei o presidente Clinton, congressistas e participei do corpo de diretores de três organizações nacionais sem fins lucrativos. Bacharelei-me pela Universidade da Flórida State e passei um ano servindo nas escolas de áreas carentes de Washington D.C. com o AmeriCorps.

"Aquela foi uma experiência horrorosa, e tive muitos treinadores e mentores que me ajudaram ao longo do caminho — amigos e familiares, o ministro de jovens de minha igreja, meu conselheiro da escola de ensino médio e outros. Mas a história começa em julho de 1996, quando tinha 17 anos. Freqüentava o curso básico de liderança estudantil na universidade, em Orlando. Ali compreendi o que aconteceria em minha vida se eu simplesmente acreditasse no que Filipenses 4.13 diz: 'Tudo posso naquele [Cristo] que me fortalece'.

"O dr. Strack, em uma reunião, olhou cada aluno nos olhos e perguntou: 'Se não tivesse limites em sua vida, o que faria? Que objetivos estabeleceria para sua vida?'. Ele nos deu dez minutos para que escrevêssemos nossos pensamentos. Alguns alunos escreveram que gostariam de perder peso, ler mais ou estudar mais para a escola. Bons objetivos, mas eu disse a mim mesmas: *Nikki, pense alto!* Dr. Strack disse: 'Sem limites!'. Como a vida seria se pudéssemos viver sem limites?

"Escrevi que gostaria de encontrar o presidente dos Estados Unidos para falar-lhe sobre Jesus. Depois disse que gostaria de trabalhar secretamente para a CIA. Falei que também gostaria de ser uma palestrante nacional que alertaria os jovens para o perigo de dirigir embriagado (na época, eu era líder de um grupo na escola que alertava os jovens para evitar os comportamentos destrutivos, o SADD — Students Against Destructive Decisions [Alunos Contra Decisões Destrutivas]). Quando li meus objetivos para a classe, alguns os acharam improváveis. Mas saí daquela aula com a certeza de que nada é impossível quando se tem Jesus Cristo ao lado. Decidi que tinha todos os recursos do universo de Deus a meu dispor e que não limitaria o que Ele faria por meu intermédio.

"Embora tivesse estabelecido objetivos altos, acreditei que poderia alcançá-los, embora meu pensamento ainda, de certa forma, estivesse limitado. Achei que levaria muitos anos para alcançar aqueles objetivos. Logo aprendi que Deus não considera a idade uma exigência. Está pronto a nos usar assim que começamos a levar nosso relacionamento com o Ele a sério. Um ano depois, eu já alcançara muitos dos objetivos que estabelecera naquela aula.

"Embora ainda não tenha recebido nenhuma tarefa da CIA, a maioria dos objetivos inatingíveis que escrevi naquele exercício escolar provaram estar ao alcance de minhas mãos. Fui selecionada nacionalmente como a aluna do ano por aquela organização, a SADD, e viajei o país todo falando sobre o uso abusivo de álcool. Tive uma entrevista com o presidente para que os critérios que determinavam se uma pessoa estava alcoolizada ou não fossem mais rigorosos.

"Depois, com o encorajamento da família, dos amigos e de mentores, comecei a tratar de outra questão relacionada ao uso abusivo de álcool. Passei a trabalhar com o procurador público de Nova York, Dennis Vacco, para acabar com a prática de venda de bebidas alcoólicas a menores por intermédio da internet. Ajudei a introduzir operações contundentes contra a venda de álcool e trabalhei como lobista no congresso para a mudança da legislação federal. Travamos uma dura batalha com a indústria do álcool, mas vencemos.

"Os jovens *podem* fazer diferença no mundo se abrirem a mente para o que Deus tem planejado para eles. E os pais, os professores, os treinadores, os líderes de negócios e os ministros têm um grande papel a desempenhar. Os adultos podem ajudar os jovens a visualizar as possibilidades e encorajá-los a procurar alcançar o 'impossível'. Portanto, o que você está esperando? Deus está pronto a nos usar! A única pergunta é esta: estamos prontos para Deus?"

Nikki Finch lança um tremendo desafio para nós. E quanto a você? Está pronto a deixar sua marca para a geração seguinte? Imagine a aventura de liderança que está prestes a abraçar. Imagine o impacto que está prestes a causar na vida de jovens em seu círculo de influência. Imagine o impacto que está prestes a ter por meio dos jovens líderes que mentoreia agora.

Nos dias e anos a sua frente, à medida que vê a vida se transformando e novos líderes tomando a dianteira para desafiar o futuro, espero que me envie um *e-mail* ou pegue o telefone e fale comigo. Conte-me sua história.

Mal posso esperar para saber o que vai acontecer a seguir.

Agradecimentos

Com profundo apreço reconheço o apoio das seguintes pessoas que me ajudaram para tornar a idéia deste livro uma realidade.

Agradeço especialmente a Bob Vander Weide e John Wesbrod, do Orlando Magic.

Sou muito grato a minha assistente, Diana Basch, e a meu orientando, Doug Grassian, que derramaram o coração e a alma neste livro. Tenho também muita gratidão por aqueles que me ajudaram com tempo e esforço nas pesquisas deste livro: Peggy Matthews-Rose, Carol Winston, Suzanne London, Lisa Zolnier, Nastreen Ahmad e Shaimalah Ahmad.

Tiro o chapéu para meu conselheiro, Jen Hussar, e minha exímia digitadora Fran Thomas.

Também devo meus mais sinceros agradecimentos a meu editor geral, Rolf Zettersten, que teve a idéia deste livro. Ao editor Stephen S. Willburn que moldou e refinou a idéia e a meu parceiro de escrita Jim Denney. Obrigado a todos por acreditarem que eu tinha algo importante a compartilhar e por fornecer o apoio e as condições para fazer isso.

Meu apreço e agradecimentos especiais a minha esposa, Ruth, e a minha maravilhosa família, pois são a espinha dorsal de minha vida. Por fim, este livro foi produzido com a experiência e sabedoria de centenas de pessoas que generosamente compartilharam suas histórias comigo. Se fosse possível usar todo o material maravilhoso que compartilharam comigo, este livro teria milhares de páginas. Fico profundamente agradecido a todos estes líderes, de todas as áreas da vida, os quais verdadeiramente "escreveram este livro" sobre liderança de jovens.

Esta Obra foi composta pela Atis Design Ltda, na fonte Adobe Caslon corpo 11,5, foi impressa em Chamois Fine 67g na Imprensa da Fé. São Paulo, Brasil, Primavera de 2006.